수학 진짜 잘하는 아이는
읽고 씁니다

일러두기

- 학생들의 이름과 학교명, 학원명 등은 모두 가명으로 표기했습니다.
- 이 책의 지은이들은 '묻지 마 선행학습'보다는 아이의 수준에 맞는 '적기학습'과 아이 스스로 재미있게 공부하는 '자기주도학습'을 추구합니다. 이 책의 제2부와 제3부에서 소개한 학년별 추천도서들은 해당 학년과 상관없이 아이의 수준에 맞게 읽는 것이 바람직합니다. 예를 들어 이 책에서 소개하는 3학년 추천도서를 아이가 읽기 어렵다면 그보다 낮은 학년의 추천도서부터 읽힐 것을 권합니다.
- 수학동화를 이용한 수학수업과 수학탐구노트 쓰기와 관련된 더 많은 자료는 네이버 매쓰몽 카페(http://cafe.naver.com/brenos)와 블로그(http://blog.naver.com/tndhkqnr86)를 참고하시기 바랍니다.

수학 진짜 잘하는 아이는 읽고 씁니다

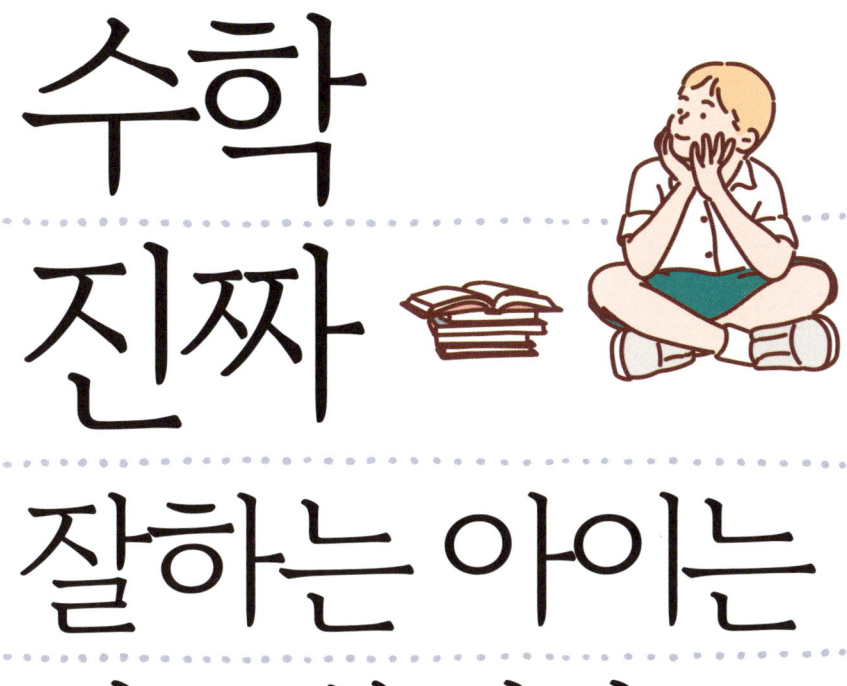

박정희
이혜준
홍성영 지음

◎ 내 아이 수학인생을 바꾸는 기적의 학습법 ◎

일상이상

• 머리말 •

자기주도수학,
자기만의 길부터
모색해야

성대경시나 KMC 한국수학인증시험, 경시대회에 대해서는 뒤에서 자세히 설명해 드리겠습니다. 결과가 발표되면 그날따라 많은 문의 전화가 옵니다. 학부모들은 주로 다음과 같은 문의를 하십니다.

"지금 ○학년 중에 진도 가장 빠른 반이 어디예요?"

"그 반 정원은 몇 명이에요? 지금 몇 명이 다니나요?"

"그 반은 경시대회 준비를 어디까지 해주나요?"

"그 반 교재는 무엇이고, 커리큘럼은 어떤가요?"

노골적으로 "이번에 ○○경시 대상받은 ○○가 다니는 학원인가요?"라고 물으시는 경우는 생각보다 많지는 않지만 정작 중요한 문의, "그 반에 가려면 어떤 시험을 쳐서 언제부터 다닐 수 있는지?"에 대해 질문하시는 분들은 드뭅니다. 요즘에는 개인정보보호를 위해 수상자들의 이름이나 학교를 '대상-이○준'처럼 비공개로 처리하지만 몇 년 전만 해도 수상자들의 이름과 학교가 공개되었는데, 그때는 대상받은 아이가 우리 학원에 다니는 걸 어찌 아셨는지 문의전화를 많이 받았습니다.

그 어머님들은 무엇이 궁금하셨을까요? 사실 전화하신 분들뿐만 아니라 많은 어머님들이 그 아이가 어느 학원에서 어떻게 공부해서 저런 성과를 올렸는지 궁금하셨을 겁니다. 만약 학원을 다니지 않고 대상을 받았다면 과외설이나 엄마교수설이 모락모락 피어납니다. 그래서 수상자 아이들 어머님의 직업이 베일에 싸이는 웃지 못할 별의별 소문들이 무성합니다.

해마다 수능이 끝나면 수능만점자들이 "나는 무엇을 어떻게 공부했다"고 말하는데, 많은 어머님들이 그 이야기에 귀를 쫑긋 세우십니다. 대치동 학부모님들은 수능만점자뿐만 아니라 영재고 합격자들, 각종 수학경시나 올림피아드 수상자들에게도 관심이 많습니다. 자녀입시에 성공한(?) 부모님들의 경험담에 귀를 기울이는 것은 어찌 보면 당연한 일입니다. 주식투자에 성공한 사람들의 사례들을 열심히 공부하고, 부동산으로 큰돈을 벌었다는 사람들의 성공담에 관심을 갖는 것과 비슷한 맥락이라고 생각합니다.

세상 모든 아이들은 밤하늘의 별처럼 자기만의 별빛으로 빛나는 존재들입니다. 그러니 모든 아이에게 한 가지 방식을 강요할 수는 없습니다. 공부도 마찬가지고 특히 초등에서 중등으로, 중등에서 고등으로 학년이 올라갈수록 사고력과 창의력 등이 더 요구되고 학습격차가 더욱 벌어지는 수학

공부라면 더 그렇습니다. 그래서 저희는 "그 성공담이 모든 아이에게 통하지는 않습니다. 충분히 상황을 고려하고 파악하여 내 아이 혹은 내 자산, 내 집에 맞는 본인만의 솔루션을 찾아야 합니다"라는, 너무나 옳은 말이지만 학부모들이 쉬이 공감하기 힘든 말을 해드립니다.

21세기에는 지식을 암기하는 능력이 아니라 지식을 큐레이션하는 능력이 필요하다고들 합니다. 지식을 암기하는 것보다 알고 있는 지식을 재배치하는 능력이 더 중요해졌는데, 아이의 학년과 학습에 필요한 것들을 큐레이션해 주기 위해서는 우선 그것이 어떤 종류의 것인지부터 명확히 이해해야 합니다. 단순히 누군가가 하고 있다고 해서, 그렇게 하는 아이들이 잘한다고 해서 따라 해서는 안 됩니다. 내 아이에게 얼마나 잘 맞을 것인가를 예상하고, 혹은 아이가 적응하는 데 어려움을 느낀다면 어떤 것을 도와줘야 할지, 내 아이는 도움이 필요한 아이인지 내버려 둬야 하는 아이인지 등을 생각해야 합니다.

"100명의 유대인이 있다면 100개의 의견이 있다"는 말이 있습니다. 100명의 아이가 있다면 1개가 아니라 100개의 솔루션이 존재합니다. 그렇기 때문에 누군가가 이미 간 길을 무작정 따라가는 것은 좋은 방법이 될 수 없습니다. 아이라는 변수가 모든 상황을 조금씩 다르게 만들고 있기 때문입니다. 그런데 우리가 피상적으로 전해 듣는 성공담에는 아이만의 특수한 상황이 빠져 있는 경우가 대부분입니다.

그럼에도 불구하고 학부모님들은 좋은 사례를 알고 싶어 하십니다. 누군

가의 조언을 듣고 내 아이의 상황과 비교하면서 계속 고민하시죠. 그래서인지 저희가 운영하는 매쓰몽에서 공부한 아이들이 경시대회 등에서 좋은 성과를 거둘 때마다 문의가 빗발칩니다.

요즘에도 그렇지만 매쓰몽이 대치동에서 처음 문을 연 10여 년 전에도 선행학습과 성공담 따라 하기가 유행했습니다. 하지만 우리는 다른 학원들과 학습 방법을 달리했습니다. 오랫동안 아이들에게 수학을 가르치면서 수학적 사고력을 발전시킬 수 있는 방법이 무엇일까 고민하다, 수학동화와 탐구노트의 학습 효과에 주목하게 되었습니다. 수학동화를 읽으면 어렵게 느껴지는 수학에 흥미를 가질 수 있고, 탐구노트를 쓰면 탐구주제를 스스로 해결하는 과정을 통해 자기주도학습과 논리적 사고, 그 탐구주제에 대한 자신만의 통찰력을 기를 수 있습니다. 그래서 시중에 출간된 아동용과 청소년용 수학도서뿐 아니라 성인용 교양 수학책까지 샅샅이 훑어 학년별 수학동화 커리큘럼을 만들고, 각 동화책에 맞는 탐구노트 주제와 활동지를 만들었습니다.

매쓰몽에서 이 커리큘럼으로 수학을 가르치기 시작했습니다. 초등학생 아이들과 함께 수학동화책을 읽고 토론하며, 그 주제를 확장시켜 탐구노트를 쓰게 하자 아이들이 수학을 재미있게 받아들였고, 수학이 우리 생활과 매우 밀접한 관계가 있다는 사실을 깨달았습니다. 아이들은 억지로 하는 수학공부가 아니라 스스로 공부하는 자기주도수학을 하게 되었습니다. 수학에 흥미를 갖고 자신의 생활 속으로 수학을 받아들인 아이들은 이후 다양한 방법으로 탐구노트를 쓰며 무서운 속도로 수학적 사고력을 키워나 갔습니다. 이렇게 수업한 지 1년이 지나자 전국 경시대회에서 대상을 받는 아이들이 나왔고, 대학부설 및 교육청 영재교육원에 많은 아이들을 입학 시킬 수 있었습니다. 특히 사고력 문제와 서술형 시험에서 뛰어난 성과를 거두었습니다. 그리고 이 아이들은 중학교와 고등학교에서도 수학도서들을 어렵지 않게 읽을 수 있었고, 수행평가와 학교 시험에서 놀라운 성과를 거두었습니다. 더 나아가 수능에서도 좋은 성적을 받았습니다.

이렇게 말하고 나니 우리 역시 성공담을 이야기한 것 같아 송구스럽네요. 앞에서 말했듯이 공부에는 왕도가 없고, 특히 수학공부라면 더더욱 그렇지만 우리가 아이들에게 권하는 이 방식이 어느 누군가에게 필요할 수도 있지 않을까요? 한 달에 두 권 정도의 수학동화를 읽고 탐구노트를 쓰는 것만으로도 아이들의 수학적 사고력이 크게 성장한다는 것을 경험한 우리는 학부모들이 가정에서 자녀의 수학교육을 하는 데 도움을 주기 위해 이 책을 집필하게 되었습니다.

이 책은 크게 3부로 이루어져 있습니다. 1부에서는 아이를 공부시키는데 있어 무작정 따라 하면 안 되는 것들, 그것들의 이면에 깔려 있는 숨겨진 진실들에 대해 이야기했습니다. 2부에서는 매쓰몽에서 실제로 수업하는 수학동화, 탐구주제, 아이가 직접 쓴 탐구노트를 소개함으로써 가정에서 아이와 함께 수학동화 읽기와 탐구노트 쓰기를 진행하는 데 도움이 되고자 했습니다. 3부에서는 초등교과와 직접 관련된 추천수학동화를 학년과 영역에 맞춰 소개했습니다.

다시 한 번 강조하지만 수학 문제에는 정답이 있지만 수학을 공부하는 방법에는 정답이 없습니다. 저희는 수천 명을 가르쳐 보고 많은 사례를 알고 있지만 '교육'에는 특히 왕도가 없습니다. 아이들은 주어진 독립변수에 딱 맞은 종속변수만 내주는 함수상자가 아닙니다. 생각을 갖고 스스로 사고하는 유기체니까요.

그럼에도 불구하고 이 책이 올바른 나침반이 되어준다면 좋겠습니다. 혼란스러운 정체불명의 '카더라' 정보 속에서 헤매시는 어머님들이 소신을 갖고 아이들을 가르치는 데 유용한 길잡이가 되어주길 바랍니다.

• 차례 •

| 머리말 | 자기주도수학, 자기만의 길부터 모색해야 ················ 004

절대 따라 하면 안 되는 대치동 초등수학

1. 그 많던 대치동 초등수학영재들은 **어디로 사라졌을까?** · 014

2. 수학공부, **아이의 성향을 무시한 방법이 문제** ········ 026

3. 귀 얇은 엄마가 **아이를 망친다** ······················· 035

4. 묻지 마 선행학습, **아이를 수포자로 만든다** ··········· 038

5. 영재교육, **꼭 시켜야 할까?** ·························· 045

6. 경시대회, **꼭 나가야 할까?** ·························· 051

7. 자녀의 **연산 실력을 키우는 7가지 방법** ············· 060

 **2부** 수학이 즐거워지는 수학동화 읽기와 탐구노트 쓰기

1. **1학년을 위한** 수학동화 읽기와 탐구노트 쓰기 ······· 074

2. **2학년을 위한** 수학동화 읽기와 탐구노트 쓰기 ······ 102

3. **3학년을 위한** 수학동화 읽기와 탐구노트 쓰기 ······ 133

4. **4학년을 위한** 수학동화 읽기와 탐구노트 쓰기 ······ 159

5. **5학년을 위한** 수학동화 읽기와 탐구노트 쓰기 ······ 186

6. **6학년을 위한** 수학동화 읽기와 탐구노트 쓰기 ······ 210

초등교육과정 매쓰몽 추천도서

1. **학년별, 영역별** 단원분석 ·················· 240

2. **수와 연산 영역** 추천도서 ·················· 245

3. **도형 영역** 추천도서 ·················· 250

4. **측정 영역** 추천도서 ·················· 254

5. **자료와 가능성 영역** 추천도서 ·················· 258

6. **규칙성 영역** 추천도서 ·················· 262

7. **더 읽으면 좋은** 추천도서 ·················· 266

01

절대
따라 하면 안 되는
대치동 초등수학

1

그 많던 대치동 초등수학영재들은 어디로 사라졌을까?

오랜 기간 아이들을 가르치며 행복했던 기억이 셀 수 없이 많습니다. 그런데 어느 순간 대치동 아이들은 '묻지 마 선행학습'과 '묻지 마 경시대회', '묻지 마 심화학습'의 늪에 빠졌고, 아이들은 모두 하나같이 선행학습과 경시대회, 심화학습의 쳇바퀴에서 빠져나오지 못하게 되었습니다. 그 결과 초등학생 때는 수학영재로 통했던 아이들이 고등학생이 되어서는 수학에 재미를 못 느끼고 '수포자'로 전락하는 경우가 많습니다.

KMO 한국수학올림피아드 중등부 1차 시험이 끝나는 5월 말이 되면 대치동 중등학원에는 대지각변동이 일어납니다. 저희가 근무했던 ○○중고등부학원은 매해 5월이 되면, 4월까지 세 반가량이었던 중학교 2학년 반은 열세 반이 신설된 적이 있었을 정도로 신입생이 많이 들어왔습니다. 이 시기에 많은 아이들이 몰려왔던 이유는 각종 특목고 입시의 내신반영 비율이 중2 때부터 높아지니 내신 대비와 선행을 하기 위해서입니다.

이들 중 영재고·과학고 입시를 위해 중등 KMO를 준비했던 학생들은 대부분 초6과 중1 때 1년 동안 상당히 많은 선행을 나갔기 때문에 반 배정이 쉽지 않습니다. 보통 초6빠르면 초5, 늦으면 중1부터 시작하는 중등 KMO 과정은 2년 정도의 시험 대비를 해야 입상할 수 있습니다. 학기 중에는 일주일에 4일간 오후 5시부터 10시까지 수업하고, 방학 때에는 주 4일간 오후 2~3시부터 10시까지 수업을 합니다. 이 스케줄은 KMO를 준비하는 기간에는 다른 과목 공부는 하지 말고 수학 공부만 하라는 것이겠죠? 그리고 이렇게 2년 동안 KMO에 올인했는데 성과가 없으면 대부분 그만두고, 다시 교과수학에 올인해 선행학습과 심화학습을 합니다.

이렇게 철저하게 만들어진 수학영재들은 각 학교마다 전교권의 최상위 등수를 차지하게 됩니다. 실제로 'KMO사관학교'라고 불리는 대치동의 한 남중은 한 반 30명 중 20명이 KMO를 준비하고 있는데, 이 학교의 내신 시험지는 비강남권 학생들이 풀면 반도 못 맞힐 정도로 고난이도 문제가 출제됩니다. 이러한 일이 생긴 이유는, KMO를 준비하며 상향평준화된 수학 실력을 점수로 줄 세우기 위해서는 시험 문제가 어려울 수밖에 없기 때문입니다.

그리고 무엇보다 큰 문제는 많은 아이들이 2년간의 KMO 코스를 자신의 능력에 맞게 잘 이용하지 못한다는 것입니다. 앞서 말한 저희가 근무했던 학원의 열여섯 반의 중2 아이들 중 열 반 정도의 학생들이 2년간 KMO 대비학원에 다녔지만 2년 후 그들의 결과는 많이 달랐습니다.

1반은 최상위권 아이들, 2반부터 3반까지는 상위권 아이들, 4반부터 10반까지는 아는 것은 많지만 문제에 적용시키지 못하거나 중2 기본개념부터 다시 시작해야 하는 아이들로 편성되었습니다. 분명 이 아이들도 초등학생 때는 수학영재라는 소리를 들으며 중등 선행학습을 하고 KMO 대비 학원에 합격점수로 입학했을 텐데, 이 아이들은 왜 뒤처지게 되었을까요?

초등수학영재의 특성에 대해서는 「5. 영재교육, 꼭 시켜야 할까?」에서 자세히 다룰 것이지만 이 아이들 중 상당수는 엄밀히 말해서 수학영재가 아니라, 이른 시기에 선행을 시작하고 반복과 심화에 의해 단기적으로 문제풀이 능력이 향상된 상태인 것입니다. 지금까지 우리가 연구하고 현장에서 직접 만나본 수학영재들은 뛰어난 논리력과 추론능력, 과제집착력으로 보고 듣고 읽은 내용을 잘 연결해서 창의적 활동을 좋아하고 잘해냅니다. 그런데 많은 아이들이 학습된 문제풀이 능력으로 영재학교를 거쳐 의대에 가기 위해 KMO에 입문합니다. 물론 최근에는 "영재학교와 과학고 출신 학생의 의대진학을 금지한다"는 소식에 KMO를 입시와 연관지어 입문하는 아이들이 줄어들었는데, 정말 반가운 소식입니다.

저희가 근무했던 학원의 4반부터 10반까지 속하는 아이들의 자존감은 바닥까지 내려앉았습니다. 초등학생 때만 해도 초롱초롱했던 눈빛과 영특함은 어디론가 사라지고, 학습을 귀찮아하고 게임과 더 친한 아이들이 되어버렸습니다. 경시학원에 입학하기 위해 초등학교 5~6학년 때 중등과정과 고1과정을 선행학습한 아이들이 2년 동안 KMO 준비를 열심히 하고도, 정작 중2가 되어서는 교과내신을 어려워합니다.

이해가 안 되시죠? 어떻게 고1과정까지 선행학습하고 우리나라 최고 수학경시대회인 KMO에 도전했던 아이들이 중2가 되어서는 내신을 힘들어할까 말입니다. 그런데 힘들어합니다. 그리고 아이들은 말합니다.

"이런 건 안 배웠다고요!"

간혹 어머님들 중에는 "중학교 2학년 1학기 수학에는 여러 단원들에서

'활용'이 등장하는데, 우리 아이는 이 부분을 가장 어려워한다"고 말씀하시는 분들이 많으십니다.

왜 그런 걸까요? 바로 문해력이 부족해 수학의 개념을 이해하고 활용하는 것을 어려워하기 때문입니다. 연산 위주로 수학을 공부하고 많은 문제집을 풀어도 문제를 이해하지 못하면 실력 향상에는 전혀 도움이 되지 않습니다. 수학문제는 문장으로 되어 있는데, 문장으로 된 문제를 이해하기 위해서는 문해력이 뒷받침되어야 합니다. 수학을 정말 좋아하고 잘하는 아이들은 문해력이 뛰어나기 때문에 활용 파트를 정말 잘합니다.

실제로 2022년부터 수학교과에서도 문해력이 더 요구되고 있습니다. '2022 개정교육과정'의 목표는 '창의융합형 인재양성'인데 이를 위해 국어뿐만 아니라 수학과 과학 등 전 과목에서 문해력교육을 강화했습니다.

'2022 개정교육과정'에 따라 초등수학교과에서는 원리와 개념을 중시하는 스토리텔링 기법이 도입되면서 수학독서 활동이 늘어났습니다. 수학독서를 통해 수학적 지식뿐 아니라 사고력까지 키우도록 하기 위해서랍니다. 이러한 흐름은 초등학교뿐 아니라 중등수학교과와 고등수학교과에도 이어지므로 수학교과에서 우수한 성적을 거두기 위해서라도 수학독서를 꼭 해야 합니다. 수학독서를 통해 수학의 역사와 수학자 이야기, 생활 속 수학 등 수학과 관련된 다양한 지식을 습득하면, 수학에 대한 배경지식이 넓어지고 다양한 개념과 원리를 이해할 수 있으므로 학교에서든 학원에서든 수학을 공부할 때 자신감이 생겨서 적극적이고 능동적으로 수업에 참여할 수 있겠죠.

사실 수학은 기호와 도형 등 수학적 언어로 이루어져 있으므로 아직 기호가 익숙하지 않은 초등학생들이 가장 어려워하는 과목입니다. 수학독서를 하면 아이 스스로 수학에 흥미를 느끼고 수학의 필요성과 중요성을 깨달을 수 있습니다. 수학독서를 많이 한 학생들은 해당단원을 공부할 때 배경지식이 있기 때문에 자기주도적으로 수업에 참여할 수 있습니다.

실제로 현재 중고등학교에서 배우는 수학은 점차 단순연산 문제보다 문장형 문제가 많아지고 있습니다. 문장을 이해하지 못하면 아무리 단순연산을 잘하는 학생이라도 문제를 풀어낼 수 없습니다. 문제는 풀 수 있는데 문제를 읽지 못한다면 무슨 소용이겠습니까?

우리는 매쓰몽을 개원한 이래 여러 해 동안 대치동의 수학영재들에게 문제풀이가 아닌 진짜 살아 있는, 정말 아름다운 수학을 가르치고 싶었습니다. 그래서 우리가 선택한 수학교재가 수학동화책이었습니다.

그렇다고 모든 선행학습과 KMO수업을 탓하는 것은 아닙니다. 다만 수학영재와 학습우수아동을 구별해 아이의 성향을 고려한 대처가 필요하다는 것을 말씀드리고 싶습니다.

아이의 성향과 시기마다의 관심사를 무시하고 많은 것을 가르치고, 가르친 모든 내용을 시험으로 평가하고 점수화시켜서 줄 세우기를 하는 주입식 수업이 아이들을 성장시키기는커녕 지치게 만들고 있습니다. 자기주도가 아닌 강요에 의해 공부하는 아이들은 그래도 수업은 따라가지만 한 번 사라진 열정이 다시 생기기는 어렵습니다.

시대가 바뀌고 '2022 개정교육과정'으로 학교의 모습도 많이 바뀌고 있는 것 같습니다. 새로 달라진 이 교육과정이 실제 교육현장에서 역기능보다는 순기능이 발현되어야 할 텐데요. 앞으로 새 교육과정으로 우리 아이들이 이 세상을 아름답게 이끌어갈 훌륭한 인재, 초등학생 때 조금 더 행복하게 공부하는 아이들로 성장하길 바랍니다.

여기서 잠깐 재미있는 이야기를 해드릴게요. 우리 매쓰몽 학원에 다니던 아이들이 중학생이 되어 다른 학원으로 옮겨 수업을 들으면, 어머님들과 아이들이 입을 모아 하는 말들이 있습니다. "선생님들이 아이들의 말에 귀를 기울여주지 않고, 질문을 해도 그런 질문은 쓸데없는 질문이라며 묵살당하기 일쑤"라고 합니다. 또 어머님들은 "새로 다니는 학원에서 '아이가 너무 말이 많다'고 주의를 당부한다는 말을 듣는다"고 하십니다.

유대인들이 다양한 분야에서 두각을 나타내는 이유가 '질문의 힘'이라고 하듯이, 지적 호기심을 키우는 데 질문만큼 중요한 게 없답니다. 아이들은 수학동화 수업을 진행하며 질문하는 방법을 배웠고, 수동적으로 개념과 원리를 받아들이면 안 된다고 배웠는데, 갑자기 학습환경이 바뀐 것입니다. 개념이 나오게 된 시대적 상황과 그 개념을 만든 수학자에 대해 궁금해하던 아이들은 이제 입 다물고 문제만 풀어야 합니다. 어머님들의 말씀에 의하면 타학원 원장님께서 "매쓰몽 출신 아이들은 질문이 많고 말이 많은 것이 문제"라고 하신다더군요. 물론 추구하는 교육철학이 다르니 그렇게 생각하실 수도 있겠죠.

하지만 지난 10년간 우리나라 아이들은 IMO 국제수학올림피아드에서 당당히 전 세계 최상위권에 입상했지만 아직까지 수학의 노벨상인 필즈상을 하나도 받지 못하고 있습니다. 그 많던 초등수학영재들은 어디로 사라진 것일까요?

지금부터는 저희가 아이들에게 수학동화로 수학을 가르치게 된 이유에 대해 설명해 드리겠습니다.

<최근 10년간 IMO 국가별 순위>

	2021.7	2020	2019	2018	2017	2016	2015	2014	2013	2012
1위	중국	중국	미국 중국	미국	한국	미국	미국	중국	중국	한국
2위	러시아	러시아		러시아	중국	한국	중국	미국	한국	중국
3위	한국	미국	한국	중국	베트남	중국	한국	대만	미국	미국
4위	미국	한국	북한	우크라이나	미국	싱가포르	북한	러시아	러시아	러시아
7위				한국				한국		

　K와 처음 만난 것은 K가 초등학교 6학년 겨울방학을 맞았을 때였고, 저희가 매쓰몽을 개원하기 전에 ○○학원에서 근무할 때였습니다. 당시 그 ○○학원에서 개설한 겨울방학특강은 예비 중1을 대상으로 하는 수업이었습니다. 예비 중1반이 두 반 만들어졌고, 열여섯 명의 아이들이 함께 공부했습니다. 여담이지만 이 아이들은 지금도 돈독한 우정을 계속 나누고 있다고 합니다. 저희 또한 이 아이들 중 3명과는 20년이 지난 지금도 서로 연락하며 각별히 지내고 있습니다.

　예비 중1 겨울방학특강은 월수금 중3 과정 기본반, 화목토 중2 과정 기본반으로 나누어 진행되었습니다. 아이들이 중2 과정을 모두 마친 상태가 아니었기에 여러 가지 꼭 필요한 내용은 따로 설명하면서 수업했는데, 아이들이 모두 잘 따라왔습니다. 수업은 기본적으로 개념을 설명하고 문제를 풀고, 숙제로 문제집을 풀게 하는, 너무나 평범한 방식으로 이루어졌습니다.

　한 달쯤 지나면서부터 반절의 아이들이 중3 수학의 매력에 빠져들었고, 나머지는 별도로 개별보강을 하며 수업을 진행했습니다. 개별보강을 통해 어디가 문제인지 체크하면서 아이에게 부족한 부분을 발견하고 문제점을 해결하며 진도를 나갔던 것입니다.

당시 K는 중학교 1학년 과정이 끝나 있었고, 수학, 과학의 아이디어가 뛰어나서 3,4학년 때는 대학부설 과학영재원을 다녔다고 했습니다. 영어는 원어민 수준으로 구사하는 소위 엄친아였습니다.

하지만 엄친아로 통하는 이 아이는 항상 개별보강을 해야 했는데, 그 이유는 매번 숙제를 부족하게 해왔기 때문입니다. 수업시간에 배우는 내용도 잘 이해했고 문제도 잘 풀었지만, 숙제를 하며 스스로 공부할 시간이 없다 보니 수업시작 전에 치르는 지난 수업내용의 테스트에서 점수가 평균을 넘지 못했습니다.

반면 K는 수학에 대한 예리한 질문만큼은 누구보다 뛰어났습니다. 개별보강을 할 때 엉뚱하지만 멋진 질문으로 저를 감동시킨 적도 많았고, 그래서 '아직은 어리니 개념을 정확하게 이해하고 있는 A를 혼내기보다는 충분히 기다려줘야겠다'고 생각했습니다. 그리고 아직 중학교 1학년 시험도 두 달가량 남았으니 겨울방학 때는 K가 좀 더 수학에 흥미를 가질 수 있도록 노력했습니다.

그런데 문제는 중학생이 되어 내신 대비를 하던 중에 발생했습니다. A는 반복되는 문제풀이, 점점 난이도가 높아지는 심화문제들을 풀면서 한계에 부딪혔습니다. 하지만 대치동에서는 이 정도의 문제를 풀지 않으면 학교 시험에서 좋은 성적을 받을 수 없기 때문에 풀고 또 푸는 양치기 실력을 문제의 양으로 향상시키는 방법 와 더 어려운 문제들 푸는 연습을 해야 했습니다. 결국 문제를 푸는 K의 글씨들은 점점 지쳐가고 있는 이 아이의 심정을 대변하는 듯했고, 문제를 푸는 속도도 느려져만 갔습니다.

K는 중간고사를 치르고 썩 좋지 않은 성적을 받고 5월 초에 저희가 근무하던 ○○학원을 그만두었고, 다른 학원에 등록했습니다. 새로 등록한 학

원에서는 입학테스트 결과가 좋아 학원의 권유로 고등수학(상) 진도를 나갔다고 합니다.

보통 학기 중에는 선행학습 진도를 나가지 않고 내신 대비에 많은 시간을 할애하거나, 주3회 수업 중 2회는 지난 학기에 진도 나간 선행학습을 심화학습하거나 복습하고 나머지 1회는 내신 대비를 꾸준히 합니다. 그러나 K는 진도를 나가느라 기말고사 준비를 전혀 하지 못했고, 기말고사 2~3주 전에 다시 ○○학원에 돌아왔을 때는 바로 내신 대비에 모든 시간을 할애해야 했습니다.

또다시 기말고사 결과가 좋지 않았고 자존감 또한 바닥으로 떨어지고 말았습니다. 설상가상으로 다른 아이들이 여름방학 때 중학교 2학년 2학기 과정을 공부하는 동안 K는 또다시 ○○학원을 그만뒀고, 여름방학 동안 다른 학원에서 고등수학(상)을 마무리했습니다. 2학기가 시작되자 ○○학원에 다시 다닌 이 아이는 내신 대비를 하느라 힘들어했고, 다행히 2학기 중간고사는 시험이 쉬워서 적당한 점수를 받았지만 기말고사는 최악의 점수를 받았습니다.

K와 함께 예비 중1반에서 공부했던 아이들 대부분은 꾸준히 자기 페이스를 유지하며 중2, 중3, 고1이 되었습니다. 그중에는 특목고에 합격한 학생도 있었고 떨어진 학생도 있었습니다. 아이들은 대학입시라는 같은 목표 아래 최선을 다해 공부했지만 대치동 고1 내신은 정말 호락호락하지 않았습니다. 많은 아이들이 눈물겹게 원하는 점수와 등수를 차지했고, 많은 아이들이 실패와 좌절을 맛보았습니다.

"어떤 아이가 100점을 받았는데, 그 아이는 '정석『수학의 정석』'을 초등학생 때부터 5번 봤다"더라, "어떤 문제집에서 많이 출제되었다더라"는 대치동 엄친아들의 학습법에 어머님들이 귀를 기울이셨고, 상대적으로 낮은 점수를 받은 아이들은 모두 자신의 학습방향을 잃고 따라 하기에 급급해졌습니다.

그사이 K도 저희가 근무하던 ○○학원과 다른 학원들을 전전하며 선행학습과 내신 대비를 반복하며 최선을 다하고 있었습니다. 힘들게 준비하던 고1 기말고사를 앞두고 K는 고백했습니다. "초등학교 5학년 때까지는 정말 수학이 좋고 재미있었는데, 초등학교 6학년 때 중학교 선행학습을 시작하면서부터 수학은 문제와의 전쟁이었고, 이제 수학 문제만 봐도 토할 것 같다"며 울었습니다. 그리고 다음 해에 K는 건강이 악화되어 학업을 중단해야 했고, 가족 모두 지방으로 내려갔습니다. 훗날 K는 검정고시를 준비했습니다.

이후 저희는 선행과 시험, 과정과 결과, 이상과 현실 사이에서 많은 갈등을 했습니다. 선행으로 인해 문제는 잘 풀지만 궁금한 게 없는 아이들, 궁금한 건 많은데 문제는 잘 풀지 못해서 성적이 낮은 아이들, 중고등부학원에서는 이 두 집단의 문제를 해결할 수 없었습니다. 1년에 4회의 중간기말고사와 3~4회의 모의고사를 준비하며 학습습관과 방법을 배우기에는 시간이 턱없이 부족했습니다. 저희는 ○○학원을 그만두고 어떻게 하면 재미있게 공부하며 학습역량을 키울 수 있을까 고민했습니다. 그리하여 찾아낸 솔루션이 바로 수학동화를 읽으며 동화 속 수학 내용에 대해 깊이 있게 탐구하는 커리큘럼이었습니다.

저희는 K가 속해 있던 반의 아이들이 모두 대학에 들어가던 해에 초등수학 전문학원인 브레노스 창의영재 수학학원_{현 매쓰몽}을 개원했습니다. 그리고 어느 학원에서도 찾아볼 수 없는 이례적인 오픈 설명회를 가졌습니다. K를 비롯해 저에게 배웠던 학생들 3명이 학원 오픈 설명회 때 연사로 등장한 것입니다.

대치동 키즈였던 다른 두 아이는 세상에서 운동을 가장 좋아했고 자기 수준에 맞는 적당한 선행학습과 자기주도학습으로 소위 말하는 SKY에 입학했고, 나머지 한 학생은 K였습니다. 2명의 친구들이 들려준 자신들의 공부방법과 학교와 학원 생활과 관련된 이야기를 들으신 어머님들은 자녀의 수준에 맞는 학습 계획을 세워야 한다고 생각하게 되셨고, 무엇보다 고3까지 공부하기 위해서는 자기주도학습이 중요하다는 것을 깨닫게 되었죠.

그리고 마지막으로 K가 들려주는 이야기를 들으신 어머님들은 설명회장을 눈물바다로 만드셨습니다. 10분가량의 짧은 이야기였지만 모든 학부모들의 가슴을 뜨겁게 적셨습니다.

"저는 일곱 살 때부터 수학학원을 다니기 시작했습니다. 중략 자녀를 어려서부터 주위의 친구들과 비교하지 말아주세요. 그리고 다른 친구들이 모두 한다고 자녀의 실력에 맞지 않는 지나친 선행학습은 시키지 마세요. 저희는 공부가 재미있으면 하지 말라고 해도 찾아서 해요. 다만 어머님들이 우리를 기다려주시지 못하시는 거예요. 저는 많이 힘들었고 아팠어요……."

이런 가슴 아픈 사연 덕분에 저희는 지금도 초심을 잃지 않고 재미있는 수학공부를 추구하는 학원을 운영할 수 있었습니다.

아시나요? 요즘은 오히려 많은 아이들이 수포자가 되고 싶어 합니다. 왜냐고요? 수포자가 되면 수학공부를 안 해도 되니까요. 그만큼 우리 아이들은 공부에 지쳤고, 이러다간 정말 큰일 날 것 같아서 살아보려고 몸부림

치는 것인지도 모릅니다.

　어쨌든 수학이라는 과목은 억지로 시킨다고 잘할 수 없습니다. 10시간 앉아 있어도 아무것도 안 할 수 있고, 1시간을 앉아 있어도 많은 것을 해낼 수 있는 과목입니다. 어쩌면 공부라는 것이 그런 것이 아닐까요?

　올림픽에서 금메달을 따는 선수들의 결과는 모두 같지만 그들이 결과를 이루기 위한 과정은 모두 다릅니다. 만약 좋은 대학을 가는 것이 목표라면 아이의 장점과 단점을 고려한 최선의 방법을 선택해야 합니다. 이때 가장 중요하게 고려해야 할 것이 즐거움입니다. 아이들은 대부분 게임을 좋아하는데, 게임에 재미를 느끼니 몰입하게 되고 실력 또한 늘어납니다. 공부도 마찬가지입니다. 재미있으면 몰입해서 잘할 수 있습니다. 그러려면 자기 수준에 맞는 공부를 해야겠지요. 자기 수준보다 높은 공부를 억지로 시키면 재미있을 리가 없을 테니까요.

2
수학공부,
아이의 성향을 무시한 방법이 문제

많은 아이들이 수학을 선행학습합니다. 자기 학년보다 1~2학년 높은 과정을 공부하는 건 기본이고, 심지어 4~5학년 높은 과정을 공부하는 아이들도 있습니다. 이렇게 공부하는 아이들은 힘들어 하지만 학부모님들은 선행학습을 더더욱 강요합니다. "엄친아 엄마 친구 아들가 전교 1등을 했는데, 선행학습 덕분"이라고 말하면서 말이죠.

A는 어릴 때부터 우리 학원에 다녔습니다. 그런데 A는 우리 학원만 다닌 것이 아니라 우리 학원에 처음 입성할 당시에도 다른 학원에 다니고 있었습니다. A는 소위 말하는 돼지엄마 좋은 학원을 수소문하고 잘하는 아이들을 끌고 다니는 우두머리 격의 엄마가 끌고 온 아이들 중의 하나였습니다. 대치동에서 우수한 아이들이 많이 다닌다는 S학원의 가장 높은 반에 다니고 있었고, 그런 일군의 아이들과 함께 이동이 아닌 병행으로 우리 학원을 다니기 시작했습니다.

처음 수업을 할 때, A는 우리 학원의 동화수업에 당황했습니다. 선생님이 수업시간에 "자신의 생각을 말해 보라"고 하니 순발력 있게 대답하지도 못하는 등, 다른 학원에서와 달리 그리 두각을 나타내지 못했습니다. 다른 학원에서는 교과 중심의 수업을 철저히 했고, 집에서는 학부모님이 숙제, 오답, 테스트 관리 등을 엄격히 해주시는 편이라 A의 성적은 항상 중상 이상이었습니다.

A의 학부모님은 저학년 때는 아이가 동화수업을 좋아할 거라고 생각하셨고, 시간표 역시 그리 부담되지 않아서 다른 학원에 다니면서 우리 학원에서 수업하도록 하신 겁니다. S학원과 H학원을 고민하시더니 동화수업이 너무 좋다며 우리 학원을 선택하셨습니다.

그러나 기본과 심화가 동시에 진행되는 우리 학원의 수업 방식에 맞추기 위해 선행학습을 하는 학원에도 꾸준히 다니게 하셨습니다. 그래서 A는 우리 학원에서 중등 1학년 과정을 배울 때는 중등 2,3학년 과정을, 우리 학원에서 중3 과정을 배울 때는 고등 과정을 다른 학원에서 미리 배웠습니다.

처음 맡는 엄마 냄새, 첫눈, 첫 인형 등 아이들은 처음 만나게 되는 것들에 강한 호기심을 갖습니다. 호기심은 무언가를 배우고자 하는 열의를 일으키고, 사고력과 창의력을 확장시키는 도구이기도 합니다. 하지만 A는 우리 학원의 동화수업에서 어떤 개념을 처음 배울 때마다 다른 학원에서 이미 선행학습했으니 그다지 흥미를 못 느꼈습니다. 동화 속에 등장하는 수학 개념에 대해 흥미를 못 느끼니, 수학적 사고력이 더 이상 확장되지 못했죠. 그전에 다른 학원에서 배운 것으로 오염되어(?) 있어서 가르치는 선생님 입장에서는 소위 약간은 김새는 기분으로 수업하게 되는 경우가 종종 있었습니다.

우리 학원에서는 기본과 심화가 동시에 진행되는데, 심화에서는 교과 영역을 뛰어넘는 동화를 읽고 수학 개념을 배웁니다. 이 경우 A는 교과도입

부에서는 매우 빠르게 치고 나가지만 뒤로 가면 갈수록 약한 모습을 보이는 전형적인 아이였습니다.

다행히 A는 학년이 올라가고 우리 학원의 수업 방식에 적응하면서 KMO와 중학교 내신, 영재고 입시 등을 거치면서 갈수록 수학 실력이 늘었습니다. 결국 우리나라에서 가장 성적이 우수한 아이들이 모인다는 서울과학영재학교에 재학 중입니다.

하지만 그렇지 못한 아이들도 많습니다. 바로 선행학습 때문에 수학에 대한 흥미를 잃어서입니다. 아이들은 대개 처음 접하는 것과 달리 이미 익숙한 것에는 큰 흥미를 못 느낍니다. 학교 수업은 물론이고 학원 수업에도 흥미를 못 느끼니 수학이 재미없을 수밖에요. 수학에 재미를 못 느끼다 보면 잘못된 공부 습관이 생기게 됩니다. 초등학생 때는 '수학영재' 소리를 듣던 아이들이 정작 중요한 대입을 앞두고 '수포자 수학을 포기한 사람'로 전락하는 이유입니다.

반면에 B는 우리 학원에 처음 입학할 당시에는 성적이 그다지 좋지는 않았습니다. 우수한 아이들이 많이 오는 최고반 3학년이 될 때 뽑아서 초등 3학년 과정부터 시작합니다에 거의 커트라인을 통과해 합격했습니다. 그 직전에 대치동으로 이사 오신 어머님은 큰 충격을 받으셨습니다. "자신의 아이보다 잘하는 아이들이 이렇게 많은 줄 몰랐다"고 하셨답니다.

B는 우리 학원에 다니기 전에 다른 지역에 있는 S학원에 다니고 있었습니다. 물론 가장 높은 반을 다녔지만 대치동이 아니기 때문에 외부에서 그리 크게 인정받는 반은 아닙니다.

어머님은 "B가 어릴 적부터 책 읽는 것을 좋아하고, 퍼즐이나 레고 등 자신이 관심 있는 것들을 하루 종일 갖고 노는 것을 좋아하는 아이였다"고 말씀하셨습니다. "뜯어말려도 계속하는 고집스러운 아이였다"고 하셨지요.

어머님은 책을 좋아하는 B가 우리 학원과 잘 맞을 것 같아서 우리 학원을 택했는데, 특별한 준비 없이 입학시험을 치르게 하셨습니다. 그래서일까요? B는 입학 당시 성적이 그리 안 좋았습니다.

그런데 B는 다른 아이들과 확연히 다른 점이 존재했습니다. 우리 학원에서 배우는 내용을 이미 선행학습한 다른 아이들과 달리 B는 선행학습을 거의 하지 않았습니다. 우리 학원에서 배우는 것들을 처음 배우는 경우가 많았죠.

우리 학원에 합격해서 다니는 동안 어머님은 B를 S학원에 더 이상 보내지 않으셨고, 그 흔한 연산학습지도 안 시키셨습니다. 그저 우리 학원 수업을 따라가도록 지원숙제, 오답, 테스트, 탐구노트 관리만 해주신 것이죠. 어머님은 "자신이 예체능을 전공해 수학을 좋아하지도 않고, 다른 어머님들처럼 집에서도 아이를 가르치지는 않으신다"고 하셨는데요. 아이가 우리 학원에서 갖고 오는 과제물들을 채점해 주는 것 외에는 그다지 신경 쓰지 않으셨답니다. 아이에 대한 믿음 때문인지 학원에 대한 믿음 때문인지, 아이 스스로 부딪쳐 가면서 공부하도록 해주셨습니다.

이런 아이들은 특징이 있습니다. 일단, 수업시간에 진짜 열심히 듣습니다. 왜냐하면 처음 접하는 개념이고 정말 모르는 것이라서 집중해서 듣습니다. 물론 첫 번째 테스트를 할 때는 수업시간에 배운 개념과 관련된 문제를 풀 때 많이 틀립니다. 처음 배우는 개념이라서 어떻게 적용시켜야 할지 모르는 경우가 많기 때문이죠.

그렇지만 수학동화에서 배운 개념을 동화의 이야기를 통해 잘 기억하고 탐구노트를 쓰고 문제를 풀다 보면 스스로 많은 것들을 깨우칩니다. 그래서 기본 개념을 익히고 심화 개념을 익힐 때면 틀에 박힌 대로 문제를 풀어내는 다른 아이들과는 좀 다릅니다. 다른 아이들이 미처 생각하지 못한 것들을 생각해냅니다.

B가 수학동화를 읽고 탐구노트를 쓴 것을 보면 정말 정성이 끝이 없다고 느끼곤 했답니다. 당연히 배운 게 없다 보니 스스로 많은 고민을 하고 창의적인 아이디어도 많이 발휘했습니다.

다른 아이들은 대개 5학년 여름방학에 고1 심화 과정을 마무리하는데, 중학교에 입학하고 KMO에 대비하기 위해서랍니다. B의 어머님께 "다른 친구들은 이런 공부를 미리 한다"고 살짝 귀띔해 드렸는데, 어머님은 결국 B가 초등학교를 졸업할 때까지도 우리 학원 한 곳만 보냈고, 별다른 선행학습을 시키지 않으셨습니다.

그런데 이게 어떻게 된 일일까요? B도 A와 마찬가지로 현재 우리나라에서 수학과 과학 분야의 최고 학생들이 다닌다는 서울과학영재학교에 재학 중입니다.

B의 어머님과 달리 많은 어머님들이 아이를 수학영재로 만들기 위해 선행학습을 시키시는 것 말고도 아이를 두 곳 이상의 수학학원에 보내십니다. 남보다 더 많이 공부하면 성적도 우수하리라 생각하기 때문입니다.

C는 항상 바쁩니다. 다른 아이들은 쉬는 시간에 지우개 싸움을 한다거나 뭔가 꺼리를 만들어 쉴 새 없이 뛰어다니는데, C는 항상 독서실에서 책을 읽곤 했습니다. 그래서 '아, 정말 책을 사랑하는 아이로구나! 쉬는 시간까지 책을 읽다니!'라고 생각해서 물어보았죠.

"너는 책이 그렇게 좋니? 쉬는 시간에도 책 읽고 있네."

"그게 아니라 오늘 동화수업할 책을 못 읽어서 지금 읽고 있는 건데요."

"그러니까 지금 수업할 동화책을 안 읽어 와서 지금 읽고 있다는 거네……."

어쩌다 한 번 그럴 수 있겠거니 싶었습니다. 책을 미처 못 샀을 수도 있고, 깜빡하고 그럴 수도 있으니까요.

그런데 그런 모습이 자주 눈에 띄는 겁니다. 그래서 물어보았더니 "책 읽을 시간이 없어서 쉬는 시간에 읽는다"고 대답했습니다. 그리고 보니 C는 교과 내신 수업 때도 항상 뭔가 부족하게 숙제를 해오더라고요. '풀채고재 풀고, 채점하고, 고치고, 재채점 해오기'를 숙제로 내주는데 풀기만 해놓아서 쉬는 시간에 틀린 문제들을 고치거나, 오답노트에 붙어 있는 문제들을 미처 안 풀어오는 경우가 많았습니다.

그래서 이유를 물었더니, "너무 바쁘다"네요. 공부를 많이 시키는 사립초등학교에 다니면서 수학학원을 무려 3군데나 다니고, 과학학원과 영어학원, 논술학원, 역사학원을 다니면서 바이올린 레슨과 과외도 2개나 하니 너무 바쁠 수밖에요. 심지어 이 아이는 밤 11시까지 과외를 했습니다. 그래서 '천만 원'이라는 별명도 붙었지요. 사교육비만 천만 원이 넘을 거라고 사람들이 이야기하던 아이였습니다. 제가 대략 들은 것만도 이 정도였으니, 어쩌면 이보다 더 많은 돈을 사교육비로 지출했을지도 모릅니다.

그러다보니 시간표가 빽빽해서 정작 숙제할 시간이 없다는 것이지요. 숙제는 주로 이동하는 차 안에서 대충 후다닥하거나 쉬는 시간에 짬을 내서 했지요. 영리하고 순발력도 뛰어나고, 무엇보다 끈기 있는 친구였는데 항상 뭔가 부족하게 숙제를 해오니 늘 안타까웠습니다. '나중에 어머님이 후회하실 텐데' 하는 걱정도 들었습니다.

아니나 다를까. 훗날 C는 명문고등학교에 입학했지만 일류대에 진학하지는 못했습니다. 쌓이고 쌓인 학업 스트레스가 고등학생 때 터졌고, 우울증에 시달려야 했습니다. 결국 서울 소재 대학교에 간신히 입학했습니다.

반면에 D의 어머님은 교육자셨어요. D가 학교가 들어가기 전까지 학교 선생님이셨죠. 그래서인지 교육관이 투철하시고 심지가 굳으신 편이었어요. 어머님은 학원 하나만 잘 다니면서 뭔가를 제대로 얻어내는 게 낫다고 생각하셨죠. 수업시간은 물론이고 숙제를 할 때도 생각하고 고민해야 한다고 생각하셨죠.

그래서 이 친구는 초등학교를 졸업할 때쯤 『수학의 정석』에 나오는 연습문제 하나를 2시간이나 붙잡고 풀어냈다고 해요. 다른 아이들이 어려워서 대부분 포기하는 문제를 끝까지 푼 것이죠. '우공이산愚公移山', '쉬지 않고 꾸준하게 한 가지 일만 열심히 하면 마침내 큰일을 이룰 수 있다'는 고사성어처럼 D는 정말 끈기 있는 아이였죠.

D는 우리 학원 입학시험에 합격한 이후로 그전에 다니던 학원을 모두 그만 다녔습니다. 어머님은 아이가 어느 단원을 잘 이해하지 못하는 것처럼 보이면 바로 선생님들께 물어보시고 집에서 아이와 함께 단원을 이해하는 데 필요한 문제들을 함께 푸시면서 기민하게 대처해 주셨어요. "다른 학원도 안 다니고 선행학습도 안 했으니, 집에서나마 부족한 걸 보충해 주어야겠다"고 하시면서요.

그리고 아이가 탐구노트를 쓸 때만큼은 시간에 상관없이 마음껏 쓰도록 해주셨어요. 다른 어머님들은 대개 다른 공부를 할 시간을 고려하셔서 정해진 시간 내에 탐구노트를 쓰게 하시는데, 아이가 탐구노트를 쓰는 데 집중하도록 배려하신 것이죠. 그래서 이 친구의 탐구노트는 매우 수준이 높고, 선생님들도 감탄할 만한 기발한 생각을 담아낸 경우가 많았죠. 실제로 수학올림피아드나 영재교육원과 과학고 입시 등에서는 주어진 문제에 얼마나 창의적으로 접근하느냐를 중요하게 평가합니다. D의 수학 실력은 처음에는 그다지 뛰어나지 않았지만 수학영재에게 꼭 필요한 학습방식을 실천한 셈이죠.

당연히 수학 실력이 늘 수밖에요. D는 문제를 해결하기 위해 이 방법 저 방법을 다 써보는데요. 도형 문제를 푸는 수업에서 그 진가를 발휘했습니다. 이등분된 선들이 교차하면서 어떤 관계를 드러내는가를 묻는 문제였는데, 사실 이 문제는 답을 푸는 공식이 따로 있다기보다는 그림으로 분할해야 답을 구할 수 있었습니다. 이 친구가 이런 질문을 던졌습니다.

"선생님, 이등분 말고 삼등분, 사등분이 되면 어떤 식으로 결과가 달라질까요?"

자기주도학습이란 바로 이런 겁니다. 그날 수업은 애초의 의도와 다르게 삼등분, 사등분, 혹은 n등분이 되면 어떤 결과가 나올까를 연구하는 쪽으로 살짝 바뀌게 되었습니다. 사고력과 창의력을 아낌없이 발휘하는 진정한 자기주도학습을 할 수 있었죠. 가르치는 선생님도 배우는 학생들도 모두 즐거운 시간을 보낼 수 있었습니다. 그래서 지금도 후배들에게 그때 그 친구의 이야기를 해주곤 해요. 그때 D는 3학년이었고 그전까지 선행학습을 전혀 하지 않았는데, 동화시간뿐만 아니라 교과수업시간에도 생각의 확장을 꾀할 줄 아는 친구였어요.

그 아이가 생각을 확장시킬 수 있었던 것은 시간의 여유 덕분인 것 같습니다. 어머님이 집에서 "빨리 문제 풀어라!"고 다그치지 않으신 덕분에 생각의 폭을 넓히고 창의적으로 문제를 해결하는 힘을 기를 수 있었던 것이죠. 생각하고 상상할 시간이 마음껏 주어진 아이의 수학 실력은 우후죽순처럼 늘었습니다.

결국 초등학생 때부터 실천한 자기주도학습을 고등학생 때까지 이어간 D는 우리나라에서 가장 우수한 학생들이 모이는 고등학교를 졸업하고 서울대학교에 입학했습니다. 지금도 연구하는 자세로 공부하고 있다고 하네요.

3

귀 얇은 엄마가 아이를 망친다

"성공하는 아이의 엄마는 남다르다!"

이런 문구를 보면 마음이 무거워집니다. 엄마에게만 책임을 묻는 것 같으니까요. 아이를 키우는 데는 뭔가 성공공식이 있을 것 같고, 그대로 안 하면 아이를 망칠 수 있다는 착각을 불러일으키니까요.

한동안 자녀를 지나치게 간섭하는 헬리콥터 맘이 화제였습니다. 심지어 헬리콥터 맘이 키운 아들이 어른이 되어 입사한 회사에서 뭔가를 결정할 때 "엄마에게 물어보겠다"고 했다는 웃지 못할 해프닝이 벌어지기도 했습니다. 이렇게 키운 아들은 나중에 결혼할 때도 엄마에게 의견을 물을 수도 있을 겁니다.

우리가 같은 반에서 지도하던 아이 둘이 있었습니다. 두 아이는 입학성적이나 수업시간의 여러 가지 성취도 평가에서 비슷한 성적을 받았는데, 두 아이의 어머님들은 정말 많이 다르셨습니다.

한 아이의 어머님은 직장에 다니셨지만 항상 출석, 과제 등을 중요하게 여기셨습니다. 아이를 집에서 직접 가르치지는 않으셨지만 항상 숙제를 체크해 주시고 숙제 시간을 분배해 주시며 체력관리까지 해주시는 등 누가 봐도 좋은 매니저셨어요.

또 다른 아이의 어머님은 전업주부셨지만 항상 바쁘셨어요. 아이들 과제 등 챙겨야 할 것들을 제대로 못 챙겨주시기 일쑤셨는데, 그러다보니 아이가 준비물을 안 챙겨 올 때도 있었고, 수업시간에 엉뚱한 책을 들고 오기도 했어요.

이렇게 달라 보이는 두 어머님들에게는 공통점이 있었어요. 두 어머님은 모두 일관된 교육철학을 갖고 계셨어요. 바로 자기 나름의 교육철학을 갖고 계신 것이죠. 간혹 어머님들의 교육철학대로 하다 보면 안 되겠구나 싶을 때는 우리가 조심스레 상담해 드리고 조언도 건네 드리지만 결국 자신의 방식대로 밀어붙이시곤 했죠.

아이들을 양육하는 데 있어 일관된 태도를 유지하는 것이 얼마나 어려운지는 아마 모든 어머님들이 아실 거예요. 오늘은 이게 정답 같고 내일은 저게 정답 같으니, '나는 과연 잘하고 있는가? 나는 정말 좋은 엄마인가?' 하는 의문을 품고 끊임없이 고민하는 것이죠.

아이는 어머님이 이랬다 저랬다 하시면 힘들어 합니다. 차라리 '우리 엄마는 이런 엄마'라고 아이들이 생각한다면 오히려 혼란스럽지는 않을 겁니다. 아이들은 오늘은 이랬다 내일은 저랬다 하는 어머님들에게 큰 혼란을 느낍니다. 그러니 스스로 옳다고 확신하신다면 그것을 쭉 밀고 나가시는 게 오히려 낫습니다.

학원을 선택할 때도 마찬가지예요. 우리는 학부모님들께 이런 말씀을 많이 드립니다.

"어느 학원이든 처음에 믿고 맡기셨으면 그 학원의 학습과정을 끝까지 이수하도록 하세요."

물론 중간에 학원을 그만둘 만한 일이 생길 수도 있지만 그렇지 않다면 모든 교육 활동을 끝까지 해내는 게 바람직합니다. 그저 '누구누구가 다른 학원이 더 좋다던데, 나도 한 번 옮겨 볼까?' 혹은 '저 학원이 진도가 더 빠르다던데'라고 생각하며 이리저리 갈팡질팡하시지는 마세요. 학원을 이리저리 옮길수록 아이에게 혼란만 가중시킵니다. 한 학원에서 꾸준하게 공부하다 보면 어느 정도 일정 수준 이상의 성과를 거둘 수 있어요. 실제로 아이를 이 학원 저 학원에 보내시다가 나중에 후회하시는 경우를 더 많이 봤지요.

"남의 떡이 커 보인다"는 속담이 있듯이 남의 집 아이가 더 잘하는 것처럼 보이는 것입니다! 그러니 묵묵히 어머님만의 교육철학을 굳건히 지켜주세요. 사실 우리도 학창시절에 어머님에게 상처받곤 했잖아요.

"엄마 친구 딸이 있는데, 이번 모의고사에서 수학 만점을 받았다더라!"

우리가 '엄친아' 또는 '엄친딸'들로 인해 상처받았던 것처럼 우리 아이들도 지금 상처받을지도 몰라요. 어느 곳에서 공부하든 최선을 다할 수 있는 환경을 만들어 주시는 게 더 중요합니다. 그런 다음 묵묵히 아이를 지켜봐 주시고, 응원해 주세요. 어머님이 흔들리시면 아이도 흔들리니까요.

4
묻지 마 선행학습, 아이를 수포자로 만든다

2020년 초부터 시작된 팬데믹은 우리 삶의 상당 부분을 바꾸었습니다. 처음에는 '이 상황만 끝나면'이라고 가정하며 버텨 왔는데 어느덧 2021년이 지나 2022년이 되었습니다.

우리는 팬데믹이 시작되던 2020년 초에 구체적인 대안을 마련하지 못한 채 학교 개학이 차일피일 미뤄지는 초유의 사태를 겪었습니다. 다들 기억하실지 모르지만, 아이들이 학교를 다시 갈 수 있었던 날은 그나마 5월 말에서 6월 초가 되어서 찾아왔습니다. 학년마다 지역마다 등교 요일과 등교 주가 달랐지만 말입니다.

우리 학원도 2020년 봄에 거의 한 달간 수업하지 못했습니다. 학원에서 아이들과 못 만나고 온라인 수업도 못 하면서 우왕좌왕하며 시간을 보내고 있던 차에, 어머님들에게 제보 아닌 제보를 받았습니다. 요지는 "학교는 안 가는데 더 바빠졌다"는 것이었습니다.

"어머님, 학교도 안 가는데 아이들이 하루 종일 심심하겠어요?"

"심심할 틈은커녕, 너무 바빠요."

"그동안 밀린 책도 읽고, 노느나 바쁘나 봐요?"

"아니요. 애들이 학교를 안 가도 되니까 오전부터 애들 불러서 선행학습 시켜주는 학원이 있는데, 거기에 매일 가요."

"지금 2학년이면 어떤 과정을 많이 나가세요?"

"초2반이 6개 반 있는데, 진도 제일 느린 반이 중2학년 2학기반이래요. 에이급에이급은 매우 수준 높은 중등심화 경시문제집입니다으로 해주고요. 대기도 엄청 많아요."

"……."

"그런 학원에 안 보내는 엄마들은 다 과외로 진도 빼잖아요. 요새 과외 선생님 구하기가 하늘의 별따기랍니다."

"초2가 중등을, 그것도 에이급을 다 알아듣나요?"

"그러니 계속 반복시킬 생각이고, 지금처럼 시간 많을 때 선행학습이나 시키려는 거죠."

"그럼 초3 때는 정석우리나라 국민의 상당수가 고등학생 때 공부했던 『수학의 정석』입니다 들어가나요?"

팬데믹으로 부동산가격 등이 오르고 부의 양극화가 심해지고 있다는데, 교육의 양극화도 심해지고 있다는 언론 보도를 익히 접하셨을 것입니다. 이전에도 어머님들이 선행학습을 많이들 시키셨지만 대치동에서는 등교수업이 중단된 2020년 초부터 선행학습이 더더욱 심해졌습니다. "그동안 선행학습 진도가 뒤쳐져 있던 아이들이 이참에 대거 진도를 따라잡았다", "초3이 고등수학을 선행학습한다"는 말을 듣고 불안해하시는 어머님들이 많아졌습니다.

    2020년 초에는 코로나19의 확산세가 심상치 않았습니다. 오죽하면 사회적 거리두기를 시행하고 등교수업도 중단했을까요. "어떻게 그 상황에서도 공부를 시키느냐?"고 어머님들을 비난하시는 분들도 있겠지만 다른 아이들은 선행학습을 더 한다는데 귀를 막고 계실 분들이 과연 얼마나 있을까요?

    초등학생들은 왜 틈만 나면 선행학습에 목숨을 걸까요? 많은 초등학생 학부모님들은 수학 선행학습이 필수라고 생각하시고, 그것도 빠르면 빠를수록 좋다고 생각하십니다.

    학교에서 사회 시간에 자주 듣는 말이지만 대한민국은 인구는 많고 자원은 한정적입니다. 대학 안 나온 사람이 없을 정도로 교육 수준이 매우 높고, 60~70대 어르신들도 카카오톡과 유튜브를 이용하실 정도로 정보 인프라 수준도 매우 높습니다. 그러다보니 공부에 대한 정보도 넘쳐나고 있습니다.

    우리나라는 2019년부터 생산가능인구$_{15\sim64세}$가 줄어들고 있는데, 지금 초등학생인 아이들이 성인이 될 무렵에는 생산가능인구가 더 줄어들 테지만 입시경쟁은 사그라지지 않을 듯합니다. 여전히 아이를 명문대에 보내려는 어머님들이 많으시고, 명문대 입학정원은 한정되어 있기 때문입니다.

    또 명문대를 졸업하더라도 좋은 직장에 취업하기도 여의치 않습니다. 그래서 명문대 의대나 공대에 목숨 걸고 보내려는 어머님들이 많으신 것 같습니다. 명문대 의대나 공대에 가려면 모든 과목에서 뛰어난 성적을 받아야 하고 특히 수학을 잘해야 한다고 하니, 수학 선행학습을 경쟁적으로 시키시는 거지요. 그러다보니 아주 어릴 때부터 모두 한 결승선을 바라보면서, 남보다 뒤처질까 봐 끊임없이 걱정하게 된 겁니다. 그러니 중학생 때보다 상대적으로 학교 수업 일정이 여유로운 초등학생 때 수학 선행학습을 경쟁적으로 시키시는 거지요.

교육열이 대단하신 분들은 흔히 공부를 마라톤에 비유하면서 "고3이라는 피날레에 도착할 때까지 내가 어느 그룹인지를, 내 앞에 어떤 그룹이 있는지를 계속 살피면서 뛰어야만 한다"고 하시죠. 그런데 공부를 마라톤에 비유한다면, 초등학생 시기는 마라톤을 시작하는 "탕" 소리가 들리고 우르르 달려가기 시작할 때부터 20~30분이 경과할 때까지일 것입니다. 마라톤 중계방송을 한 번이라도 보신 분들은 아시겠지만 아무리 빨리 달려도 2시간 넘게 걸리는 마라톤에서 초반의 순위가 결승선까지 유지되는 경우는 매우 드물죠. 출발 직후에 우르르 몰려 달려갈 때의 순위가 과연 결승선까지 이어질까요?

우리 아이들은 어릴 때부터 입시경쟁에 내몰리고 다른 아이들과 비교되기 일쑤죠. 다른 아이들과 비교되는 상대주의가 넘쳐나는 세상에서는 끊임없이 비교대상을 찾습니다. 어머님들은 끊임없이 비교대상 아이를 찾습니다. 중학생과 고등학생이라면 중간고사, 기말고사, 모의고사 등 성적을 평가하는 많은 지표들이 있습니다. 이 지표들의 평가방식이 가히 좋은 것은 아닙니다만 여하튼 이 지표들을 토대로 자신의 아이와 다른 아이들을 비교하시곤 하지요.

그런데 초등학생의 경우 현행 교육과정에서는 마땅한 지표가 없습니다. 초등학생의 성적을 지표로 나타내지 않아서죠. 요새 국공립 초등학생들은 시험과 평가가 없는 아름답고 평화로운 학교생활을 하고 있는 셈입니다. 반면에 사립초등학교는 시험과 상대평가 등으로 학생의 순위를 매깁니다. 그러니 학부모들에게 인기 있을 수밖에요.

대치동 학부모님들의 학력과 직업을 고려한다면, 그분들은 어릴 때부터 경쟁과 상대평가에 익숙해지셨을 겁니다. 자신들도 그렇게 공부했으니 자녀들이 초등학생 때부터 앞서 달리지 않으면 앞으로도 잘할 수 없다고 생각하시는 거죠. 그러다보니 그 지표들에 눈길이 쏠리는 거죠.

"우리 아이는 지금 ○○과정하고 있다."

"이번 학기부터 ○○학원의 ○○반에 들어간다."

"여길 졸업하면 ○학년 때 ○○진도까지 다 끝낸다더라."

생각해 보면 참 부질없습니다. 초등학생의 성적을 평가하는 지표가 없어서 선행학습의 진도를 평가지표로 삼는 것인데, 아이러니하게도 그 학습의 질에 대해 평가하는 마땅한 기준이 없다 보니 아이가 하고 있는 선행학습의 진도에 비해 실제로 사고하는 힘이나 문제를 풀어내는 능력은 부족한 경우가 허다하거든요. 그저 선행학습 진도를 어디까지 나가고 있다는 '라벨링'에만 연연해하고 있는 학부모님들이 너무 많은 셈이지요.

이처럼 선행학습에 내몰린 아이들은 한참 성장해야 할 나이에 밤잠까지 줄여가면서 사교육을 받고 있는데, 자의가 아니라 타의에 의해 공부하는 게 가장 큰 문제지요. 자기주도적으로 공부하지 못하는 아이들은 우리에게 "스스로 공부하는 법을 잘 모르겠다"거나 "공부를 왜 해야 하는지 모르겠다"고 하소연할 때가 많아요.

아이를 무시하고 무턱대고 밀어붙이기만 하는 선행학습이 과연 효과가 있을까요? '스스로 지식을 배우고 익히는' 공부의 본질을 생각한다면 아이가 원치 않는 선행학습은 '수학은 재미없다', '수학은 어렵다', '나는 수학을 못해'라는 생각을 키울 수도 있습니다. 결국 아이를 '수포자'로 만들게 됩니다.

게다가 아이의 학습 능력을 고려하지 않는 지나친 선행학습은 가끔 아이들을 연기자로 만듭니다. 정말 이해하지 못하는데도 '나만 그런가' 싶어서 계속 아는 척을 한다거나, 문제를 잘못 읽었다는 둥 시간이 없었다는 둥 다른 핑계를 대면서 정작 중요한 자존감을 잃게 되기도 하지요.

'적기학습'이라는 말이 있지요. 선행학습과 반대되는 말이라고 생각하실 수도 있지만, 수학을 정말 좋아하고 실력도 뛰어난 아이들에게는 자기 학년에서 배우는 수학이 지루하게 느껴지기도 합니다. 이런 아이라면 자기 학년보다 2~3학년을 앞서 공부하는 게 오히려 낫습니다. 이런 아이에게는 선행학습이 적기학습인 셈이죠.

다시 '스스로 지식을 배우고 익히는' 공부의 본질을 생각해 볼까요? 스스로 지식을 배우고 익히려면 자기 수준에 맞는 공부를 해야 합니다. 자기 수준보다 높은 것을 공부하면 제대로 이해하지 못하고, 자기 수준보다 낮은 것을 공부하면 흥미가 생기지 않기 때문이죠. 물론 "그렇다고 마냥 내버려 두면 아이 스스로 흥미가 생기겠느냐?"고 의문을 품으시는 분들도 있으실 겁니다. 그래서 우리는 아이들의 호기심과 흥미를 이끌어주기 위해 수학동화를 택했습니다.

아이가 한글도 잘 모르던 영유아기 때를 생각해 보세요. 스스로 책을 읽지 못하더라도 어머님이 책을 읽어주시면 아이는 귀를 기울였을 겁니다. 이때 읽어주는 책들은 대부분 흥미로운 이야기로 되어 있는 동화책이죠. 아이들은 본능적으로 이야기를 좋아하는데, 초등학생이 되더라도 마찬가지랍니다. 초등학생 때 수학동화를 읽으면 자연스레 이야기에 빠져들 수 있고, 이야기를 통해 수학의 주요 개념과 원리를 익힐 수 있답니다. 스스로 지식을 배우고 익히는 진짜 공부가 가능한 것이죠.

우리 지은이들은 선행학습이 옳고 그르냐를 논하기보다는 아이의 수준에 맞고 아이 스스로 흥미를 느끼게 하는 공부가 중요하다고 생각합니다. 아이의 수준이 자기 학년보다 높으면 선행학습을 시켜도 된다고 생각하는데, 기왕이면 아이가 처음 접하는 수학 개념과 원리에 재미와 흥미를 느낄 수 있도록 공부시키는 게 어떨까요?

그래서 우리는 선행학습이 필요한 아이의 경우에 이렇게 합니다. 우선 아이의 수준에 맞는 선행학습 진도를 택하고, 문제집이나 지루한 개념서가 아니라 재미있는 이야기를 담고 있는 수학동화를 읽도록 합니다. 초등학생 때부터 수학에 흥미와 재미를 느끼도록 하기 위해, 아이 스스로 수학이 재미없고 지루한 학문이 아니라 신기하고 재미있는 것이라는 것을 깨닫게 하기 위해서랍니다.

5

영재교육, 꼭 시켜야 할까?

우리나라의 영재교육은 초1부터 고3까지 초중고 전 학년에 걸쳐 진행됩니다. '2020 영재교육통계'에 따르면 전국 영재교육기관은 1,756개 있습니다. 그중 학교 단위에서 설치·운영하는 영재학급이 1,391개로 가장 많고, 교육청 영재교육원은 255개, 대학부설 영재교육원은 82개입니다. 그리고 과학고등학교 20개교, 영재학교 8개교가 있습니다.

구분	영재학급	영재교육원		과고	영재학교	합계
		교육청	대학부설			
기관수	1,391	255	82	20	8	1,756
교육 대상자 수	32,811	31,457	10,852	4,397	2,495	82,012
차지 비율	40.0%	38.4%	13.2%	5.4%	3.0%	100.0%

2020년 기준 영재교육통계 공시자료

초등학교 5,6학년의 영재교육 대상자는 각각 전체 학년의 3.7%, 3.2%를 차지하고 있습니다. 초등학교 5학년의 경우 한 반에 1명 정도는 영재교육을 받고 있습니다.

구분	초1	초2	초3	초4	초5	초6
전체 학생수	426,484	471,054	458,247	455,478	431,638	450,815
영재학급	2	16	455	4,962	7,250	4,887
교육청 영재교육원	-	4	28	2,740	6,716	7,108
대학부설 영재교육원	42	112	229	567	1,795	2,615
과고 영재학교	-	-	-	-	-	-
합계	44	132	712	8,269	15,761	14,610
학생수대비 비율	0.01%	0.03%	0.2%	1.8%	3.7%	3.2%

구분	중1	중2	중3	고1	고2	고3
전체 학생수	473,365	429,302	413,179	447,233	452,137	437,950
영재학급	3,249	2,554	441	5,469	3,399	127
교육청 영재교육원	6,536	5,455	2,563	152	143	12
대학부설 영재교육원	2,790	1,761	579	178	125	59
과고 영재학교	-	-	-	2,507	2,416	1,969
합계	12,575	9,770	3,583	8,306	6,083	2,167
학생수대비 비율	2.7%	2.3%	0.9%	1.9%	1.4%	0.5%

2020년 기준 영재교육통계 공시자료

현재 시행 중인 제4차 영재교육진흥 종합계획(2018~2022)은 영재교육 대상자를 모집해 '선 교육 후 선발'을 진행 중입니다. 이 과정을 통해 더 많은 아이들이 영재교육 대상자가 되고 관심분야에 대한 사전 교육을 받아 자신의 영재성을 찾을 수 있도록 하고 있습니다.

지금까지 우리는 "한국의 영재는 사교육으로 만들어진다"라는 말을 많이 들어왔습니다. 이렇게 말씀하시는 분들은 '영재교육이 사교육을 조장한다'고 생각하실 테지요.

영재 아동의 수월성 秀越性, 다른 것에 비하여 빼어나고 우월한 성질 교육을 위한 사교육은 시대를 막론하고 진행되어 왔습니다. 우리가 알고 있는 위대한 수학자들도 영재교육을 받았습니다. 오일러는 당대 최고의 수학자 요한 베르누이에게 매주 토요일 오후마다 개인교습을 받았으며, 가우스도 학교 선생님의 추천으로 수학자에게 개인 수업을 받거나 대학교수에게 과외를 받으며 성장했습니다. 세계적으로 이름을 남긴 수학자들도 수월성 교육을 받은 것입니다.

물론 주위의 도움을 받지 않고서도 스스로 공부해 위대한 수학자가 된 사례도 있고, 엄청난 사교육과 조기교육을 받았어도 실패한 사례도 있을 겁니다.

다시 "한국의 영재는 사교육으로 만들어진다"라는 말을 생각해 봅시다. 이 말은 왜 생겨났을까요? 우리는 주위에서 이 말과 관련된 많은 광고를 쉽게 접할 수 있습니다. '영재원 대비 특강, 영재원 대비 파이널 문제집, 면접특강, 최고 적중률'이라는 광고 문구를 한 번쯤은 들어보셨을 겁니다.

이런 광고를 접한 어머님들이 문의전화를 하시면 "우리는 예상문제를 만들어 공부시키고 각종 영재원에 들어가게 해준다"고 말해 줄 겁니다. 이런 학원들은 자기 학원만의 노하우와 적중률을 자랑하는데, 실제로 이런 학원을 다닌 친구들이 영재원에 입학한 경우가 많습니다. 소위 사교육이 만들어낸 영재가 탄생하게 된 겁니다.

어찌 보면 사교육이 스스로의 무덤을 파고 있는 것 같습니다. 예상문제를 열심히 풀고 영재원에 들어간 아이들이 과연 영재일까요? 진짜 영재가 아니라 만들어진 영재를 낳는 현실을 생각하자니 씁쓰름합니다. "한국의 영재는 사교육으로 만들어진다"는 말이 실제로 벌어지고 있기 때문이지요.

이쯤에서 영재 그리고 수학영재에 대한 용어의 정의를 짚고 넘어가야 할 듯합니다. 영재는 '지능과 함께 과제에 대한 집착력과 창의력을 겸비한 아동'으로 정의됩니다. 그러나 최근에는 영재의 범위가 늘어났습니다. 각자의 특성과 재능이 발휘될 수 있도록 격려하는 환경을 제공하기 위해 전체 인구의 15~20%를 영재로 보는 광범위한 정의를 수용함으로써, 좀 더 많은 어린이의 잠재능력을 최대한 계발시키려 하고 있습니다. 이러한 내용을 반영한 것이 현재 우리나라에서 추진 중인 제4차 영재교육진흥 종합계획입니다.

다음으로 수학영재는 '수학 영역에서 뛰어난 업적을 이루었거나 이룰 것으로 예상되는 아동'으로 정의되며, 수학적 사고 능력, 수학적 과제집착력, 수학적 창의성, 평균 이상의 높은 능력을 지닌 아동을 말합니다. 수학영재 학생은 문제해결 과정에서 집중력과 과제집착력, 수학에 대한 긍정적 태도 등을 발휘하는데, 수학 교과를 좋아하는 학생, 어려운 문제를 만났을 때 끝까지 고민하며 매달리는 학생, 학교 또는 학원에서 배운 방법이 아닌 다른 방법으로 문제에 접근하는 경향을 보이는 학생이 수학영재 학생입니다.

이제까지 우리는 영재교육을 그토록 갈망해 왔는데, 세상이 변하고 있으므로 영재교육도 달라져야 하지 않을까요? 과거에는 초등학교, 중학교 때 공부를 잘했던 아이들이 특수목적고에 진학하고, 그들이 만들어놓은 명문대 합격률이 좋은 명문고를 만들었습니다. 그리고 좋은 학벌로 대기업에 취업했으며, 비슷한 길을 걸어온 배우자와 결혼하고, 이른 시기에 부를 축적했습니다. 그리고 다시 자신이 걸어온 길을 따라 자녀를 교육시켰습니다.

그런데 이제 시대가 바뀌었습니다. 현재 시행 중인 영재교육은 제4차 영재교육진흥 종합계획(2018~2022)에 따라 과거보다 더 많은 아이들이 영재교육 대상자가 될 수도 있고, 관심분야에 대한 사전 교육을 받으면 자신의 영재성을 찾을 수도 있습니다. 더 많은 아이들에게 기회를 제공한 것입니다.

영재교육이란 '재능이 뛰어난 영재를 조기에 발굴하여 이들의 잠재력을 계발하기 위해 개인의 능력과 소질에 맞는 내용과 방법으로 실시하는 교육'을 의미합니다. 그리고 이제 우리 아이들은 초등학교, 중학교 때 대학부설 영재교육원, 교육청 영재원은 물론 일반 학교에서 운영하는 영재학급에서도 영재교육을 받을 수 있습니다. 과거보다 기회가 많아졌으니 많은 아이들이 영재교육을 받아 각자의 재능을 조기에 발굴하기를 바랍니다.

단, 한 가지 명심할 게 있습니다. 자녀에게 영재교육을 시키는 것은 좋지만 과욕을 부려서는 곤란합니다. 영재교육이 입시를 위한 교육이 되어서는 안 될 것입니다. 어디까지나 내 아이의 미래를 위해 필요한 교육이 되어야 할 것입니다.

그렇다면 우리 아이가 영재인지 아닌지는 어떻게 판단해야 할까요? 먼저, 자녀가 일반적인 아동인지, 학습우수아동인지, 영재인지 구분지어 생각해 볼 필요가 있습니다. 영재아동의 대부분은 다음과 같은 특징이 있습니다.

가장 두드러진 특징은 추리력과 비판적 사고가 뛰어나다는 것입니다. 배운 내용을 잘 기억하고 적용하는 학습우수아동과는 달리 알고 있는 정보들을 조합해 더 복잡한 사고를 즐기며 주어진 과제를 타고난 과제집착력으로 오랜 시간 집중해서 해결하려고 노력합니다. 스스로 문제를 해결하려고 고민하기를 좋아하고 그것을 친구 또는 선생님들과 토론하기를 좋아합니다. 그래서 문제의 답을 맞히는 것에 관심이 별로 없으며, 문제를 해결함과 동시에 그 문제로부터 파생된 또 다른 문제를 만들어내서 탐구하려는 성향이 있습니다.

여러분의 자녀는 어떤가요? 혹시 선행학습 진도를 놓고 자신의 자녀를 영재라고 판단하시지는 않나요? 학습우수아동과 영재아동을 혼동하지 말아야 할 것입니다. 이제는 과목별 1등급, 100점을 요구하는 지식축적형 학습이 필요한 시대가 아닙니다. 아이를 영재아동으로 키우고 싶으시다면 아이에게 더 많은 사교육을 제공하는 대신 아이가 가진 능력을 제대로 키우도록 지도하셔야 합니다.

6

경시대회,
꼭 나가야 할까?

사시, 행시, 외시, 공시….

우리나라만큼 시험에 목을 매는 나라는 드문 듯합니다. 수많은 고시가 마치 신분상승의 열쇠처럼 사람들을 끌어들였는데, 그 힘이 대단해서 이제 초등학생들도 고시의 대열에 합류하게 되었습니다. 특히 대치동 초등학생들이라면 각종 경시를 피해 가기 어렵습니다. 경시 종류도 다양해서 학기마다 수차례 경시를 치르는 아이들도 많습니다.

그리고 학원들은 앞다퉈 경시 실적을 홍보합니다. 시험이 끝날 때마다 현수막과 홈페이지에 입상 결과를 도배합니다. 이는 학원의 가장 좋은 마케팅 수단임에 틀림없습니다. 모두가 그렇지는 않겠지만 적어도 대치동에서는 경시대회 입상 결과를 보고 학원을 선택하는 학부모님들이 많으십니다.

그런데 정작 전국 단위의 경시에서 매우 좋은 결과를 낸 학생들이나 학부모들조차 경시대회의 효과에 의문을 제기하는 경우가 많습니다. 남들은 배부른 고민이라고 치부해 버릴 수도 있지만 그들의 목소리에 귀를 기울여

보면 가볍게 넘기지 못할 사연들이 많습니다.

　대치동에서 경시대회 대상을 받은 학생들이나 학부모들은 연예인처럼 인기가 많습니다. 전국 경시대회 대상을 받았던 K학생의 학부모님은 이렇게 말씀하셨습니다.

　"마트에 가도 산책을 가도 나와 우리 아이를 알아보는 사람들이 있어요. 나를 보면서 속닥거리는 게 느껴지는데, 그다지 좋은 얘기를 하는 것 같지는 않더라고요."

　K학생은 이렇게 말했습니다.

　"경시대회가 두려워요. 이번에는 어떻게 대상을 받기는 했는데, 준비하는 기간 동안 매일매일 엄마와 전쟁을 치렀거든요."

　K학생과 비슷한 실력이었지만 이 경시대회에서 입상하지 못했던 A학생은 결국 다른 학원을 찾아갔습니다. 다음 경시대회에서는 K학생을 누르고 자신의 아이가 대상을 받게 하고 싶었던 A학생의 학부모가 내린 결정 때문이었습니다. 더 많은 공부를 시키는 학원을 찾아갔습니다.

　경시대회 기간이 다가오면 배가 아파진다는 아이들도 많습니다. 알고 보니 스트레스성 위염 때문에 배가 아팠던 겁니다. 이제 10살 정도의 천진난만한 아이에게 위염이 생기게 만드는 경시대회의 위엄입니다. 여러 선배들의 다양한 조언에도 불구하고 불나방처럼 경시대회에 학생들이 몰려들고 문을 두드립니다. 그 문 뒤에 숨어 있는 염증을 미처 모르는 채 말이죠…….

　대치동 학부모님들은 왜 경시대회를 좋아할까요? 아이 실력을 확인할 수도 있고, 혹여 입상할 수도 있으니 일석이조겠죠. 평소 알고 지내던 친구의 아들이 입상했다는 소식을 들으면 숨어 있던 부모의 욕심이 폭발하는 경우도 있을 겁니다. 아무튼 대치동의 많은 초등학생들은 이런저런 이유로 경시대회를 위해 공부합니다.

하지만 그 이면에는 숨겨진 진실들이 있습니다. 경시대회에 대해 학부모들님이 가장 많이 하시는 착각들은 이렇습니다.

1. 우리 아이가 경시대회에서 대상을 받으면 얼마나 행복할까요?

물론 자녀가 좋은 결과를 받게 되면 당연히 부모님은 아이가 자랑스러울 겁니다. 하지만 인생사 새옹지마라고 오르막이 있으면 내리막이 있지요. 경시대회에서 상을 받더라도 아이와 부모님에게 지속적으로 좋은 영향을 주지는 않습니다. 오히려 역효과를 조심해야 합니다.

경시대회에서 입상한 뒤로 경시대회 응시를 하지 않는 경우가 꽤 많습니다. 왜 그럴까요? 이유는 간단합니다. 지난번과 같은 높은 상을 또 받을 자신이 없기 때문입니다. 지난 경시대회에서 대상을 받았는데 이번에 대상을 못 받는다면, 혹은 입상하지 못하기라도 한다면 어떻게 될까요?

'지난번에 나를 보면서 수군거렸던 사람들이 비웃지 않을까?'

'역시 저애는 운이 좋았던 거야. 그날 찍신 정답 찍기의 신 이 내렸던 거 아냐?'

하는 생각들을 하시게 됩니다.

그래서 슬그머니 핑계를 대며 응시하지 않는 경우가 허다합니다. 그러면 아이는 어떻게 생각할까요? 아이가 받는 스트레스는 부모님에 비할 수 없을 만큼 클 게 분명합니다. 그동안 우리가 교육현장에서 경험한 바에 따르면, 시험 결과에 의연하신 학부모님들이 가장 현명하십니다. 시험 결과에 연연하지 않고 준비하는 과정을 중요하게 생각하는 학부모님들은 시험의 목적을 정확하게 알고 원하는 바를 이룰 수 있습니다. 하지만 결과에 연연하는 학부모님들은 아이에게 시험에 대한 잘못된 가치관을 심어주게 되고, 아이에게 큰 고통을 안겨줄 수 있습니다.

2. 우리 아이는 7살 때 1학년 경시대회에 응시해 입상했어요!

가끔 상위 학년 경시대회에 응시해 입상하는 경우가 있습니다. 본 학년에서도 입상이 어려운데 나이 많은 선배와 경쟁해서 입상했으니 놀랄 만한 일인 건 확실합니다.

그런데 이렇게 입상하고 정작 나중에 본 학년의 경시대회에서 입상하지 못하는 경우도 허다합니다. 왜 그럴까요?

저학년의 경시대회에서는 수학 실력보다 다른 중요한 것들이 요구되기 때문입니다. 사실 1학년 경시대회에서는 출제할 수 있는 범위가 너무 좁아서 나올 수 있는 문제가 뻔히 보입니다. 그러다보니 문제를 조금씩 꼬아서 출제 의도를 숨기는 기법을 사용합니다. 출제 의도를 파악하면 매우 쉽게 풀 수 있지만 그렇지 못하면 단순한 문제라도 접근조차 못하게 됩니다. 그래서 "저학년 경시대회는 수학 실력을 묻는 게 아니라 언어 실력과 눈치 실력을 보는 시험"이라는 말까지 생겼습니다. 7살 때 1학년 시험에 응시해 입상했다면 수학 실력이 아니라 언어 실력이 뛰어나거나 눈치가 빠른 덕일 가능성이 있습니다.

그런데 상위 학년 시험에 응시해 덜컥 입상해 버리면 아이의 수학 실력에 대해 객관적으로 평가는커녕 잘못된 평가를 내릴 수 있습니다. 그래서 학년이 높아지고 진짜 수학 실력을 겨뤄야 하는 때에 정작 입상하지 못하게 될 수 있습니다. 잘못된 평가로 잘못된 처방을 내렸고 적절한 발전을 하지 못했기 때문입니다.

비단 이런 특별한 경우가 아니더라도 '어쩌다 입상'은 아이를 바라보는 부모님의 시선을 왜곡할 수 있습니다. 경시대회 결과를 철저히 분석해 치밀한 전략을 짤 수 있는 학부모가 아니라면 단지 결과만 보고 평가를 내리기 때문에 문제가 생깁니다. 똑같이 80점을 받은 학생 두 명이 있더라도 두 학생에 대한 평가는 얼마든지 달라질 수 있고 서로 다른 전략이 필요할 수 있습니다. 축복받아야 할 경시대회 입상이 오히려 화를 불러올 수 있습니다.

3. 초등 경시도 잘 못했는데 KMO를 어떻게 잘해요······. 우리 아이는 수학을 잘 못하는 것 같아요.

경시대회마다 특징이 다르기는 하지만 초등 경시대회는 한 가지의 공통된 콘셉트를 가지고 있습니다. 바로 사례를 나열해 찾는 '경우의 수' 문제가 포함된다는 거죠. 경우의 수 문제가 나올 수밖에 없는 이유가 있습니다. 전국 1~100등을 줄 세울 수 있는 방법이 이것뿐이기 때문입니다.

경시대회 문제는 학교의 교과과정을 기준으로 출제 범위가 제한됩니다. 예를 들어 1학년 경시대회에는 곱셈 문제를 출제하지 않고, 3학년 경시대회에는 평면도형의 측정 문제를 출제하지 않습니다. 그러다보니 저학년 경시대회의 경우 출제할 수 있는 문제의 범위가 매우 한정적입니다. 한정된 범위에서 교과서 수준의 문제를 출제하게 되면 만점을 받는 학생들이 많아지게 되고 목표인 줄 세우기를 할 수 없습니다.

이런 범위의 제약에서 벗어나기 위해 바로 경우의 수 문제를 출제하는 겁니다. "○○인 경우는 모두 몇 가지일까?"라는 문제는 어떤 학년에서도 출제할 수가 있습니다. 그리고 경우의 수 문제는 원하는 만큼 난이도를 높이거나 낮출 수 있습니다. 평면도형을 조합해 만들 수 있는 도형의 개수를 묻는 문제는 경시대회에 최적화된 단골 문제입니다. 도형의 개수나 모양을 조절하면 초등학교 1학년 수준의 문제에서 고등학교 3학년 수준의 문제까지 만들어낼 수 있기 때문이죠.

그래서 경시대회를 준비해 본 학부모들은 항상 이렇게 질문하십니다.

"우리 애가 다른 문제들은 다 잘 푸는데, 경우의 수가 약해요. 왜 경우의 수를 잘 못할까요?"

결국 경시대회의 속성을 모르기 때문에 이런 질문을 하시는 겁니다. 사실 모든 아이들이 어려워할 만한 경우의 수 문제를 출제하기 때문에 모든 아이들이 경우의 수를 어려워하는 겁니다. 결국 경시대회는 나열을 잘하는 아이들이 입상하게 됩니다. 정작 수학을 잘하는 아이들이 입상하지 못하는 경우가 많습니다.

경우의 수 문제를 못 푼다고 수학을 잘하지 못한다고 착각해서는 안 됩니다. 초등 경시에서 번번이 입상에 실패한 학생들의 학부모들은 아이의 실력을 의심하게 됩니다. '초등 경시도 잘 못하는데 KMO 한국수학올림피아드를 어떻게 잘할 수 있겠어? 특목고 준비는 불가능하겠네'라고 생각하며 스스로 낙인을 찍습니다. 이건 갓난아기를 키우는 부모가 '우리 아이는 걸음마가 왜 이리 늦지? 우리 아이는 운동을 못 하겠네' 또는 '우리 아이는 옹알이가 늦네. 우리 아이는 나중에 아나운서가 되기 힘들겠네'라고 생각하는 것과 별다를 바 없습니다.

'다른 아이들이 하고 있으니 우리 아이도 경시 준비를 시켜야겠다'고 생각하시는 학부모님들도 굉장히 많습니다. 경시에 대해 올바르게 이해하고 충분하게 검토한 뒤에 경시 준비를 해야 합니다. '묻지 마 경시'는 아이와 학부모 모두에게 불행을 가져다 줄 수 있습니다.

이런 문제점에도 불구하고 경시대회는 매력이 많습니다. 아이의 상태를 평가해 보는 잣대가 될 수도 있지만 물론 단편적인 평가가 될 수 있지만 아이의 학습심리에도 도움이 될 수 있습니다.

입시라는 큰 목표가 있는 고등학생들에 비해 초등학생 때는 학습욕을 불러일으키는 요소가 거의 없습니다. "초등학생 때 학습욕이 반드시 필요하냐?"고 물으신다면 꼭 그렇지는 않다고 말씀드리고 싶지만 수학을 놀이와 게임으로 접근하게 되는 시기가 지나고 학습의 의미가 강해지는 초등 중학년 3~4학년 시기가 되면 자연스럽게 수학에 흥미를 잃게 됩니다.

이 시기가 되면 학부모님들은 불안해하시고 저학년 때 아이가 보여준 호기심을 되살려보기 위한 방법을 찾게 됩니다. 사실 학습 시스템 때문에 자연스럽게 벌어지는 일이지만 학부모가 보기에는 아이가 달라졌다고 생각하게 마련입니다. 그래서 온갖 사교육을 들이대지만 그럴수록 수학에서 더 멀어지는 아이를 발견하며 좌절하게 됩니다.

이런 때에 경시대회를 적절하게 활용하면 대단히 큰 도움이 될 수 있습니다. 경시대회, 특히 입상이라는 결과는 그 무엇으로도 대신할 수 없는 힘을 아이에게 심어주기 때문입니다.

'이번 시험에서 백점 받으면 장난감 사줄게'라는 미끼는 잠시 아이의 학습욕을 일으킬 수는 있지만 지속적일 수는 없고, 그 다음에는 더 큰 보상을 요구하기 때문에 효과적이지 않습니다. 경시대회 입상은 선물과 칭찬으로는 대체할 수 없는 인식의 변화를 만들어냅니다. 할 수 있다는 자신감,

다시 하고 싶어 하는 도전 의욕을 아이 스스로 일으키게 합니다. 입상하지 못한 경우에도 비슷한 효과를 얻을 수 있습니다.

다만 우리 아이에게 경시대회가 필요한 시점인지, 경시대회를 준비하는 것이 가능한지 등을 반드시 생각해 봐야 합니다. 또 우리 아이에게 경시대회 응시가 주는 의미와 효과는 무엇인지 생각해 보고, 기회비용을 따져가며 응시를 결정해야 합니다. 남들이 모두 하고 있으니, 우리 아이도 입상하면 좋겠다고 막연하게 생각하신다면 아이로 하여금 수학을 그저 입시의 도구로 생각하게 만드는 잘못된 가치관을 심어줄 수 있습니다. 기준을 정하고 가치 판단을 잘할 수 있다면 경시대회를 잘 이용할 수 있습니다.

끝으로 경시 준비를 하고 싶은 학부모님들을 위한 팁을 알려드리겠습니다. 초등 경시는 대회 종류가 매우 많습니다. 그리고 각 경시대회마다 출제 경향이 서로 다릅니다. 똑같은 범위에서 출제하지만 경시대회마다 출제 의도도 다르고 시험 방식도 다릅니다. 그러다보니 어떤 경시대회에서 입상한 학생이 다른 경시대회에서는 입상하지 못하는 경우가 많습니다. 실력의 변화 때문이 아니라 방식의 변화 때문에 생기는 일입니다.

아이의 성향에 따라 경시대회마다 결과가 얼마든지 달라질 수 있으니, 아이의 성향에 잘 맞는 경시대회를 찾는 것이 매우 중요합니다. 문제 푸는 속도는 빠르지만 풀이 과정을 잘 쓰지 못하는 아이는 단답형 주관식으로 출제되는 경시대회를, 문제 푸는 속도는 느리지만 과정을 잘 쓰는 아이는 서술형으로 출제되는 경시대회를 준비하는 게 유리합니다. 또 단답형 주관식으로 출제되는 경시대회라고 해도 교과 심화 위주로 출제되는 경시대회가 있고 경우의 수 문제 위주로 출제되는 경시대회도 있습니다. 상대평가와

절대평가도 경시대회를 선택하는 중요한 요소입니다.

　따라서 초등 저학년 때에는 한 경시대회에 올인해 준비하는 것보다 가볍게 준비하고 다양한 경시를 경험하면서 아이의 성향에 맞는 경시를 찾는 것이 바람직합니다. 앞서 말씀드린 경시대회의 장점을 살리기 위한 전략적 선택을 해야 합니다.

7

자녀의 연산 실력을 키우는
7가지 방법

　국어를 잘하려면 문해력이 필요하듯이 초등수학을 잘하려면 연산 실력을 키워야 합니다. 예전에 4학년이 혼합계산을 배우던 시절에 한 학생이 있었습니다. 학교에서 단원평가를 쳤는데 20개 중에 절반은 맞고 절반은 틀렸다고 하더라고요. 나중에 이 아이의 시험지를 보았는데 식은 잘 세웠어요.
　예를 들면, '○○가 ○○에 가서 3개에 4,500원 하는 사과를 5개 사고, 7개에 9,800원 하는 오이 4개를 사고, 20,000원을 냈다면 거스름돈은 얼마인가?' 하는 유형의 문제들이에요.
　사실 혼합계산은 식을 세우는 게 힘든 일이거든요. 그런데 이 아이는 식은 구조적으로 아주 잘 세웠는데 답이 잘 안 맞더라고요. 알고 보니, 4학년인데 2학년 때 배웠어야 할 구구단을 아직 헷갈려 하고 나눗셈을 잘 못하는 거였어요. 물론 그 후로 구구단도 완벽하게 외우고 빠르게 연산을 습득하고 나눗셈까지 완벽해져서, 결국에는 혼합계산 단원도 잘하게 되었죠.
　시대가 달라지고 더 이상 연산은 인간의 몫이 아니라 기계의 몫이라고 부르짖고 있어도, 초등수학에서 기초 연산을 등한시할 수는 없습니다. 수학은 근본적으로 '수'를 다루는 학문이고, 수를 곱하고 나누는 곱하고 나누는 과정에서 덧셈과 뺄셈은 필수 과정이야말로 수를 파악하는 중요한 키가 된답니다. 인공지능이 확산되어 아주 복잡한 연산이 줄어들 수는 있어도, 초등수학에서 연산을 배우지 않을 수는 없겠지요.

그러다보니 연산 교육이 새삼스레 중요하게 부각되고 있습니다. 널리 퍼져 있는 초등 학습지 시장만 봐도 그런데요. 연산 문제집을 여러 권 풀게 하는 학부모님들도 많으시고, 연산을 실제 교과 진도보다 더 빠르게 시키는 분들도 많으십니다. 그 이유는 크게 2가지 때문입니다.

첫째는 초등수학이 연산을 기본으로 하다 보니 아예 단원의 목적들이 새로운 연산을 배우는 것도 많지요. 연산을 할 줄 알면 그 단원의 심화문제로 빨리 진입할 수 있기 때문이죠. 둘째는 그렇게 해놓으면 진도에 가속도를 내고 싶을 때, 속도를 낼 수 있기 때문이죠.

하지만 모든 아이들이 연산에 재미를 느끼는 것은 아니랍니다. 어떤 아이는 연산이 재미있는 퀴즈 같다고 느끼고, 어떤 아이는 연산을 매우 지루한 노동 같다고 느끼니까요. 그렇다면 두 아이에게는 어떤 처방이 필요할까요?

다음은 연산을 공부하는 아이들의 여러 유형을 소개하고, 그 유형에 따른 장단점과 바람직한 학습방법을 알아본 것입니다. 여러분의 아이는 과연 어떤 유형일까요?

1. 학습지에만 의존해요.

장점 학습지를 꾸준히만 한다면 최고로 편한 방법입니다. 심지어 학습지만 공부해서 외국 연수까지 갔다 온 아이도 있답니다.

단점 학습지에 적응하는 데 시간이 걸리는 아이도 있습니다. 학습지 선생님들은 대개 숙제를 내주는데, 학습지 숙제를 많이 내주면 아이들은 벼락치기로 숙제를 하게 되고, 스트레스를 일으킬 수 있습니다.

2. 하루에 몇 쪽씩 꾸준히 시켜요.

장점 학습지를 주1회만 시키거나 서점에서 구입한 연산책을 하루에 몇 쪽씩만 꾸준히 풀게 한다면 아이 스스로 양을 조절할 수 있습니다. 이 방법은 연산을 많이 시키고 싶을 때도 유용합니다.

단점 매일 엄마랑 싸우게 될 수도 있습니다. 그럴 때는 뭔가 유인가誘引價, 어떤 사물이나 현상이 지니고 있는 심리적 매력 또는 심리적으로 끄는 힘의 정도를 주게 되는데, 유인가를 주는 것은 근본적인 흥미를 돋우는 것이 아니라서 그것도 결국엔 오래 못 갑니다.

3. 연산 학원에 보내요.

장점 대치동에서는 머릿셈으로 다양한 연산을 심지어 중등연산까지도 해결해 주는 연산학원이 인기랍니다. 역시나 전문가가 하다 보니 잘만 하면 상당히 유용하게 써먹을 수도 있습니다.

단점 머릿셈으로 하는 연산학원에 보내면 나중에 필산筆算, 실제로 숫자를 써서 덧셈·뺄셈·곱셈·나눗셈을 하는 것으로 하는 복면산覆面算, 수학 퍼즐의 한 종류로 문자를 이용하여 표현된 수식에서 각 문자가 나타내는 숫자를 알아내는 문제으로 전환될 때 아이의 고집을 꺾기 힘들 수도 있습니다. 유연하게 머릿셈과 필산을 둘 다 잘하는 아이가 될 때까지 엄마 속이 타들어 갑니다.

4. 과외로 연산을 시켜요.

장점 과외를 하는 경우 굳이 명문대생이 아니더라도 아이와 친화력이 좋은 대학생 선생님에게 꾸준히 연산지도를 맡기는 것이 좋습니다. 아이들은 똑같은 것이더라도 엄마가 아닌 선생님께 배울 때 태도가 달라집니다.

단점 과외비가 아까울 수 있습니다. 특히 학교나 학원 등 교육계에 종사하시거나 선생님 못지않게 잘 가르치시는 학부모님이라면 '내가 가르쳐도 되겠다'는 갈등이 매우 빈번이 일어날 수 있기 때문이죠. 이럴 때는 학원선생님들의 명언, "남의 애 가르쳐서 번 돈으로 내 애도 좋은 쌤에게 보내자"는 말을 꼭 기억하세요.

5. 스스로 알아서 해요.

장점 정말 가끔 이런 아이들을 볼 수 있습니다. 연산에 대한 호기심과 호승심好勝心, 반드시 이기려는 마음이 강해서 그 다음엔 뭐가 있을까 궁금해 하는 아이들도 있지요. 예를 들어, 두 자릿수 곱하기를 한 다음에 '그 다음은 뭐지?' 생각하는 아이들도 있답니다. 이런 아이들은 스스로 연산 문제집의 예시를 보고 스스로 해결합니다.

단점 정말 이런 아이들은 1년에 한두 명 볼 정도로 드뭅니다. 이런 경우가 매우 드문 게 문제죠.

6. 정말 연산을 싫어해요.

장점 이런 아이들은 똑같은 유형의 문제를 반복해 푸는 것을 정말 싫어합니다. 이런 유형의 아이는 조금만 비슷한 것을 해도 짜증을 내고 재미없어 합니다. 이런 아이들에게는 '심화를 잘 풀려면 연산을 잘해야 한다'

는 생각을 심어줘야 합니다. 물론 이 유형의 아이는 호불호가 강해서 엄마 말을 잘 안 듣는 경우가 많으니, 어른이 아니라 또래 집단 아이들에게서 자극을 받아야 합니다. 학교나 학원 등에서 주위 친구를 통해 연산의 중요성을 스스로 깨닫도록 유도하는 게 바람직합니다.

단점 연산을 정말정말 싫어하는 아이는 끝까지 안 하려고 하는데요. 이런 아이에게 억지로 연산을 시키면 역효과만 생깁니다. 하지만 아이 스스로 연산의 필요성을 느낄 때까지 기다려야 하므로 부모 입장에서는 답답하기만 할 뿐이죠. 사실 나중에 학년이 올라가면 제 학년의 연산을 못 하는 경우는 정말 드뭅니다. 4학년 때 구구단을 못 외워도 며칠만 붙들고 시키면 금세 외울 수 있지요. 그러니 기다릴 줄 아는 지혜가 필요하답니다.

당부말씀 아이의 연산 실수가 너무 크게 보여요.

상황 계속 쭉쭉 맞히는 페이지는 그냥 넘어가 주셔도 됩니다. 또 잘하는 아이에게는 말로만 칭찬할 게 아니라 보상도 필요하답니다. 그래야 더 잘하려는 마음이 생기니까요. 그리고 연산을 시킬 때는 꼭 적으면서 하는 것만이 능사는 아니에요. 아이들은 암산을 하고 그 암산을 틀리지 않기 위해 집중력을 발휘하려고 애쓴다는 사실을 기억해 주세요.

처방 그러나 학부모님들은 아이들이 10개 중에 한 개만 틀려도 그 한 개 때문에 아이를 잡고 잡고 또 잡으시죠. 실수하지 않는 아이는 모든 어머니의 로망일 수 있으나 아이는 실수를 통해 성장합니다. "초5때의 실수가 평생 가서 고3이 되어서도 실수할 수 있으니, 지금부터 실수를 안 하게 반복시켜야 한다"고 말하는 학원이 있다면 일순위로 피해 주시길 바랍니다. 그런 식으로 아이들을 공부시키면 결국 공부와 멀어지게 만드니까요.

02

수학이 즐거워지는
수학동화 읽기와
탐구노트 쓰기

국어뿐만 아니라 수학과 과학 등 모든 과목 공부의 기본은 독서입니다. 하지만 문해력이 부족한 아이들, 독서를 싫어하는 아이들이 생각보다 많습니다. 독서를 싫어하는 아이에게 부모님이 "이거 읽어라! 저거 읽어라!" 하며 강요해 봤자 아이들은 하고자 하는 의욕이 생기지 않겠죠. 아이들은 무언가에 흥미가 생기면 자발적으로 하고자 하는 의욕이 생기는 법이죠. 그러므로 아이 스스로 책에 흥미를 느끼게 하는 독서가 필요합니다.

그림책 위주로 읽는 유아 시절과 달리 초등학교 1학년이 되면 글씨가 많은 책들을 읽게 됩니다. 이 시기부터 책에 흥미를 잃는 아이들이 많아지는데, 아이들은 교과서처럼 단순히 정보만 전달하는 것이 아니라 이야기를 통해 자연스럽게 정보를 전해 주는 책을 좋아합니다.

수학 과목을 생각해 볼까요? 수학은 기호와 도형 등 수학적 언어로 이루어져 있어 아직 수학적 언어에 익숙하지 않은 초등학생들이 가장 어려워하는 과목입니다. 수학 교과서를 읽으며 도무지 무슨 말인지 이해하기 어렵다는 아이들이 상당히 많습니다. 이런 아이들

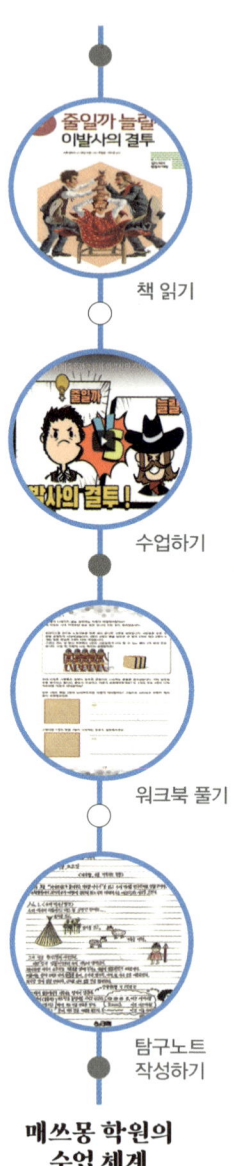

책 읽기

수업하기

워크북 풀기

탐구노트 작성하기

매쓰몽 학원의 수업 체계

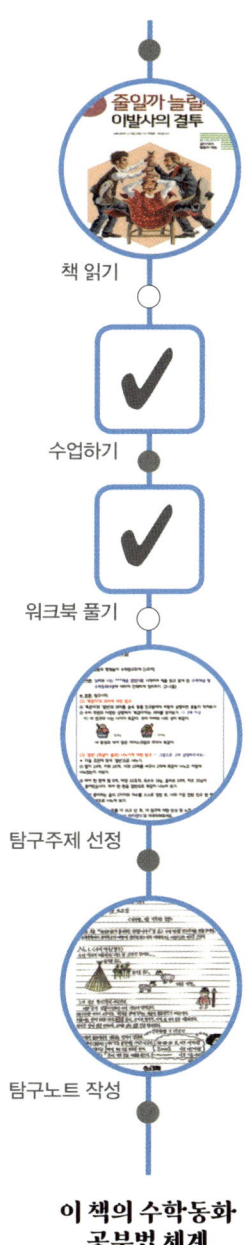

이 책의 수학동화 공부법 체계

은 스스로 책을 읽고 책 속에 담긴 수학적 지식을 이해하기 어렵습니다.

영유아기 때부터 그림책과 이야기책을 읽어 온 아이들은 기본적으로 이야기에 흥미를 느낍니다. 단순히 도형의 원리와 개념을 정보 위주로 설명하는 책보다는 수학자가 주인공으로 등장해 문제를 해결하거나 생활 속 수학 이야기가 들어 있는 수학동화를 재밌게 읽습니다. 이야기로 되어 있는 수학동화를 읽으면 수학의 개념과 원리를 쉽게 이해할 수 있습니다.

하지만 모든 아이들이 그런 것은 아닙니다. 수학동화를 읽고 나서 스토리만 기억하고 개념과 원리를 금세 까먹는 아이들이 많습니다. 이 문제를 해결하고자 매쓰몽 학원에서는 '책 읽기→수업하기→워크북 풀기→탐구노트 작성하기'의 순으로 한 권의 책을 통해 수학적 내용을 이해하고 그 내용에 대한 탐구까지 이루어지도록 교육합니다. 책의 내용에 대해 아이들이 스스로 탐구할 탐구주제를 제시해 주고, 그 주제에 대한 한 편의 탐구보고서를 작성할 수 있도록 지도하고 있습니다.

2부에서는 실제로 학원에서 이루어지는 수학동화 수업을 가정에서도 실천할 수 있도록 학년별 필독 수학동화를 소개하고, 이에 따른 탐구주제와 탐구노트 예시를 소개하도록 하겠습니다. 그런데 이 책에서 소개하는 탐구노트의 예시는 학원에서 실제로 수업을 진행한 후 작성되었기 때문에 그 과정과 내용이 체계적으로 관리되었습니다. 그럼에도 불구하고 여러분이 가정에서도 자녀를 교육하는 데 도움이 되도록, 학원에서 이루어지는 '수업하기'와 '워크북 풀기'를 진행하지 않고도 '탐구노트 작성하기'를 잘 할 수 있도록 '탐구주제'를 학습 가이드로 제공했으니 도움이 되기를 바랍니다.

1학년부터 6학년까지 학년별 필독 수학동화를 소개하고, 아이들이 책을 읽고 탐구할 '탐구주제'를 제시했으며, 실제로 그 주제로 다른 친구들이 쓴 '탐구노트'를 예시로 첨부했습니다. 기본적으로 탐구주제는 각 수학동화마다 제시되지만 아이들이 책을 읽는 동안 흥미를 가지는 또 다른 주제가 있거나 잘 이해하지 못하는 내용이 있어서 다양한 예제와 함께 공부해 보고 싶다면 그 주제가 탐구주제가 될 수도 있습니다. 처음에는 하나의 주제를 제시해 주고, 점점 더 탐구시간과 주제의 개수를 늘리길 바랍니다.

만약 다급한 마음에 처음부터 아이들 스스로 탐구주제를 만들어 탐구노트를 작성해 보라고 한다면, 이 무모한 시도 때문에 다음과 같은 일이 벌어질 것입니다.

탐구노트를 잘못 쓴 예

　너무 귀엽죠. 이런 일이 벌어지지 않기 위해서는 처음부터 준비를 철저히 해야 합니다. 처음부터 탐구주제 모두를 해결하려 하지 마시고, 아이의 수준에 맞게 한 단계 한 단계 성장하도록 지도하시기를 부탁드립니다. 아직 책을 읽는 것조차 힘들어한다면 책에 대한 거부감부터 줄이게 하시고, 그 다음에 글쓰기, 그 다음에 탐구노트 쓰기를 진행하시길 당부드립니다. 다행히 수학을 좋아하거나 글쓰기를 좋아하는 아이라면 탐구노트 작성을 통해 생각에 날개를 달게 될 것입니다.

아무쪼록 많은 아이들이 책을 읽고 더 많은 것들을 상상하고, 그것들에 대해 스스로 탐구하는 기회가 되기를 바랍니다. 지난 10여 년간 교육현장에서 우리가 쌓아온 노하우가 많은 학부모님들과 아이들에게 큰 도움이 되기를 바랍니다.

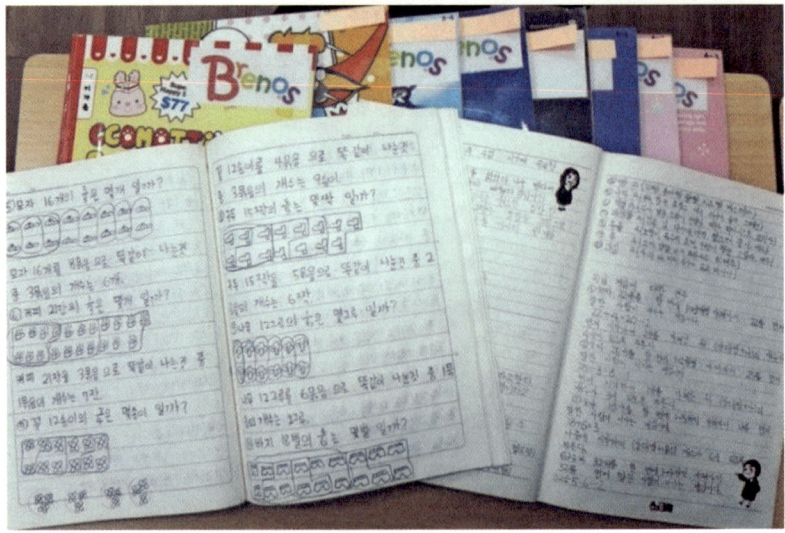

[아이들의 보물 1호]
2년간 작성한 10권의 탐구노트

탐구노트를 잘 쓰는 법!

많은 학교와 학원에서 탐구노트의 중요성에 대해 말합니다. 그러나 탐구노트는 반드시 오답노트와 정리노트와는 달라야 합니다. 소크라테스와의 대화를 통해 자신의 오류를 깨닫고 새로운 질문을 만들어내어 생각과 지식의 폭을 넓히듯이, 우리도 책을 통해 알게 된 지식들을 선생님과의 대화를 통해 수정하고 자신만의 지식을 확장할 수 있는 문제를 만들어 탐구하는 장, 그것이 바로 수학탐구노트입니다.

탐구노트는 책을 읽고 스스로 탐구주제를 정하고 탐구하기 위해 쓰는 것인데, 탐구노트를 어느 정도 잘 쓰기 위해서는 2년 정도 주제탐구를 하는 연습이 필요합니다. 아이들이 책을 읽고 자신의 생각을 글로 표현하기 위해서는, 특히 그것이 논리적 글쓰기라면 더욱더 연습이 필요합니다.

탐구노트를 잘 쓰기 위해서는 주제에 맞는 탐구노트를 쓰는 것이 중요합니다. 아이들은 자신의 생각을 적는 것을 오히려 더 좋아해서 실험이나 자료수집, 가설을 세우고 검증해 보는 대신 "이럴 것 같다"라는 말로 마무리 짓는 경향이 있습니다. 그러니 탐구노트는 자신의 생각을 적는 것이 아니라 주어진 탐구주제에 대한 증명, 검증, 자료조사의 결과를 정리하는 것이 더 중요하다는 것을, 다른 친구들이 작성한 탐구노트를 통해 경험할 수 있도록 해야 합니다.

버려야 할 생각

① 탐구노트에 그날 배운 수학 내용이나 수학동화를 읽고 느낀 점, 기억하는 내용을 정리해야 한다는 생각은 버립니다.

② 꼭 답을 내야 한다는 생각은 버립니다.

③ 꼭 푼 문제의 답을 맞혀야 한다는 생각은 버립니다.

④ 보통의 탐구노트처럼 한두 쪽만 써야 한다는 생각은 버립니다.

가져야 할 생각

① 오늘 배운 내용이 반드시 그렇지 않다면, 다른 방법은 없을까?

② 오늘 배운 내용이 이렇다면, 그 다음에 이것보다 한 차원 높은 단계는 뭘까?

③ 책에서 이런 글의 내용을 읽었는데, 왜 그렇게 되지?

④ 오늘 배운 내용에 의하면 이런데, 이것을 다른 문제를 풀 때도 적용할 수 있을까?

⑤ 이런 수학적 원리와 개념은 우리 일상생활에서 뭐가 있지?

탐구노트에 쓰지 말아야 하는 용어

① 다음에 꼭 알아봐야겠다. → 오늘 알아봅시다.

② 이러이러한 것들이 궁금하다.

　　→ 그런 궁금한 것들을 연구하는 것이 탐구노트입니다.

③ 어려웠다, 쉬웠다, 힘들었다, 보람되었다 등의 감정을 담은 내용

　　→ "이것으로 오늘 탐구를 마무리한다"로 끝을 맺어봅시다.

④ 선생님께 여쭤봐야겠다.

→ 스스로 찾아보고 정리한 후 선생님께 확인을 부탁드리면 어떨까요? 세상을 바꾼 수학자들은 항상 스스로 탐구하기를 좋아했습니다.

1. 1학년을 위한 수학동화 읽기와 탐구노트 쓰기

1·1

수학시간에 울 뻔했어요

수와 연산 ✓
도형
측정
자료와 가능성
규칙성

주인공 너구리인 봉봉이와 우람이의 학교생활을 통해 '수 세기'와 '수 읽기'를 배울 수 있는 수학동화입니다. 선생님은 아이들의 일기를 통해 수학에 대한 감정 상태를 알게 되고, 두 아이가 사이좋고 즐겁게 수학을 서로에게 가르치고 배울 수 있도록 자연스러운 상황을 만들어줍니다. 특히 묶어 세기를 통한 수 세기의 확장은 아이들이 일상생활에서 자주 사용할 수 있습니다.

수 표현에 대해 알아봅시다.

(1) 1부터 10까지의 한자어와 우리말을 써봅시다.(한자어: 일, 이, 삼…/우리말: 하나, 둘, 셋…)

(2) 여러 개의 스티커를 탐구노트에 붙이고, 하나의 스티커에 동그라미를 표시합니다. 그 스티커가 어느 쪽에서 몇 번째 자리에 있는지 표현해 봅시다.

예) ★★★★☆★★★★★★★
파란색별은 왼쪽에서 5번째에 있습니다.

파란색별은 오른쪽에서 8번째에 있습니다.

상황에 맞게 수를 읽는 법에 대해 탐구해 봅시다.

생활 속에서 수로 나타내는 여러 가지 예를 찾고, 그 수를 상황에 맞게 알맞은 방법으로 읽어 주세요.(수와 한글로 적어 주세요.)
(마트 전단지를 오려 붙인 뒤 읽어 보는 것도 좋습니다.)

(예) 내 나이는 7살입니다.(일곱)

마이쮸 1봉지는 2,000원입니다.(한, 이천)

우리 엄마 전화번호는 010-1234-5678입니다.(영일영, 일이삼사, 오육칠팔)

묶어 세기에 대해 탐구해 봅시다.

책이나 인터넷에서 동물 또는 사물이 많은 사진을 찾아서 오려 붙인 다음, 묶어 세기 방법을 사용하여 세어 봅시다.(묶음마다 개수를 표시해 주세요.)

01 탐구주제

수 표현에 대해 알아봅시다. <탐구노트 예시>

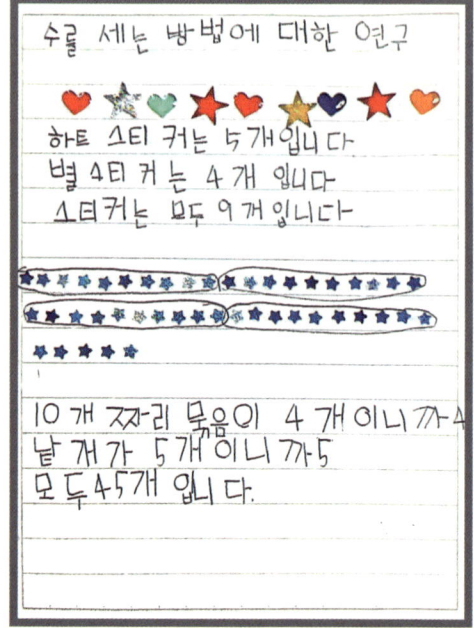

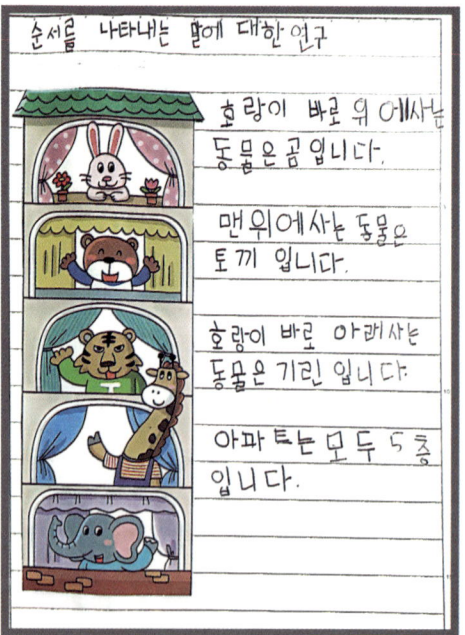

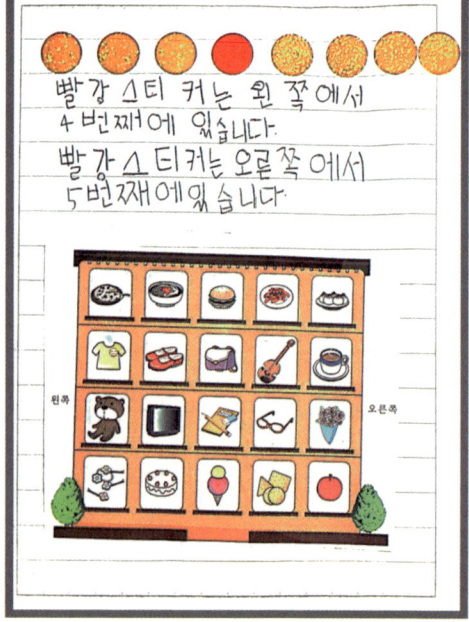

1층 왼쪽에서 5번째에는 사과가 있습니다.

3층 왼쪽에서 2번째에는 구두가 있습니다

2층 오른쪽에서 2번째에는 안경이 있습니다.

3층 오른쪽에서 3번째에는 가방이 있습니다.

4층 왼쪽에서 첫번째는 피자가 있습니다.

재희는 기차의 앞에서 일곱 번째 칸, 뒤에서 두번째 칸에 탔습니다
재희가 타고 있는 기차는 모두 몇 칸으로 되어 있습니까?

○ ○ ○ ○ ○ ○ ● ○

답: 8칸

나는 이것으로 오늘의 연구를 마치겠다.

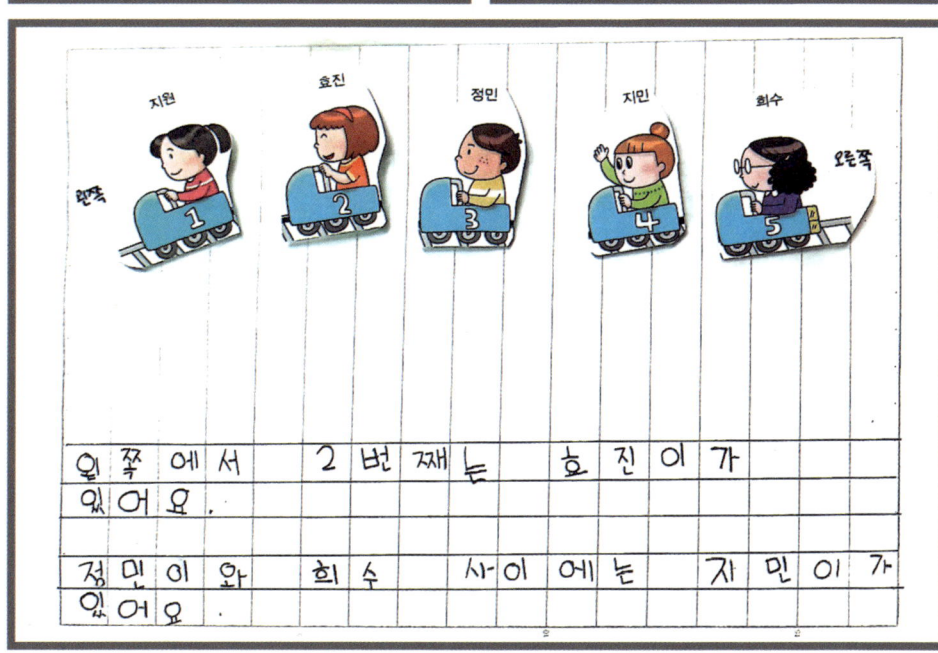

왼쪽에서 2번째는 효진이가 있어요.

정민이와 희수 사이에는 지민이가 있어요.

02 탐구주제
상황에 맞게 수를 읽는 법에 대해 탐구해 봅시다. <탐구노트 예시>

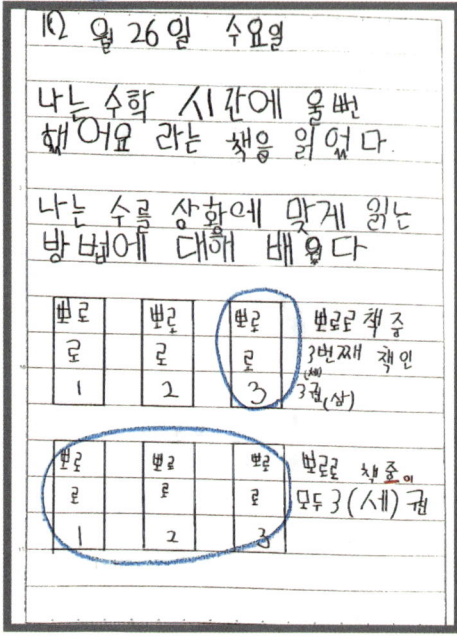

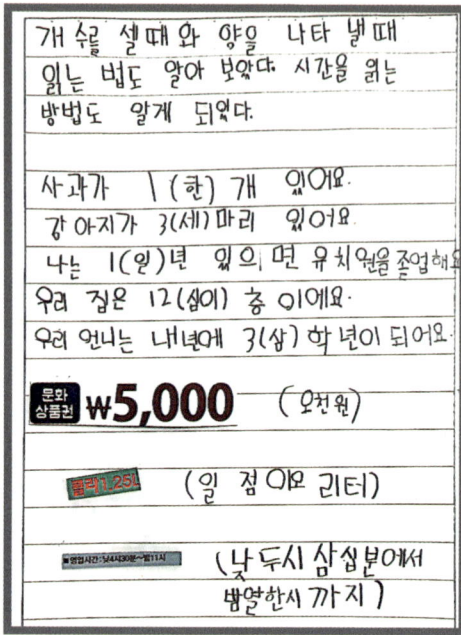

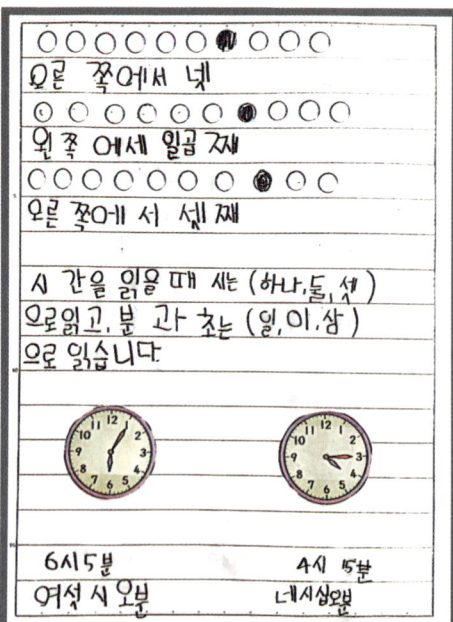

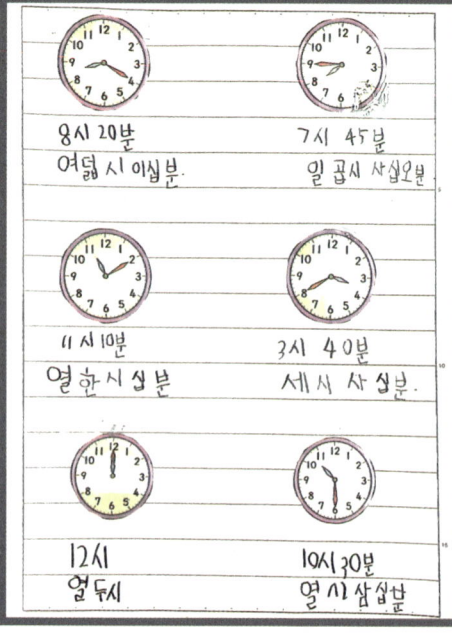

묶어세기에 대해 탐구해 봅시다. <탐구노트 예시>

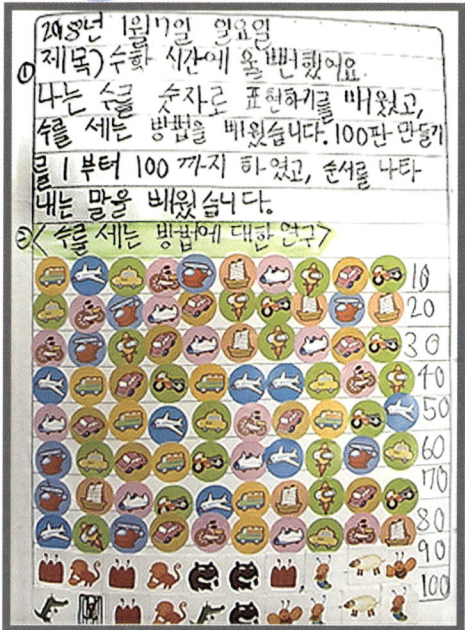

1·2 숲속 동물들의 평형 놀이

수와 연산 ✓

도형 ✓

측정

자료와 가능성

규칙성

이 책을 읽으면 등식과 평형 등에 대해 배울 수 있습니다. 숲속 동물들이 줄다리기와 시소를 평형으로 만들기 위해 노력하는 과정을 통해 '무게가 똑같다, 무겁다, 가볍다' 등의 수학적 원리를 배울 수 있습니다.

등식과 평형에 대해 탐구해 봅시다.

(1) 등호, 등식, 부등호, 부등식, 평형이 무엇인지 설명해 보세요.

(2) 평형을 식으로 나타내 봅시다.

① 동물 6마리의 그림을 붙이고 각 동물의 무게를 정합니다.

② 양팔 저울을 평형이 되도록 그린 후, 양쪽이 평형이 되도록 동물을 올립니다.

③ ②번을 등식으로 나타내 보세요.

대칭에 대해 탐구해 봅시다.

(1) 대칭도형과 대칭축이 무엇인지 설명해 보세요.

(2) 우리 주변에서 찾을 수 있는 대칭인 물건을 찾아보세요.

① 주변에서 볼 수 있는 대칭인 물건의 이름을 쓰고 각각 그림을 공책에 그리거나 사진을 붙입니다.

② 그림이나 사진의 대칭인 물건의 대칭축을 그립니다.

➡ 반드시 자를 사용해 주세요.

예)

전자렌지

(3) 내가 그리고 싶은 모양을 대칭이 되도록 그려 보세요.

등식과 평형에 대해 탐구해 봅시다. <탐구노트 예시>

3월 22일

서론: 나는 숲속동물들의 평형놀이 책을 읽었다. 등호와 등식, 부등호와 부등식 그리고 평형에 대해 배웠다.

본론:

(1) 등식에 대한 연구.

등호는 양쪽이 똑같을 때 쓰는 기호이다. 등호는 '=' 기호로 나타내며 등식은 등호로 나타내는 식이다.

2+2=3+1   9-2=5+2
3+3=7-1   10-5=1+4

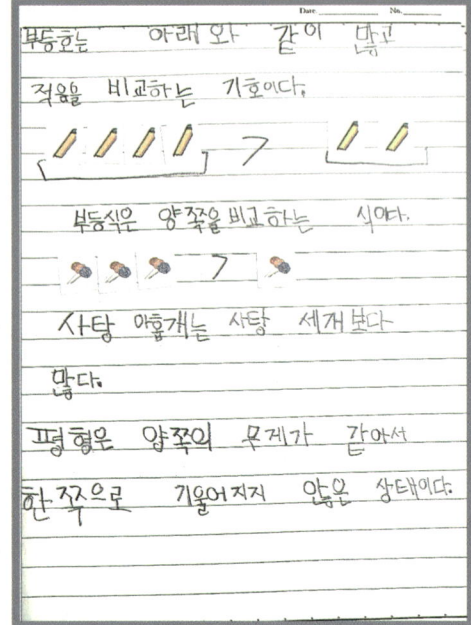

부등호는 아래와 같이 많고 적음을 비교하는 기호이다.

부등식은 양쪽을 비교하는 식이다.

사탕 아홉개는 사탕 세개보다 많다.

평형은 양쪽의 무게가 같아서 한 쪽으로 기울어지지 않은 상태이다.

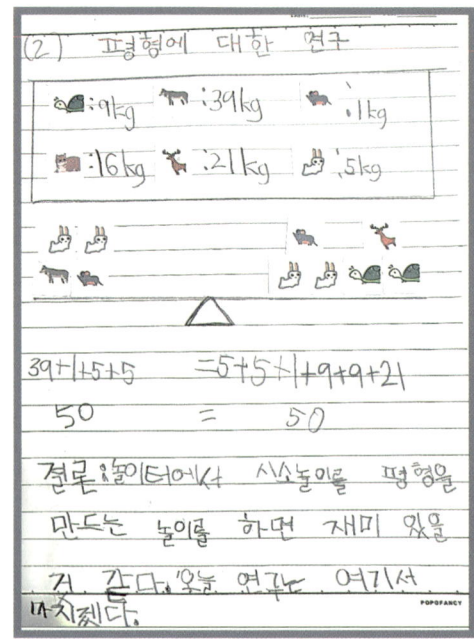

(2) 평형에 대한 연구

| 🐭:9kg | 🐺:39kg | 🐷:1kg |
| 🐱:16kg | 🦌:21kg | 🐾:5kg |

39+1+5+5 = 5+5+1+9+9+21
  50   =   50

결론: 놀이터에서 시소놀이로 평형을 만드는 놀이를 하면 재미 있을 것 같다. 오늘 연구는 여기서 마치겠다.

대칭에 대해 탐구해 봅시다. <탐구노트 예시>

3월 29일

서론: 나는 '숲 속 동물들의 평형놀이' 책을 읽었다. 종이를 반으로 접어서 접힌 부분을 가위로 잘라 펼치면 양쪽 모양이 같아 지는 것을 배웠다. 그것이 대칭이다.

본론: 대칭에 대한 연구
① 반으로 접어서 접쳐지는 도형을 대칭도형, 반으로 접히게 하는 선은 대칭축이라고 한다.

② 우리 주변에서 찾을 수 있는 대칭인 물건 다섯 가지 찾기

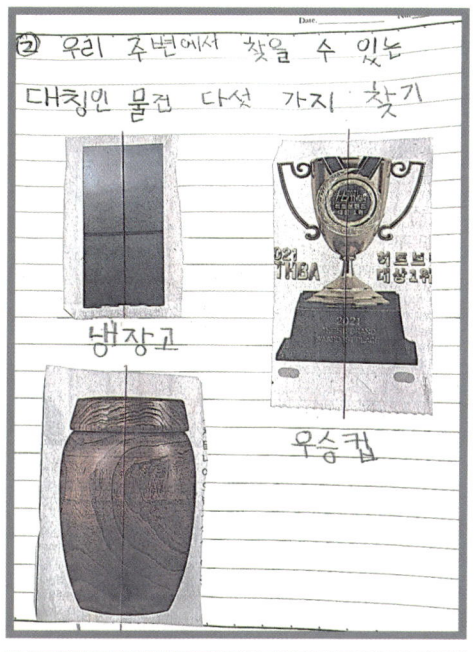

냉장고
우승컵

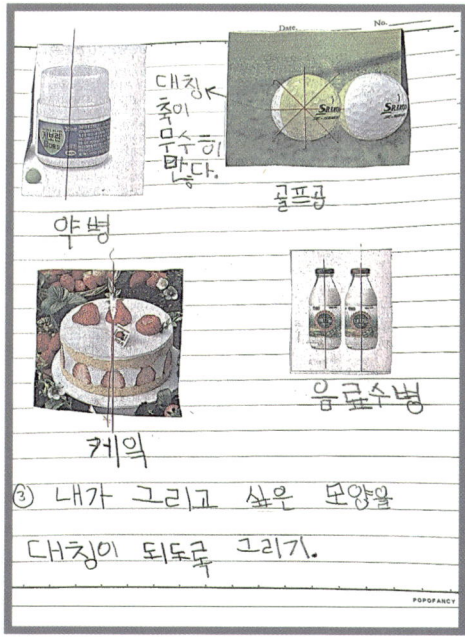

약병
골프공
케익
음료수병

③ 내가 그리고 싶은 모양을 대칭이 되도록 그리기.

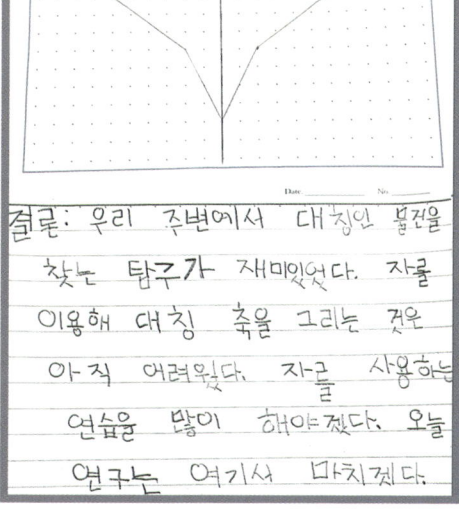

결론: 우리 주변에서 대칭인 물건을 찾는 탐구가 재미있었다. 자를 이용해 대칭 축을 그리는 것은 아직 어려웠다. 자를 사용하는 연습을 많이 해야겠다. 오늘 연구는 여기서 마치겠다.

1·3 신통방통 도형 첫걸음

수와 연산	
도형 ✓	
측정	
자료와 가능성	
규칙성	

대부분의 도형을 다루는 수학동화들이 삼각형, 사각형과 원을 다루는 반면, 이 책은 도형의 기초인 점과 선부터 설명하고 있습니다. 선분과 직선의 차이를 이야기를 통해 잘 이해할 수 있습니다. 안깐다 별에서 온 아저씨와 삼총사의 이야기를 통해 삼각형과 사각형, 원의 특징과 쌓기나무를 여러 방향에서 바라본 모양까지 배울 수 있습니다.

01 탐구주제

선의 종류에 대해 탐구해 봅시다.

(1) 선분, 직선, 곡선을 그리고 뜻을 적어 보세요.

(2) 점 10개를 그린 후 각 점에 이름을 적어 오늘 배운 3가지 선을 다양하게 그린 후 이름을 적어 보세요.

(3) 내 이름과 내가 좋아하는 친구의 이름을 선분과 곡선을 이용하여 써 보세요.

예)

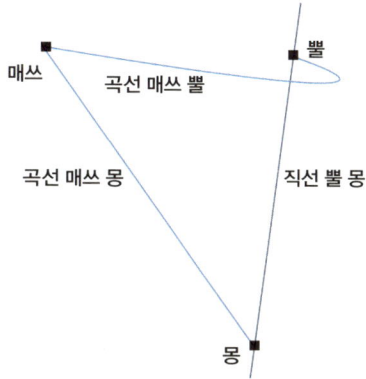

(4) 탐구노트에 여러 개의 점을 찍은 후 엄마와 삼각형 그리기 게임을 해보세요.

평면도형에 대해 탐구해 보세요.

(1) 원에 대해 설명하고 다양한 크기로 3개를 그린 후 원 1개에 원의 중심과 반지름을 표시해 보세요.

(2) 사각형을 2개의 선분을 그려 삼각형 2개와 사각형 1개로 분할해 보세요.

(3) 삼각형을 3개의 선분을 그려 삼각형 4개로 분할해 보세요.

(4) 삼각형 3개와 사각형 5개로 나만의 작품을 그리고 이름을 만들어 보세요.

선의 종류에 대해 탐구해 봅시다. <탐구노트 예시>

5월 10일
서론: 나는 '신통방통 도형 첫걸음' 책을 읽었다. 선분, 직선, 곡선이 무엇인지 배우고 선긋기 도형만들기 게임도했다.
본론: 1. 선분 - 두 점을 곧게 연결한 선.

직선 - 두 점을 지나 계속 이어지는 곧은 선.

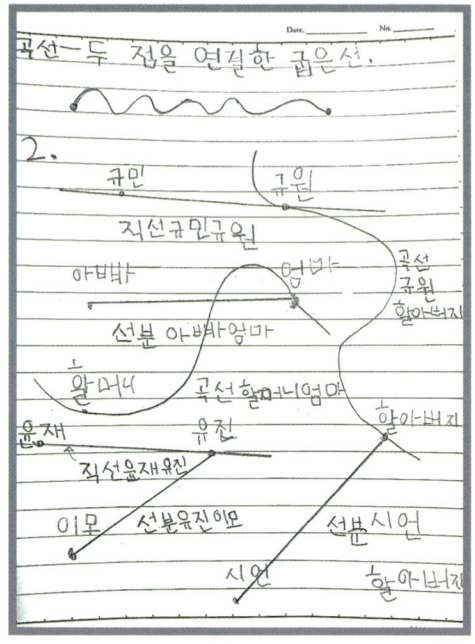

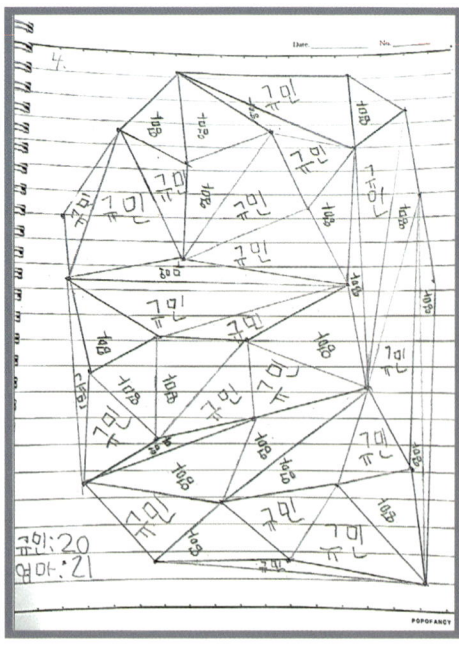

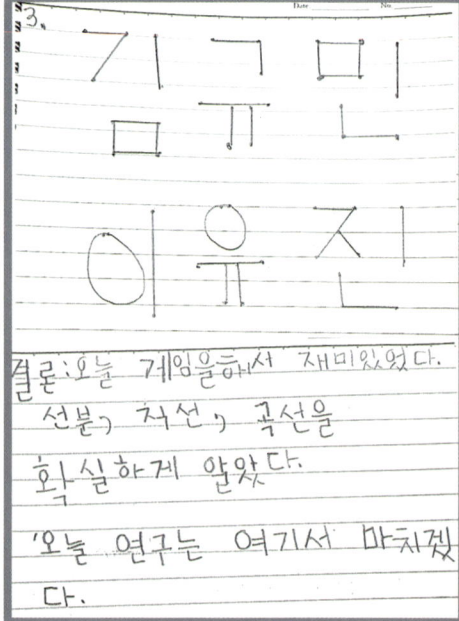

결론: 오늘 게임을해서 재미있었다. 선분, 직선, 곡선을 확실하게 알았다.
'오늘 연구는 여기서 마치겠다.

평면도형에 대해 탐구해 보세요. <탐구노트 예시>

5월 19일
서론: 나는 「신통방통 도형 첫걸음」 책을 읽었다. 원을 그리는 방법을 배우고, 선분을 이용해 도형 안에 또 다른 도형 들을 만들었다.

본론:
(1) 원에 대한 연구

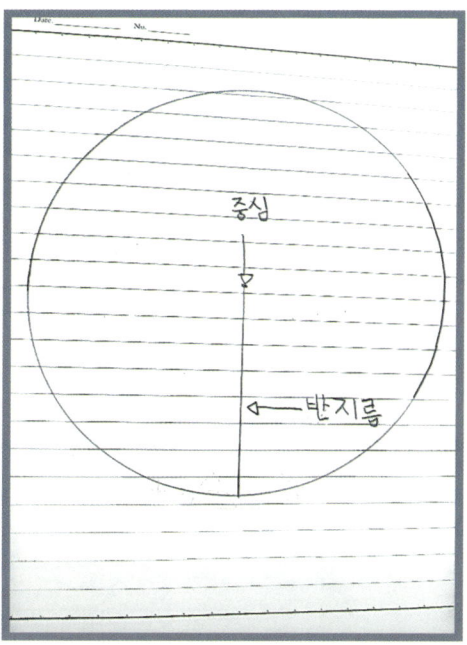

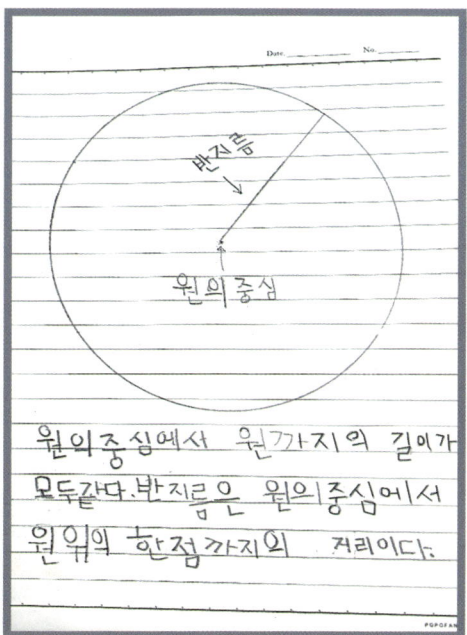

원의 중심에서 원 까지의 길이가 모두 같다. 반지름은 원의 중심에서 원 위의 한 점까지의 거리이다.

(2) 도형 분할에 대한 연구

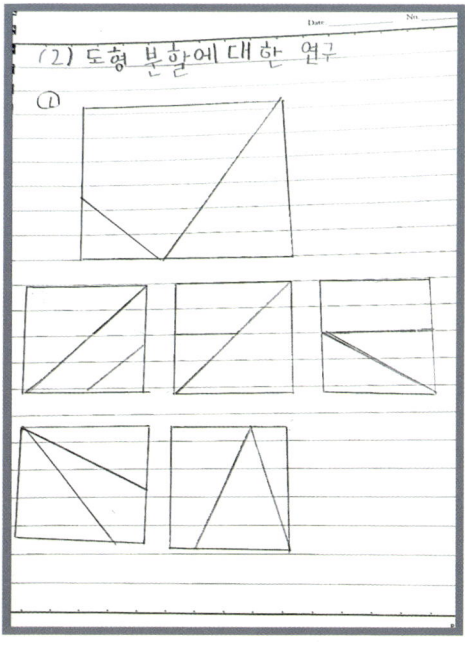

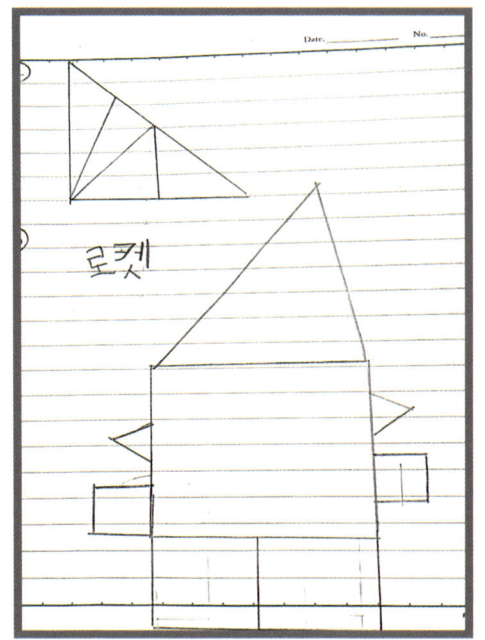

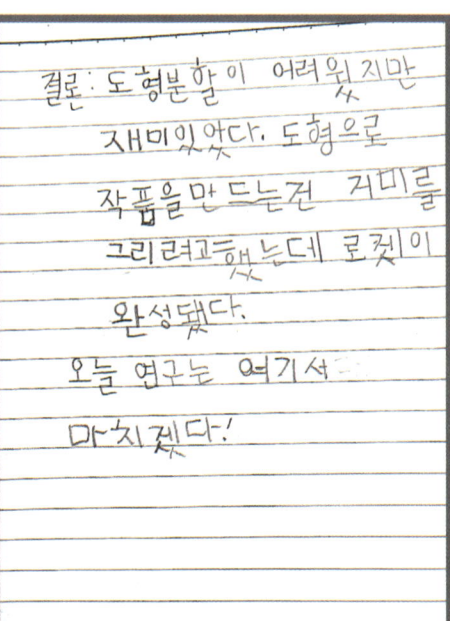

결론: 도형분할이 어려웠지만 재미있었다. 도형으로 작품을 만드는건 거미를 그리려고 했는데 로켓이 완성됐다.
오늘 연구는 여기서 마치겠다!

1·4
쉿! 신데렐라는 시계를 못 본대

수와 연산

도형

측정 ✓

자료와 가능성

규칙성

이 책은 주인공 와리가 '이상한 나라의 앨리스', '백설공주', '걸리버 여행기', '신데렐라', '토끼와 거북이'의 주인공들에게 닥친 문제의 상황을 해결하는 과정을 통해 수학개념을 설명하고 있습니다. 일곱난쟁이들이 백설공주의 침대를 만들면서 길이 재기를 배우고, 걸리버 여행기에서는 배를 만드는 과정을 통해 길이의 합과 차를 배웁니다. 또, 신데렐라가 시계를 못 봐서 재투성이로 변해 버리자 정확한 시계 보기를 배우며, 마지막으로 토끼가 거북이를 이기기 위해 시간을 계산하는 과정을 통해 시간을 계산하는 방법을 배울 수 있습니다.

비교하기에 대해 알아봅시다.

우리 주변에서 길이, 높이, 무게, 넓이, 두께를 비교하는 예를 각각 3개 이상씩 들어 다음과 같이 비교해 보세요. 예) 무게 비교

① 코끼리가 가장 무겁다. → 코끼리는 강아지와 다람쥐보다 무겁다.

② 강아지는 2번째로 무겁다. → 강아지는 코끼리보다 가볍고 다람쥐보다 무겁다.

③ 다람쥐는 가장 가볍다. → 다람쥐는 강아지와 코끼리보다 가볍다.

길이에 대해 탐구해 봅시다.

(1) 자를 이용하여 1cm부터 15cm까지 1cm씩 길어지는 선분을 각각 그려 보세요.

예) ●———● 1cm

(2) (1)에서 그린 선분 2개를 선택하고 자를 이용하여 다시 그린 후, 두 길이의 합을 구해 보세요.

(3) (1)에서 그린 선분 2개를 선택하고 자를 이용하여 다시 그린 후, 두 길이의 차를 구해 보세요.

시계에 대해 탐구해 봅시다.

(1) 시계와 관련된 개념을 정리해 봅시다.
   (짧은바늘, 긴바늘, 시각과 시간, 정각, 눈금 한 칸, 긴바늘 한 바퀴, 작은 눈금 개수 등)

(2) 2시 40분부터 5분씩 지날 때마다의 시각을 시계 그림에 표시하고 몇 시 몇 분인지 적어 봅시다.(5단계까지 탐구해 주세요.)

(3) 12시 30분부터 20분씩 지날 때마다의 시각을 시계 그림에 표시하고 몇 시 몇 분인지 적어 봅시다.(5단계까지 탐구해 주세요.)

탐구주제 01 비교하기에 대해 알아봅시다. <탐구노트 예시>

2021년 4월 27일
나는 쉰!신데렐라는 시계를 못 보대책을 읽었다. 와리가 같이 재기와 시계 보기를 공부하는 내용이었다. 수업시간에는 비교하기, 길이재기를 배웠다.

길이

⑴ 기차가 가장 길다. => 기차는 버스와 자동차보다 길다.
⑵ 버스는 2번째로 길다 => 버스는 기차보다 짧고 자동차보다 길다.

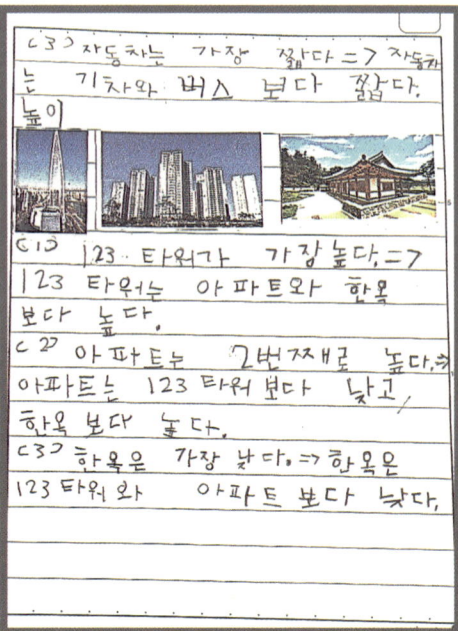

⑶ 자동차는 가장 짧다 => 자동차는 기차와 버스보다 짧다.

높이

⑴ 123 타워가 가장 높다. => 123 타워는 아파트와 한옥보다 높다.
⑵ 아파트는 2번째로 높다. => 아파트는 123 타워보다 낮고, 한옥보다 높다.
⑶ 한옥은 가장 낮다. => 한옥은 123 타워와 아파트보다 낮다.

무게

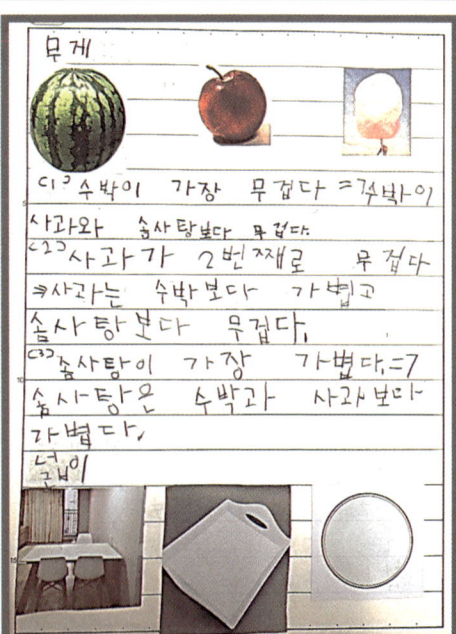

⑴ 수박이 가장 무겁다 => 수박이 사과와 솜사탕보다 무겁다.
⑵ 사과가 2번째로 무겁다 => 사과는 수박보다 가볍고 솜사탕보다 무겁다.
⑶ 솜사탕이 가장 가볍다. => 솜사탕은 수박과 사과보다 가볍다.

넓이

⑴ 식탁이 가장 넓다. => 식탁이 쟁반과 접시보다 넓다.
⑵ 쟁반이 2번째로 넓다. => 쟁반은 식탁보다 좁고 접시보다 넓다.
⑶ 접시는 가장 좁다. => 접시는 식탁과 쟁반보다 좁다.

두께

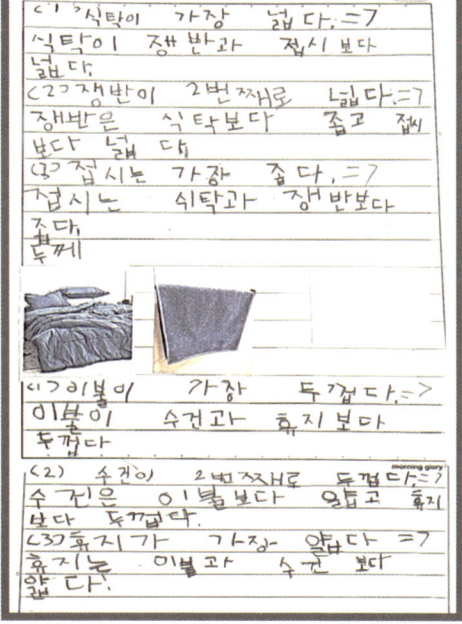

⑴ 이불이 가장 두껍다. => 이불이 수건과 휴지보다 두껍다.
⑵ 수건이 2번째로 두껍다 => 수건은 이불보다 얇고 휴지보다 두껍다.
⑶ 휴지가 가장 얇다. => 휴지는 이불과 수건 보다 얇다.

길이에 대해 탐구해 봅시다. <탐구노트 예시>

6월 16일

서론: 나는 "쉿! 신데렐라"라는 시계를 못본대" 책을 읽었다. 1mm가 10개 모이면 1cm이고, 1cm가 100개 모이면 1m가 된다는 것을 배웠다.

본론: 길이에 대한 연구1
- 1cm
- 2cm
- 3cm
- 4cm
- 5cm
- 6cm
- 7cm
- 8cm

- 9cm
- 10cm
- 11cm
- 12cm
- 13cm
- 14cm
- 15cm

1cm 9cm

1cm + 9cm = 10cm

3cm 7cm

3cm + 7cm = 10cm

12cm
11cm

12cm - 11cm = 1cm

10cm
7cm

10cm - 7cm = 3cm

길이에 대한 연구2
- 1m 줄자로 잴 수 있는 물건
  - 의자의 높이: 78cm
  - 원형테이블 둘레: 3m 14cm
  - 수납장의 너비: 1m 46cm
- 15cm 자로 잴 수 있는 물건
  - 연필꽂이의 높이: 10cm 5mm
  - 휴대폰의 길이: 16cm

- 각티슈의 길이: 11cm 3mm

줄자는 곡선이나 크기가 큰 물건의 길이를 잴 수 있고 15cm 자는 직선 길이를 잴 수 있다.

결론: 1mm가 10개 모이면 10mm, 10mm는 1cm이다. 1cm가 100개 모이면 100cm, 1m이다. 이렇게 약속된 단위길이가 표시된 자로 물건을 재면 편리하다. 이것으로 오늘 연구를 마치겠다.

03 탐구주제

시계에 대해 탐구해 봅시다. <탐구노트 예시>

6월 22일

서론: 나는 "쉿, 신데렐라는 시계를 못 본대" 책을 읽었다. 책에서 신데렐라는 시계를 볼줄 몰라서 마법이 풀렸다.

본론: 시계의 짧은 바늘은 "시"를, 긴바늘은 "분"을 가리킨다. 시계의 작은 눈금 하나는 1분이고, 긴 바늘이 한바퀴를 돌때 작은 눈금 60개를 지나간다. 그래서 긴바늘이 한바퀴를

돌면 1시간은 60분이기 때문에 1시간이 지난 것이다. 시각은 시계의 시침과 분침이 가리키는 순간의 시간이다. 긴바늘이 12에 있을때는 정각이라고 한다. 낮의 12시는 정오라고 하고, 밤의 12시는 자정이라고 한다.

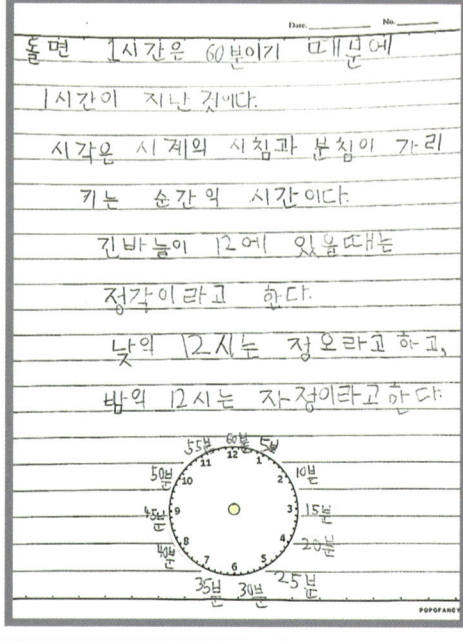

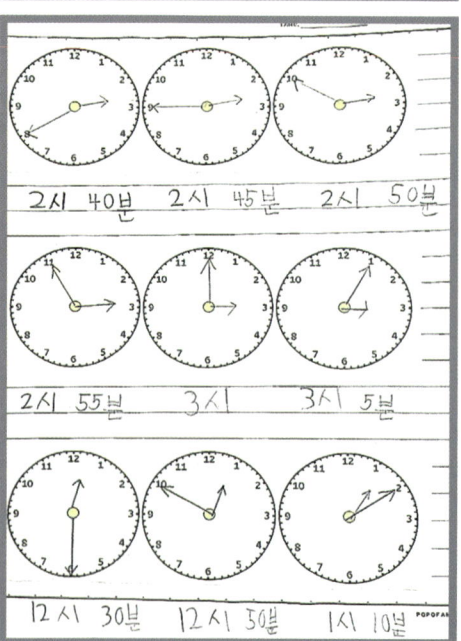

2시 40분 2시 45분 2시 50분

2시 55분 3시 3시 5분

12시 30분 12시 50분 1시 10분

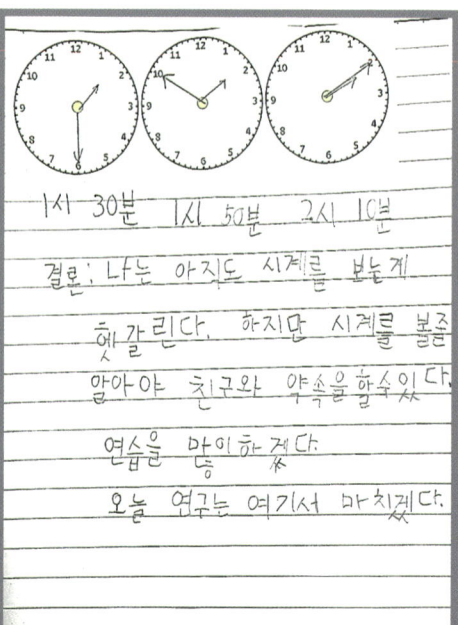

1시 30분 1시 50분 2시 10분

결론: 나는 아직도 시계를 보는게 헷갈린다. 하지만 시계를 볼줄 알아야 친구와 약속을 할수있다. 연습을 많이 하겠다. 오늘 연구는 여기서 마치겠다.

1·5
할까 말까?

수와 연산
도형
측정
자료와 가능성 ✓
규칙성

우리의 하루일과는 선택의 연속이라고 해도 지나치지 않을 것입니다. 무엇을 먹을지, 누구를 만날지, 어디에 갈지, 어떤 일을 할 것인지 말 것인지를 선택해야 합니다. 이 책의 주인공 할까말까도 아침에 눈떠서부터 하루 종일 선택의 상황에서 하나를 결정하는 것이 어려운 아이입니다. 어느 날 마을에 불이 나는 것을 보고 "불이야"라고 외칠까 말까를 고민하다가 그만 마을이 모두 타버립니다. 이 일을 계기로 빠르고 정확하게 선택하는 방법을 배우기 위해 옆 마을의 똑부리 할아버지로부터 두 가지 중에 하나를 선택할 때는 동전을 던져 선택하고, 더 많은 것 중 하나를 선택할 때는 카드나 주사위를 사용해 결정하는 방법을 배우게 됩니다. 이 책을 통해 아이들은 경우의 수를 나열하고 동전과 카드, 주사위를 던졌을 때의 경우의 수를 구하는 방법을 배울 수 있습니다.

동화 속 상황에서 일어나는 경우의 수에 대해 탐구해 봅시다.

(1) 일주일 동안 할까말까와 같이 어떤 일을 결정하기 어려웠던 경험 3가지를 생각한 후, 각각 어떤 방법이 있는지 찾아보세요.

(2) 할까말까는 집에서 공원까지 가는 길에 반드시 들러야 할 곳이 한 군데가 있습니다. 이 한 군데가 어디인지 정하고 중간에 지나가야 하는 길을 여러 개 그린 후, 집에서 공원까지 가는 모든 경우의 수를 그림으로 그려 탐구해 보세요.

(3) 징검다리 6개를 건너는 모든 경우의 수에 대해 탐구해 보세요.

다양한 경우의 수에 대해 탐구해 봅시다.

(1) 치킨버거, 불고기버거, 치즈버거와 콜라, 사이다, 주스가 있습니다. 그중 버거 한 가지와 음료 한 가지를 선택할 수 있는 경우를 나열해 보세요.

(2) 동전 4개를 동시에 던졌을 때 나올 수 있는 모든 경우를 나열해 보세요.

(3) 두 명의 친구들이 '가위, 바위, 보'를 합니다. 나올 수 있는 모든 경우를 나열해 주세요.

(4) 딸기, 바닐라, 초코, 메론, 키위 맛의 아이스크림이 있습니다. 그중 2가지 맛을 골라서 2단 아이스크림을 만들려고 합니다. 모든 경우를 나열해 보세요.

01 탐구주제 동화 속 상황에서 일어나는 경우의 수에 대해 탐구해 봅시다.
<탐구노트 예시>

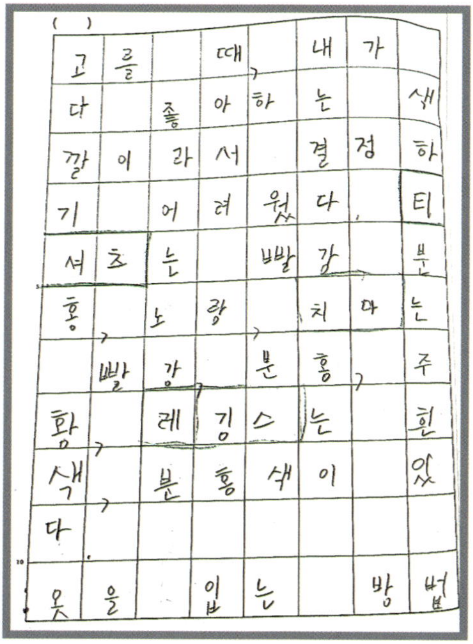

( )
고를 때 내가
다 좋아하는 색
깔이라서 결정하
기 어려웠다. 티
셔츠는 빨간, 분
홍, 노랑, 치마는 주
홍, 빨강, 분홍, 주
황, 레깅스는 흰
색, 분홍색이 있
다.
옷을 입는 방법

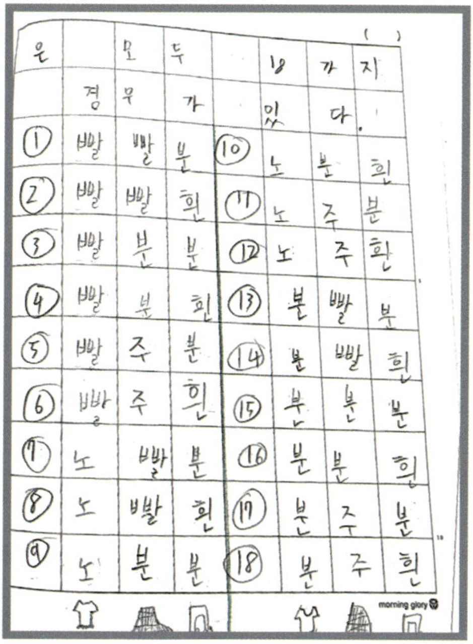

은 모두 18가지
경우가 있다.
① 빨빨분 ⑩ 노분흰
② 빨빨흰 ⑪ 노주분
③ 빨분분 ⑫ 노주흰
④ 빨분흰 ⑬ 분빨분
⑤ 빨주분 ⑭ 분빨흰
⑥ 빨주흰 ⑮ 분분분
⑦ 노빨분 ⑯ 분분흰
⑧ 노빨흰 ⑰ 분주분
⑨ 노분분 ⑱ 분주흰

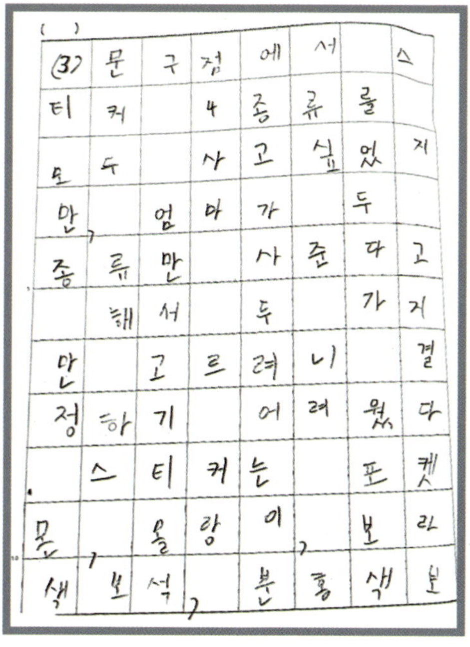

(3) 문구점에서 스
티커 4종류를
모두 사고 싶었지
만, 엄마가 두
종류만 사준다고
해서 두 가지
만 고르려니 결
정하기 어려웠다.
스티커는 포켓
몬, 호랑이, 보라
색 보석, 분홍색 보

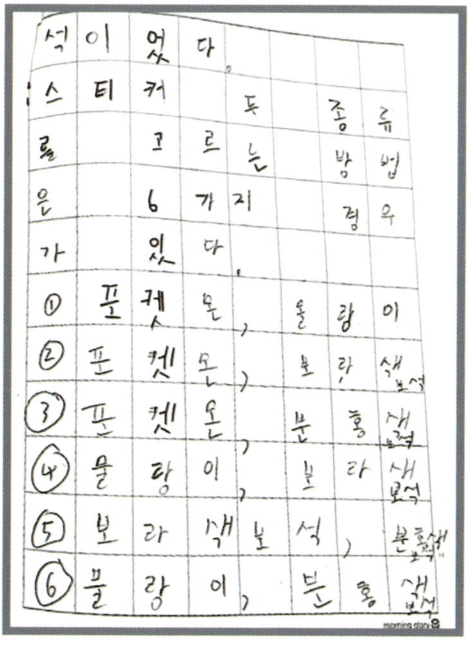

석이었다.
스티커 두 종류
를 고르는 방법
은 6가지 경우
가 있다.
① 포켓몬, 호랑이
② 포켓몬, 보라색
③ 포켓몬, 분홍색
④ 호랑이, 보라색보석
⑤ 보라색보석, 분홍색보석
⑥ 호랑이, 분홍색

02 탐구주제
다양한 경우의 수에 대해 탐구해 봅시다. <탐구노트 예시>

11월 11일 토요일
서론) 나는 동전을 던지는 경우의 수, 주사위를 던지는 경우의 수, 옷을 입는 경우의 수, 아이스크림을 쌓는 경우의 수를 배원다. 나는 6할까

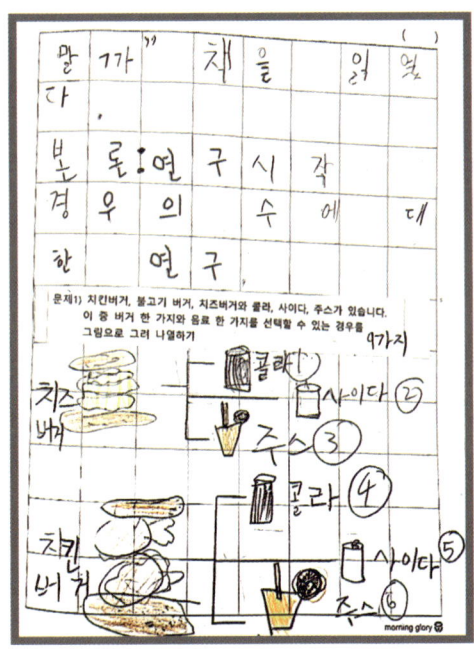

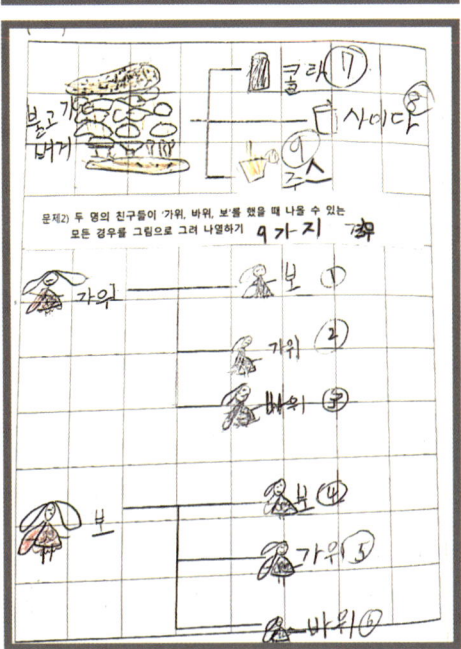

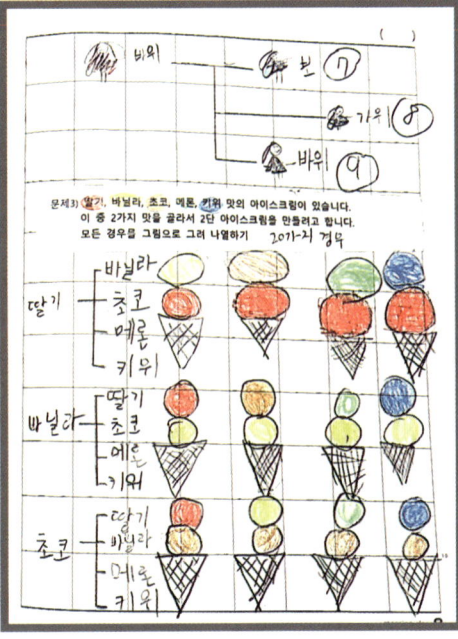

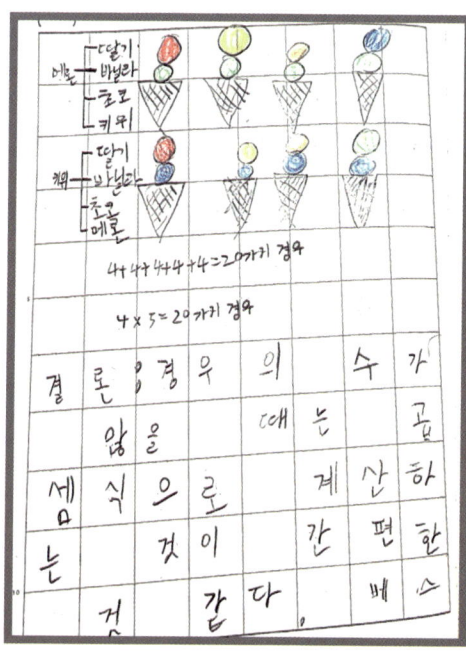

4+4+4+4+4=20가지 경우

4×5=20가지 경우

결론은 경우의 수가 많을 때는 곱셈식으로 계산하는 것이 간편할 것 같다. 베스

킨라빈스 아이스크림 가게에서 파는 서른 한 가지 맛 중에서 두 가지 맛을 골라 2단 아이스크림을 만들 수 있는 모든 경우를 그림으로 그려 보려면 시간은 걸릴 것

같다. 하지만 곱셈식을 안 면 30×31=930가지라는 것을 쉽고 빠르게 알 수 있다. 엄마한테 베스킨라빈스에 930번 가야 하는 이유를 설명해야겠다. 오늘 연구는 여기서 아

치겠다.

2. 2학년을 위한 수학동화 읽기와 탐구노트 쓰기

2·1
곱셈 마법에 걸린 나라

✓ 수와 연산

도형

측정

자료와 가능성

규칙성

늘어나는 곱셈법칙, 줄어드는 곱셈법칙, 곱하기 1과 곱하기 0을 배울 수 있는 수학동화입니다. 곱셈 마법에 걸린 나라의 왕자인 피터가 난쟁이의 곱셈 지팡이의 사용법인 곱셈 마법을 익히는 과정을 통해 자연수를 곱하면 수가 커지고, 분수를 곱하면 수가 작아지며, 1을 곱하면 수가 그대로이고, 0(영)을 곱하면 모든 게 사라지는 원리를 배울 수 있습니다. 짧은 내용이지만 스토리의 완성도가 높아 아이들이 처음 곱셈을 배우는 데 유용한 책입니다. 재미와 수학적인 요소를 모두 갖춘 책이랍니다.

많은 것을 주는 곱셈 마법에 대해 탐구해 봅시다.

많은 것을 주는 곱셈 마법의 예를 실생활에서 찾아 곱셈식과 덧셈식으로 나타내 보세요.

예) 파이 상자 곱하기 5!(한 상자의 파이 개수=3개)

파이 개수 :
① 덧셈식: 3+3+3+3+3=15개
② 곱셈식: 3×5=15개

줄어드는 곱셈 마법에 대해 탐구해 봅시다.

주위에서 줄어들었으면 하는 것들을 찾아 줄어드는 곱셈 마법을 적용해 봅시다.

(1) 분수의 뜻에 대해 쓰고 그림을 그려서 설명해 보세요.

(2) 남기고 싶은 개수가 정해 있지 않을 때의 다양한 예제를 만들어 보세요.

예) 12 곱하기 2분의 1

① 식: $12 \times \dfrac{1}{2}$

② 뜻: 12개를 똑같이 2묶음으로 나눈 것 중 1묶음

③ 그림:

★ 만약, 문제의 자연수가 곱셈 마법의 분모로 나누어지지 않을 때는 어떻게 해야 할지 탐구해 봅시다.

(3) 남기고 싶은 개수가 정해 있을 때의 다양한 예제를 만들어 보세요.

예) 사탕 35개가 있습니다. 7개만 남기고 모두 없애려면 어떤 주문을 외워야 할까요?

① 식: $35 \times \dfrac{1}{5}$

② 뜻: 35개를 똑같이 5묶음으로 나눈 것 중 1묶음

③ 그림:

01 탐구주제

많은 것을 주는 곱셈 마법에 대해 탐구해 봅시다. <탐구노트 예시>

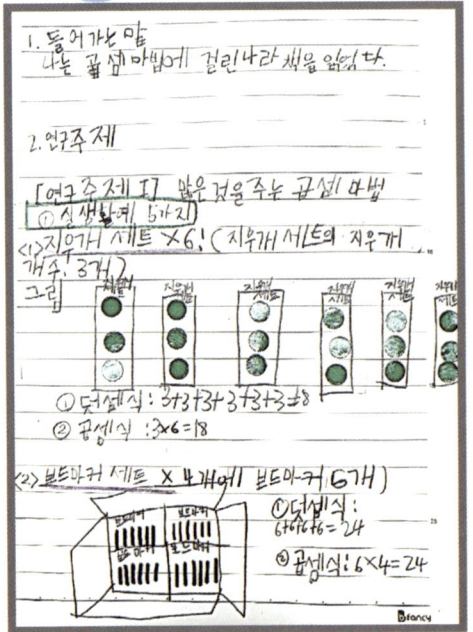

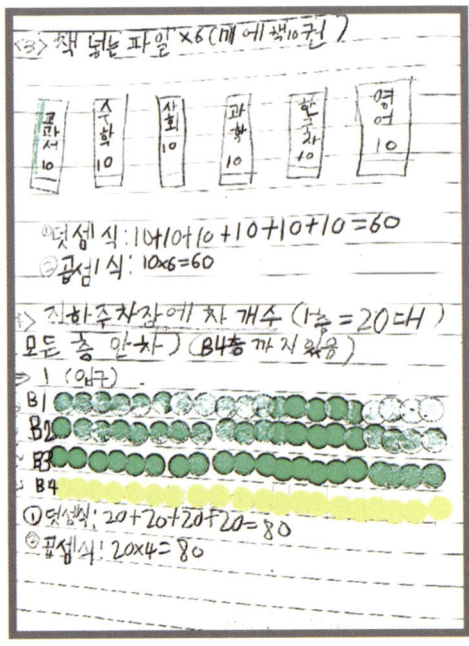

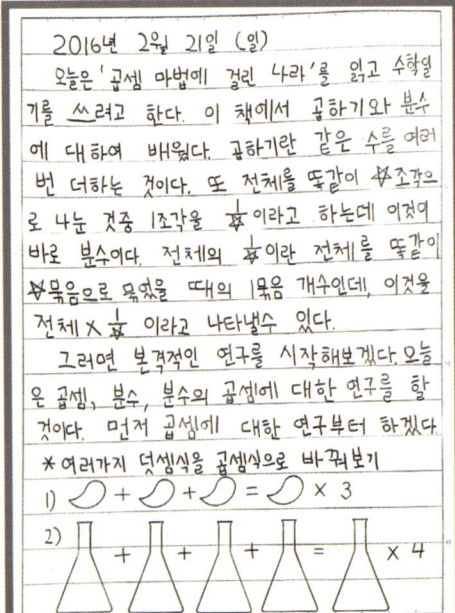

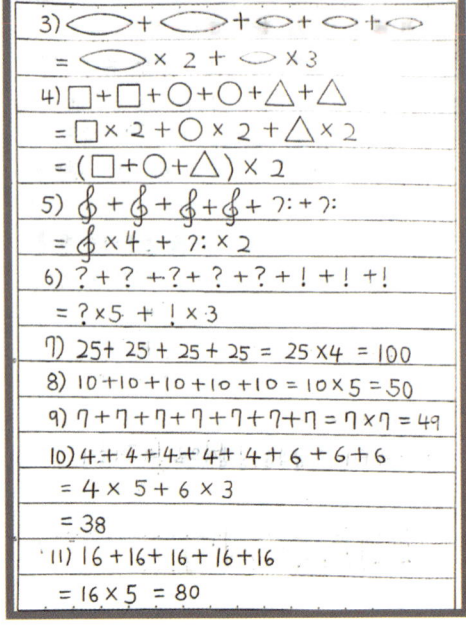

줄어드는 곱셈 마법에 대해 탐구해 봅시다. <탐구노트 예시>

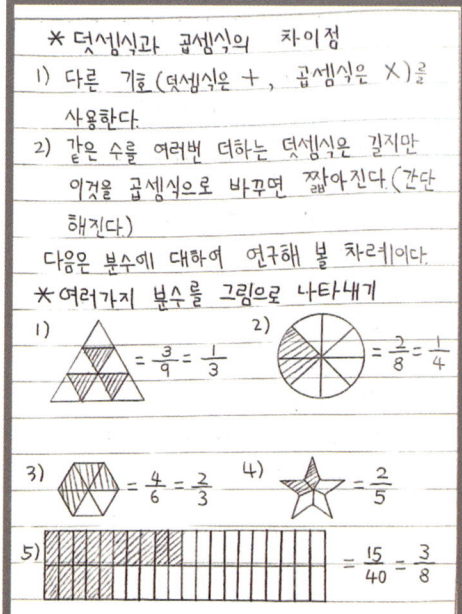

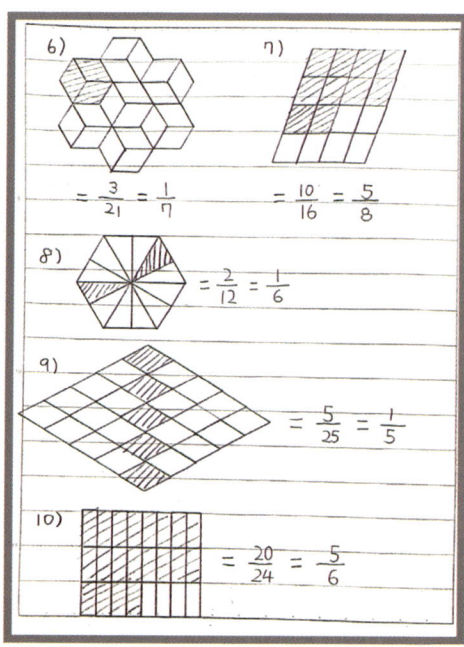

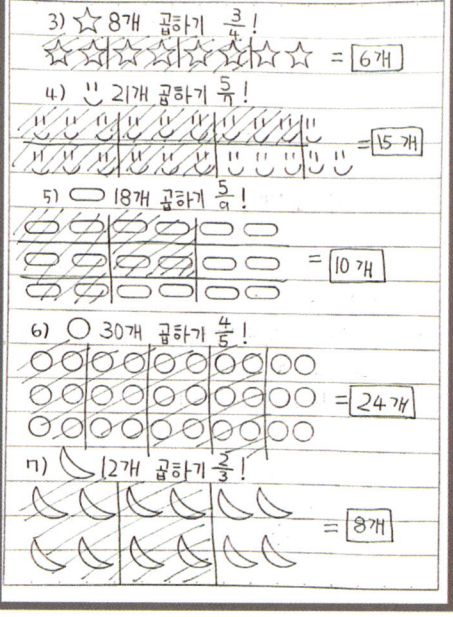

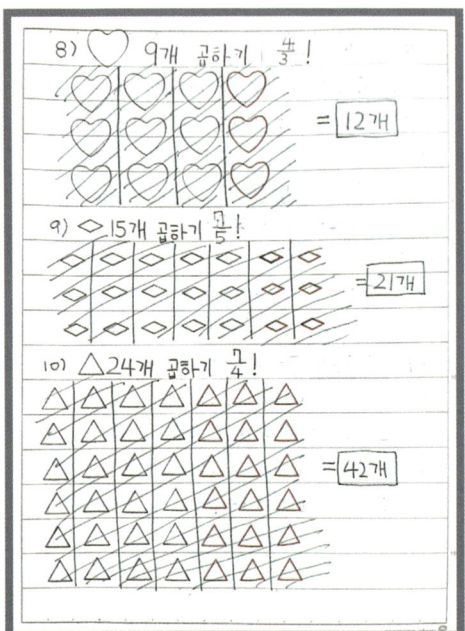

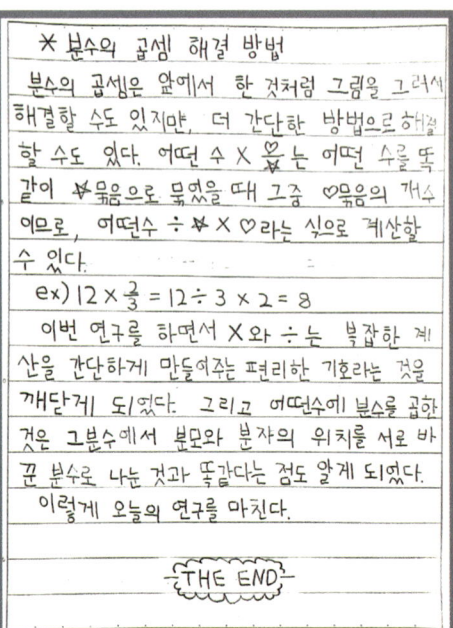

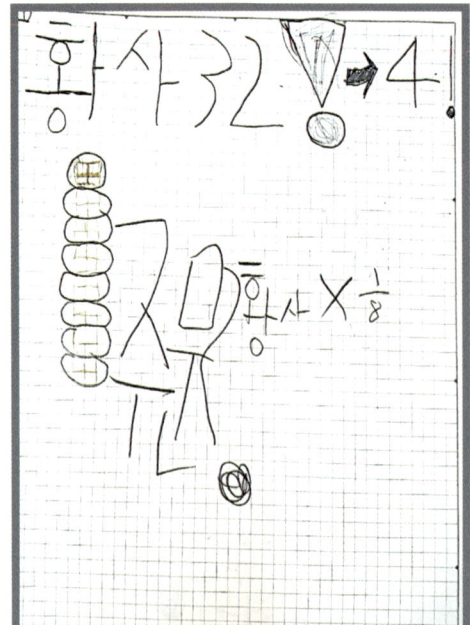

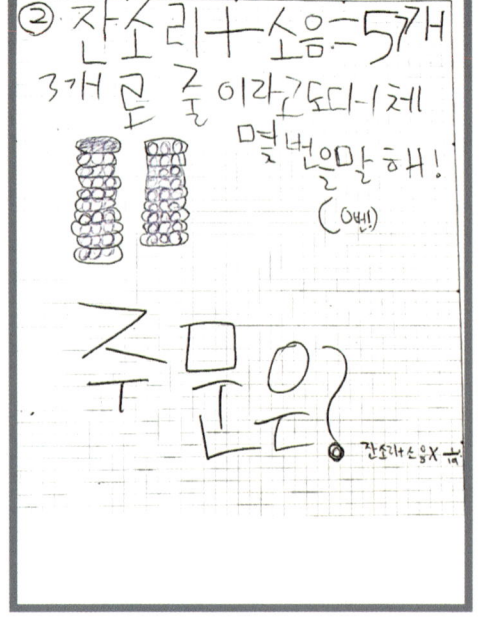

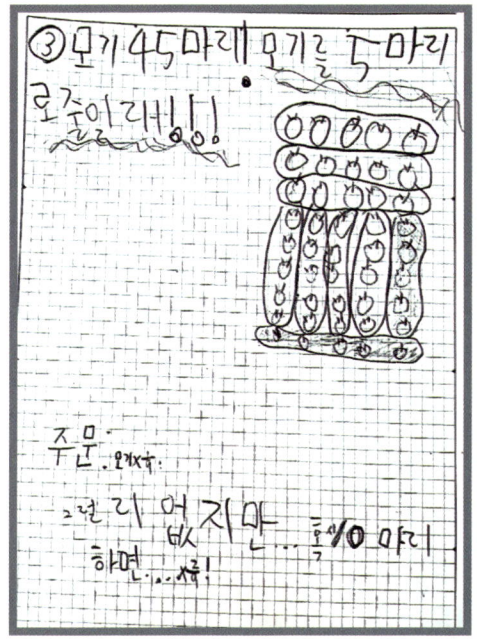

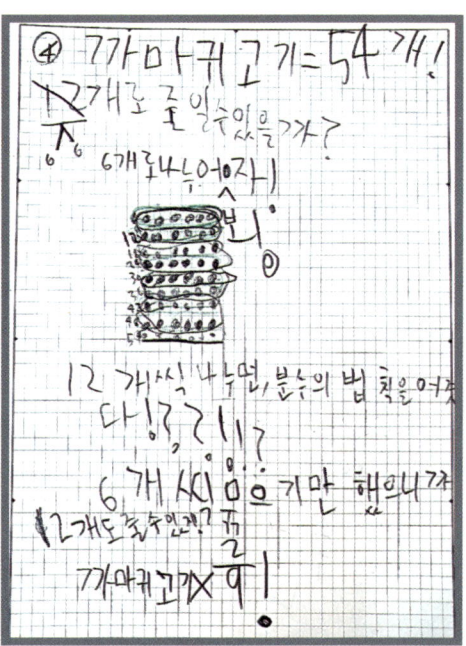

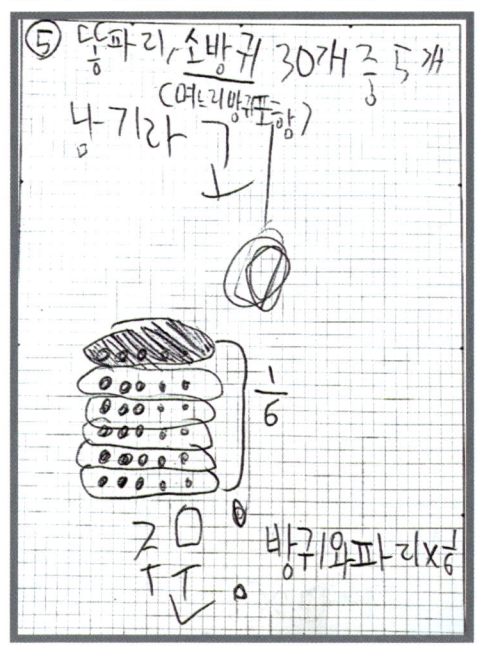

2·2
헨젤과 그레텔은 도형이 너무 어려워

수와 연산

도형 ✓

측정

자료와 가능성

규칙성 ✓

주인공 와리가 벌거숭이 임금님, 라푼젤, 아기돼지 삼형제, 헨젤과 그레텔의 명작동화 주인공들이 처한 문제를 해결하는 과정을 통해 수학개념을 설명하고 있습니다. 벌거숭이 임금님의 옷을 만들며 선분, 직선, 곡선의 개념을, 라푼젤이 처한 문제를 해결하며 입체도형을, 아기돼지 삼형제의 싸움을 해결하며 삼각형, 사각형, 원의 개념을, 헨젤과 그레텔의 탈출을 도우며 규칙찾기에 대해 배울 수 있습니다.

 **개념을 정리해 봅시다.**

(1) 점, 선(직선, 곡선, 선분)의 개념을 정리해 보세요.

(2) 우리 주변에서 볼 수 있는 직선, 곡선, 선분의 모양을 찾아보세요.

평면도형에 대해 탐구해 봅시다.

(1) 삼각형, 사각형, 원을 그린 후 이름과 각 부분의 명칭을 쓰세요.

(2) 부모님과 함께 점을 20개 찍고 누가 사각형을 더 많이 만드나 대결해 보세요.

(3) 우리 주위에서 볼 수 있는 삼각형, 사각형, 원 모양을 찾아보세요.

(4) 아래의 그림을 컴퍼스를 이용하여 똑같이 그려본 후, 원으로 만들어진 아름다운 작품을 그려 보세요.(아래 그림을 탐구노트에 붙인 후 그려 봅니다.)

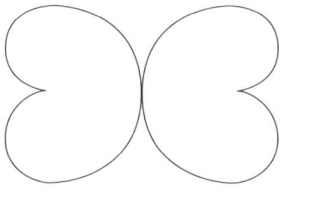 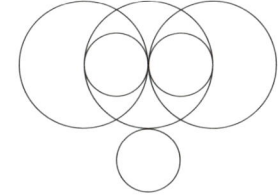

규칙에 대해 탐구해 봅시다.

(1) 여러 가지 다양한 규칙(색깔규칙, 방향규칙, 모양규칙 등)에 대해 탐구해 보세요.

(2) 규칙에 대해 탐구하며 알게 된 사실에 대해 정리해 보세요.

개념을 정리해 봅시다. <탐구노트 예시>

날짜: 2017년 2월 17일 금요일

나는 헨젤과 그레텔은 도형이 너무 어려워 (벌거숭이 임금님의 옷을 대령하라!)라는 책을 읽었다.

오늘 수업 시간에는 도형의 기본요소인 점, 선, 선분, 직선, 곡선에 대해 배웠다.

<탐구주제>
(1) 개념정리

① 점
→ 점은 크기가 없이 위치를 나타내는 것이다.

② 선
선은 수많은 점들이 모여 이루어진 것이다.
선은 두께가 없고 길이만 있다.

③ 선분
점과 점 사이의 곧은 선을 말한다.
(두 점을 곧게 이은 선)

④ 직선
직선은 선분을 양쪽으로 끝없이 늘인 곧은 선을 말한다.
(직선의 한 도막이 선분이다.)

⑤ 곡선
곡선은 구불구불한 (굽은) 선을

말한다.

```
점
 ├ 직선 ─ 선분
 └ 곡선
```

ㄱ ─────── ㄴ   선분 ㄱㄴ 또는 선분 ㄴㄱ

ㄱ ─────── ㄴ   직선 ㄱㄴ 또는 직선 ㄴㄱ

(4) 우리 주변에서 볼 수 있는 곡선, 직선, 선분의 모양을 각각 5가지 이상 찾아 프린트 또는 그림으로 설명하기.

· 곡선 ① 시계

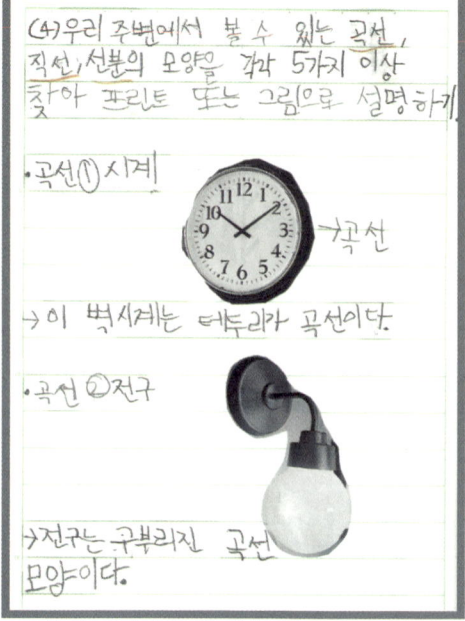

→ 이 벽시계는 테두리가 곡선이다.

· 곡선 ② 전구

→ 전구는 구부러진 곡선 모양이다.

· 곡선③ 아기 체육관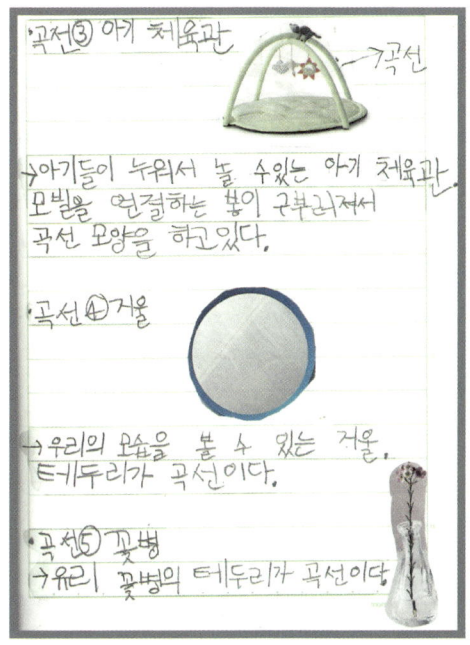
→곡선
→아기들이 누워서 놀 수 있는 아기 체육관. 모빌을 연결하는 봉이 구부러져서 곡선 모양을 하고있다.

· 곡선④ 거울
→우리의 모습을 볼 수 있는 거울. 테두리가 곡선이다.

· 곡선⑤ 꽃병
→유리 꽃병의 테두리가 곡선이다.

· 선분① 사다리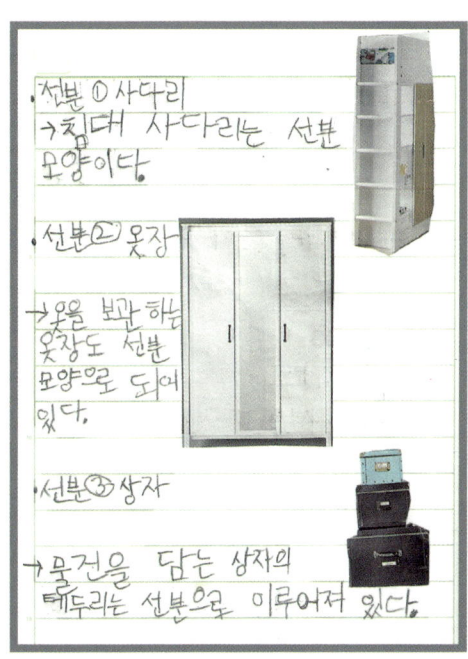
→침대 사다리는 선분 모양이다.

· 선분② 옷장
→옷을 보관 하는 옷장도 선분 모양으로 되어 있다.

· 선분③ 상자
→물건을 담는 상자의 테두리는 선분으로 이루어져 있다.

· 선분④ 텔레비전 (TV)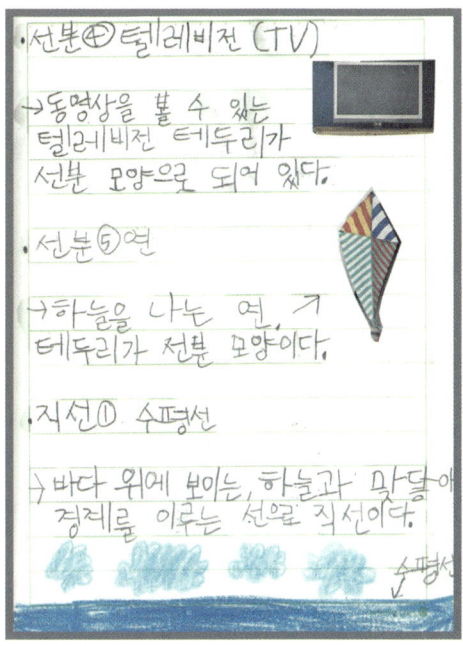
→동영상을 볼 수 있는 텔레비전 테두리가 선분 모양으로 되어 있다.

· 선분⑤ 연
→하늘을 나는 연. 테두리가 선분 모양이다.

· 직선① 수평선
→바다 위에 보이는, 하늘과 맞닿아 경계를 이루는 선으로 직선이다.
수평선

· 직선② 지평선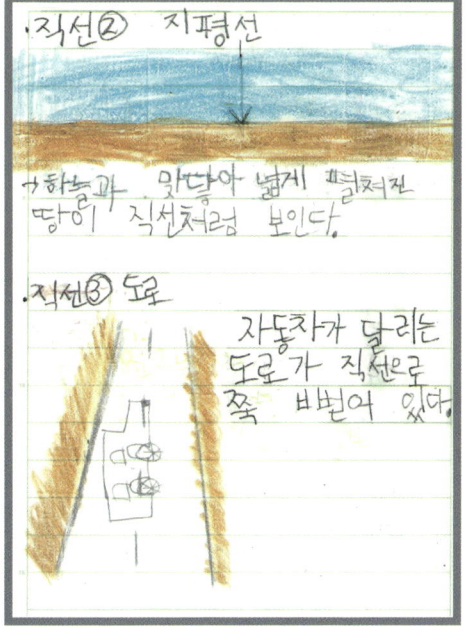
→하늘과 맞닿아 넓게 펼쳐진 땅이 직선처럼 보인다.

· 직선③ 도로
자동차가 달리는 도로가 직선으로 쭉 뻗어 있다.

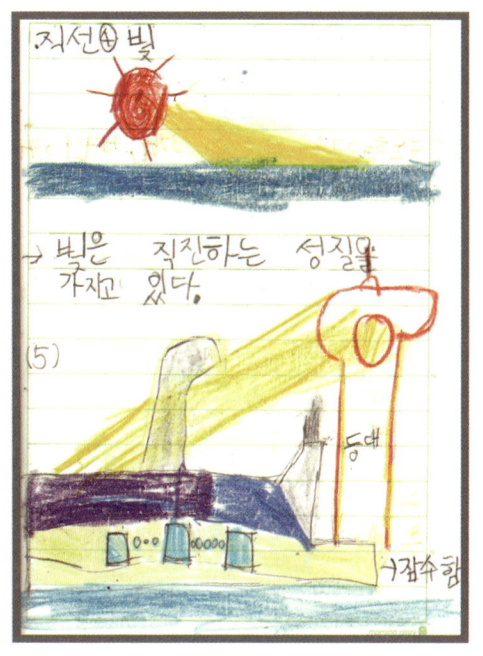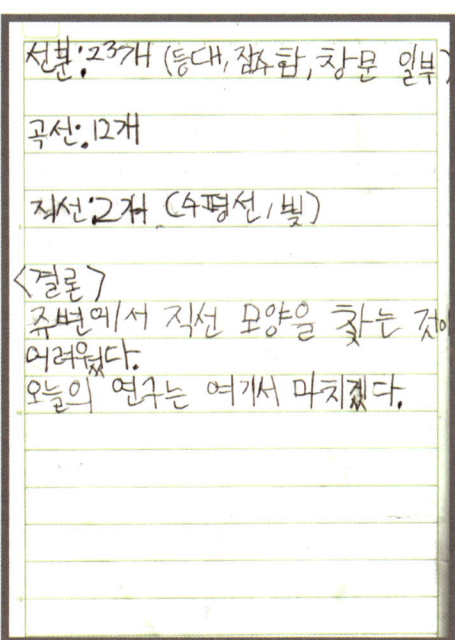

평면도형에 대해 탐구해 봅시다. <탐구노트 예시>

날짜: 2017년 2월 24일

나는 헨젤과 그레텔은 도형이 너무 어려워 (아기돼지 삼형제는 맨날 싸워)라는 책을 읽었다. 이 책과 수업을 통해 평면도형에 대해 배웠다.

도형의 기본 요소인 점들이 모여 선이 되고, 선들이 모이면 면이 된다.
평면도형에는 삼각형, 사각형, 원 등이 있다.

<연구주제> 평면도형

(1) 개념정리

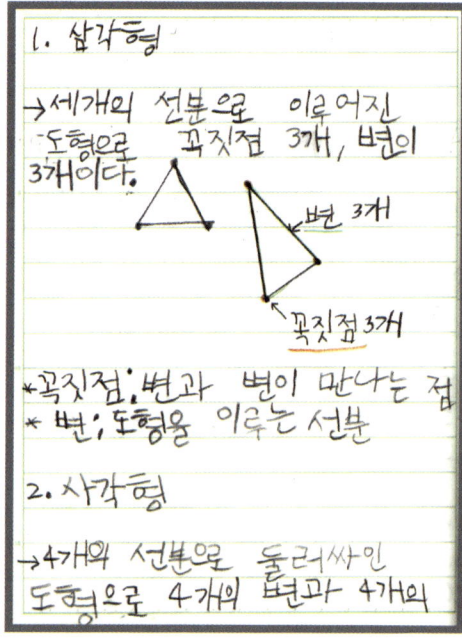

1. 삼각형
→ 세개의 선분으로 이루어진 도형으로 꼭짓점 3개, 변이 3개이다.
   변 3개
   꼭짓점 3개

* 꼭짓점: 변과 변이 만나는 점
* 변: 도형을 이루는 선분

2. 사각형
→ 4개의 선분으로 둘러싸인 도형으로 4개의 변과 4개의

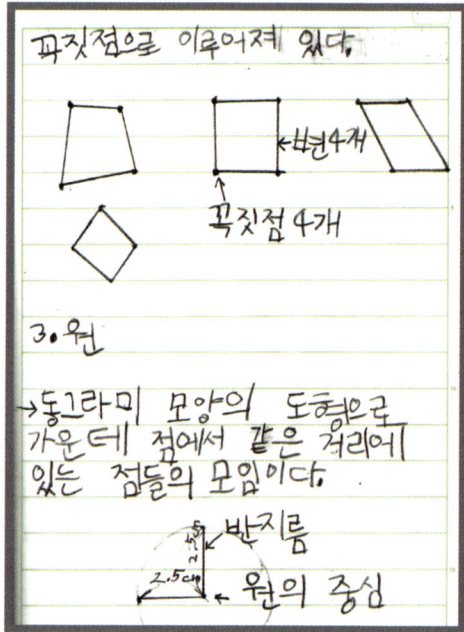

꼭짓점으로 이루어져 있다.
   ←변 4개
   꼭짓점 4개

3. 원
→ 동그라미 모양의 도형으로 가운데 점에서 같은 거리에 있는 점들의 모임이다.
   반지름
   2.5cm 원의 중심

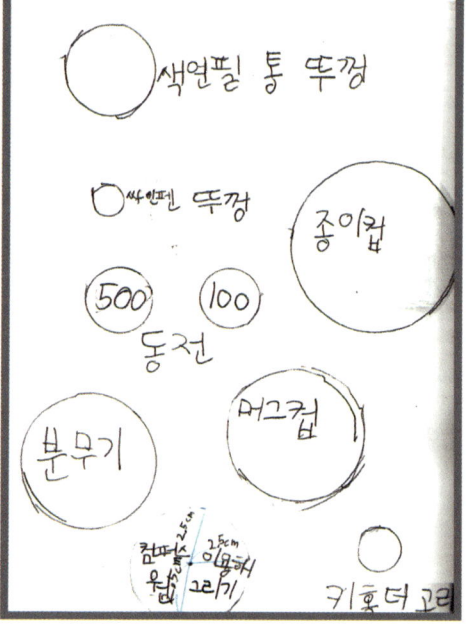

색연필 통 뚜껑
싸인펜 뚜껑
종이컵
500 100 동전
분무기
머그컵
컴퍼스 2.5cm 이용해 원 그리기
키홀더 고리

(2) 사각형 만들기 대결

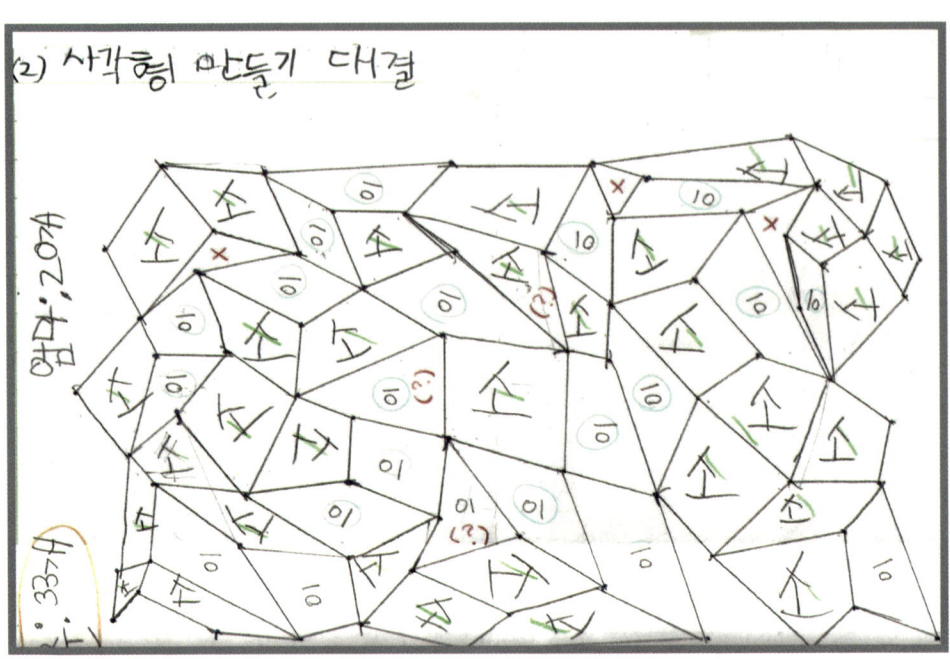

(4) 우리 주변에 삼각형, 사각형, 원으로 만들어진 건물, 사물 찾아보기

· 사각형 모양

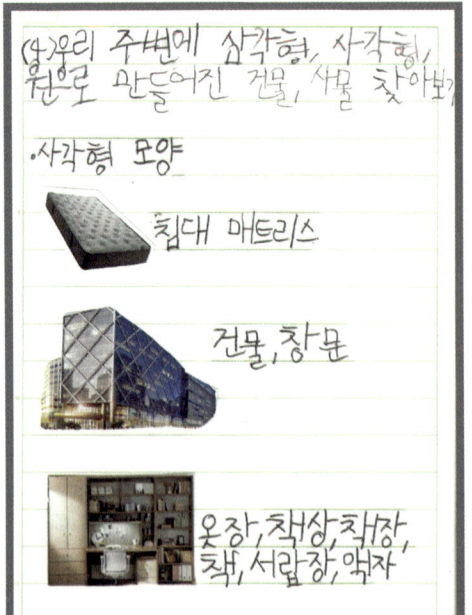

침대 매트리스

건물, 창문

옷장, 책상, 책장, 책, 서랍장, 액자

지폐

태극기

· 원 모양

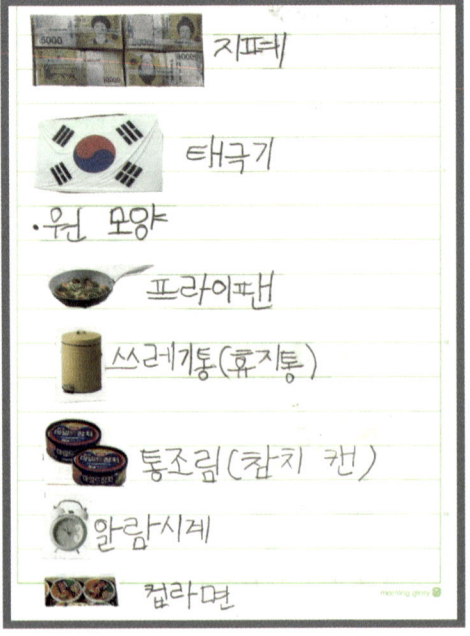

프라이팬

쓰레기통(휴지통)

통조림(참치 캔)

알람시계

컵라면

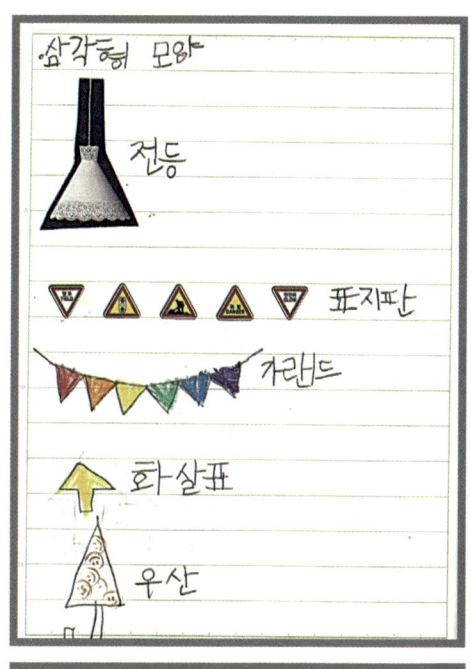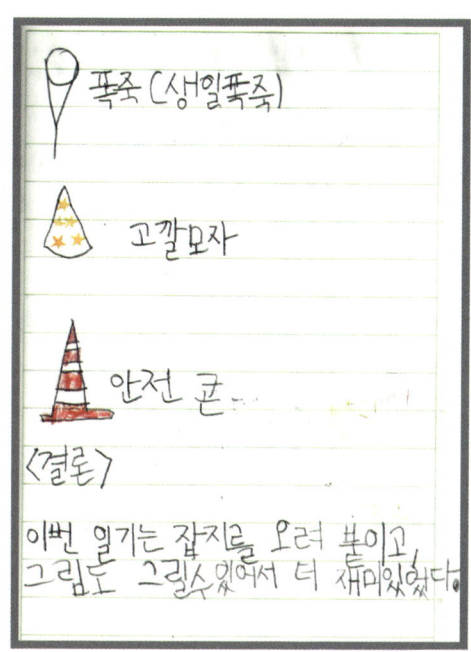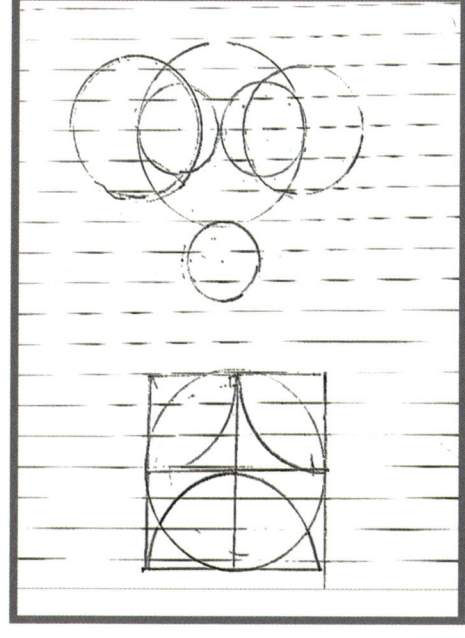

03 탐구주제
규칙에 대해 탐구해 봅시다. <탐구노트 예시>

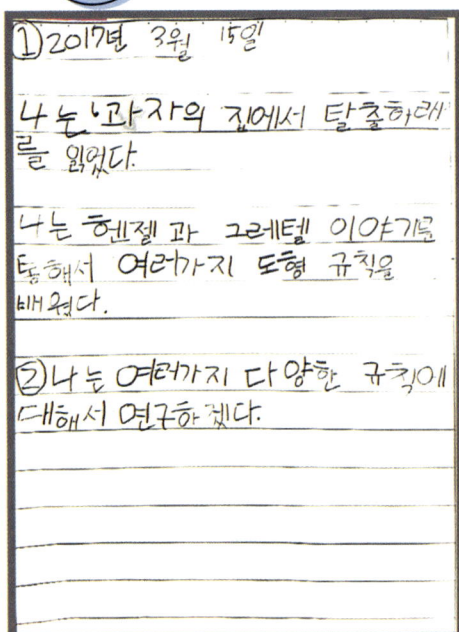

① 2017년 3월 15일

나는 과자의 집에서 탈출하래를 읽었다.

나는 헨젤과 그레텔 이야기를 통해서 여러가지 도형 규칙을 배웠다.

② 나는 여러가지 다양한 규칙에 대해서 연구하겠다.

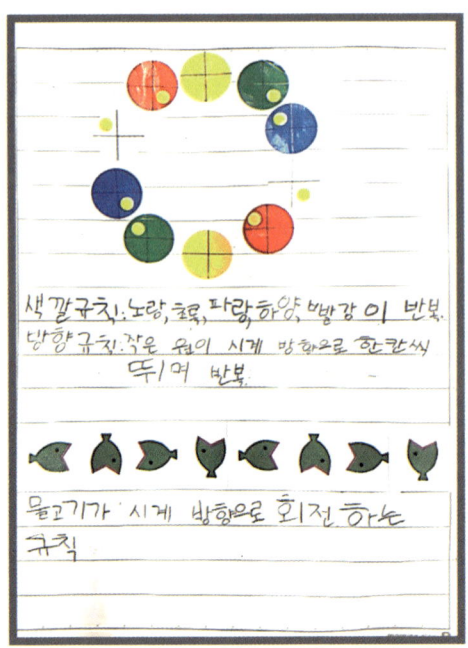

색깔규칙: 노랑, 초록, 파랑, 하양, 빨강 이 반복.
방향규칙: 작은 원이 시계 방향으로 한칸씩 뛰며 반복

물고기가 시계 방향으로 회전 하는 규칙

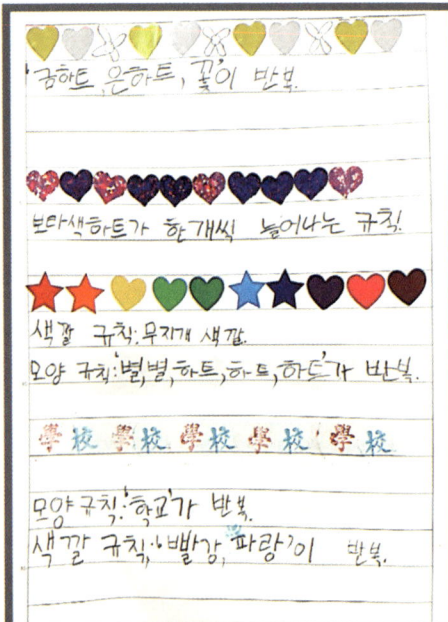

금하트, 은하트, 꽃이 반복.

보라색하트가 한개씩 늘어나는 규칙.

색깔 규칙: 무지개 색깔.
모양 규칙: 별, 별, 하트, 하트, 하트가 반복.

모양규칙: 학교가 반복.
색깔 규칙: 빨강, 파랑이 반복.

별 한개, 하트 두개씩 반복하며 늘어남.

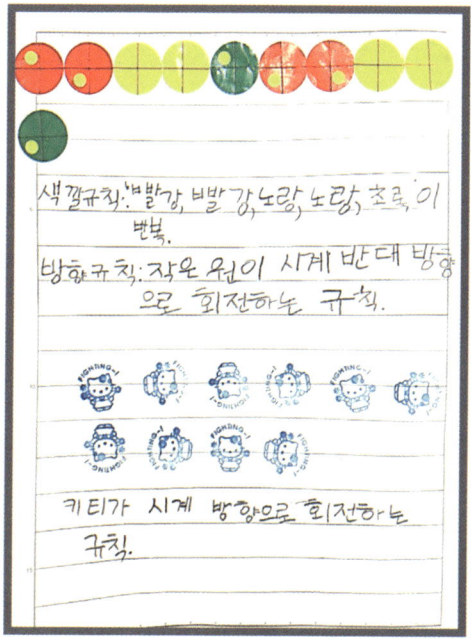
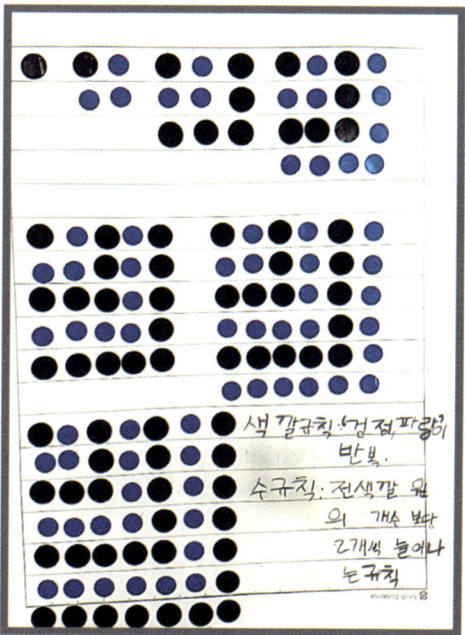
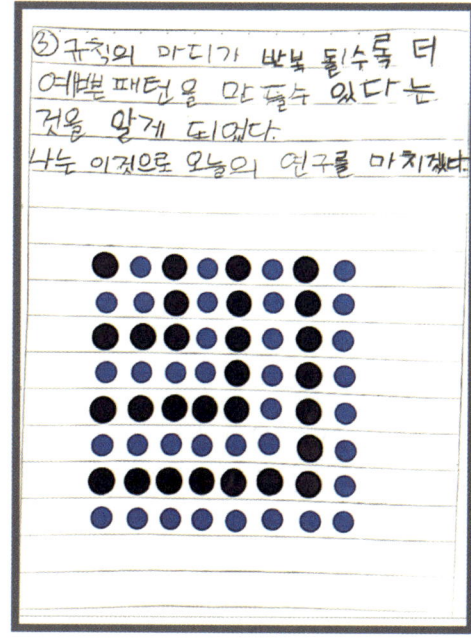

2·3
동전이 열리는 나무

수와 연산 ✓

도형

측정 ✓

자료와 가능성

규칙성

동전과 지폐 등 돈의 단위를 알고 계산을 하는 것은 일상에서 자주 일어나는 일이지만 큰 수의 계산을 해야 하기 때문에 아이들에게는 어렵습니다. 이 책은 동전과 지폐의 단위를 알려주고, 더 큰 돈을 얻기 위해 더 큰 동물의 똥이 필요하다는 재미있는 스토리를 전달하고 있으나 직접적으로 동전과 지폐를 세는 방법을 가르쳐주지는 않습니다. 동전과 지폐를 계산하기 위해서는 우선 큰 수부터 익혀야 하는데, 이 책은 그것이 가능하도록 해줍니다. 동전과 지폐 모양을 출력해 아이들과 함께 진행하신다면 즐거운 돈 수업이 될 것입니다.

금액에 대해 탐구해 봅시다.

(1) 조건에 맞는 금액을 만들어 보세요.

　- 하나의 물건과 가격을 적은 뒤, 여러 가지 화폐를 사용해 지불하는 다양한 방법을 탐구해 보세요.

(2) 거스름돈의 계산에 대해 탐구해 보세요.

　- 위에서 정한 물건을 살 때 지불하는 화폐에 따라 거스름돈

이 어떻게 달라지는지 탐구해 보세요.

(3) 정해진 금액에 맞게 물건을 담아 보세요.

　　－시장에서 물건을 구입할 금액을 정하고 마트전단지를 이용해 최대한 정해진 금액에 가까운 금액으로 장을 보세요.

환율에 대해 탐구해 봅시다.

(1) 각 나라별 지폐에 대해 조사하고 환율에 대해 적어 봅시다.

(2) 한 나라를 정해서 그 나라에 여행을 갔다고 생각하고, 지출 내역을 적고 환율을 계산해 봅시다.

금액에 대해 탐구해 봅시다. <탐구노트 예시>

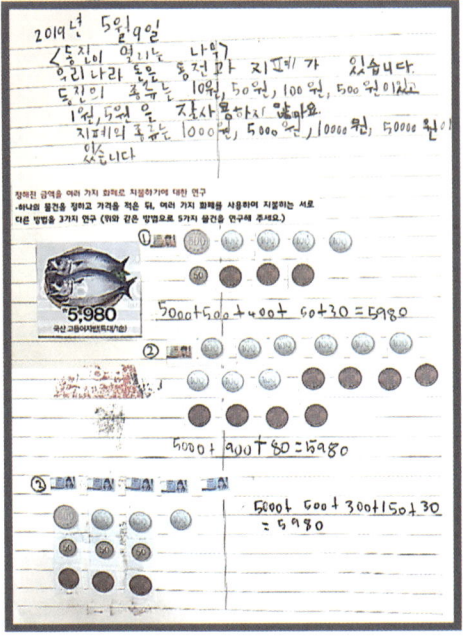

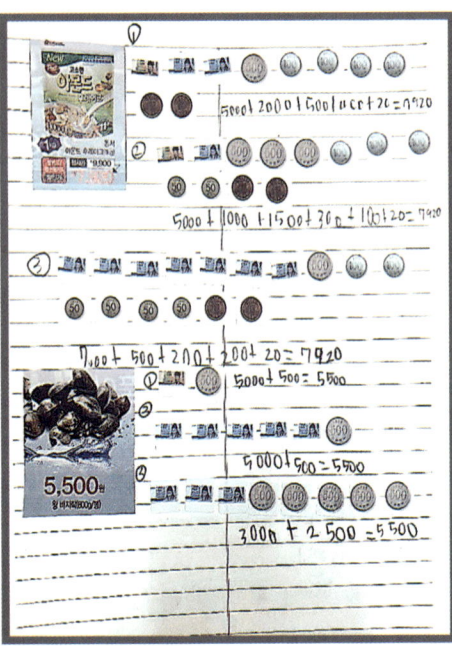

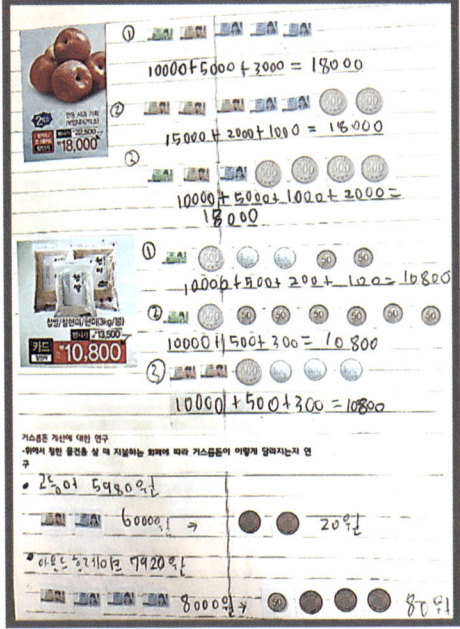

환율에 대해 탐구해 봅시다. <탐구노트 예시>

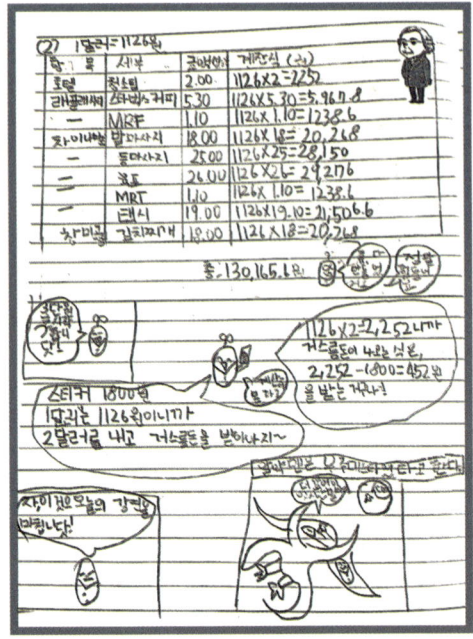

2·4 신통방통 길이 재기

| 수와 연산 ✓ |
| 도형 |
| 측정 ✓ |
| 자료와 가능성 |
| 규칙성 |

이 책은 주인공 별이와 친구들이 도구를 이용해 직접 길이 재기를 하며 측정과 관련된 내용을 배우고 터득하는 과정을 담은 수학동화입니다. 내용도 재미있고 수학의 필요성도 깨닫게 하는 책입니다. 초등학교 1,2학년 때 알아야 하는 막대를 사용하여 길이 비교하기, 몸을 이용하여 길이 재기, cm와 m 알아보기, 자 사용하기, 길이 어림하기, 길이의 합과 차 계산하기 등을 학습할 수 있습니다.

단위길이에 대해 탐구해 봅시다.

(1) 단위길이에 대해 간략하게 설명해 주세요.

(2) 다음과 같은 문제를 만들고, 그림을 그려서 해결해 주세요.

예) 땅콩의 길이는 쌀의 길이의 3배이고, 치즈스틱의 길이는 땅콩 길이의 5배입니다. 치즈스틱의 길이는 쌀의 길이의

몇 배일까요?

어림하기에 대해 자세히 알아봅시다.

(1) 어림하기의 뜻과 방법, 길이의 단위에 대해 정리해 봅시다.

(2) 나의 한 뼘의 길이를 자로 잰 후, 단위길이로 정합니다.

가족들의 키가 몇 뼘인지 잰 후 키를 어림한 후, 실제로 자로 잰 키와 비교해 봅시다. 그리고 이 차이에 대해 생각해 봅시다.

(3) 우리 집 안의 물건을 자로 잰 후, cm, mm로 나타내 봅시다.

물건을 몇 개씩 묶어 각각의 합과 차를 구해 봅시다.

 단위길이에 대해 탐구해 봅시다. <탐구노트 예시>

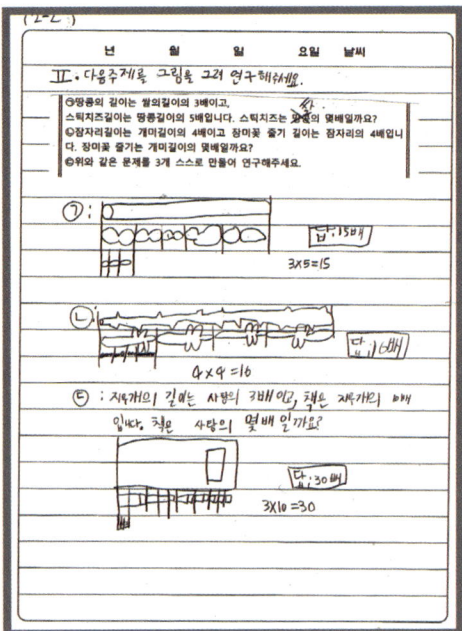

02 탐구주제

어림하기에 대해 자세히 알아봅시다. <탐구노트 예시>

2·5 뫼비우스 띠의 비밀

- 수와 연산
- 도형 ✓
- 측정 ✓
- 자료와 가능성
- 규칙성

주인공 샘은 수업준비물을 잘 챙기지 않아 당황했지만 평소에 관심이 많았던 우주비행사 덕분에 알게 된 지식으로 위기를 모면합니다. 샘이 발표한 뫼비우스의 띠, 구겨진 종이의 길이를 두 배로 늘이는 방법, 작은 손전등으로 넓이를 크게 만드는 방법을 통해 앞과 뒤가 구별되지 않는 도형, 도형의 둘레, 도형의 넓이에 대해 배울 수 있습니다. 아이들이 처음으로 도형에 대해 배우는 데 매우 적합한 책입니다.

뫼비우스 띠에 대해 알아봅시다.

(1) '뫼비우스의 띠'를 만드는 방법과 특징을 설명해 보세요.

(2) '뫼비우스의 띠'와 '동그란 띠'의 차이점에 대해 설명해 보세요.(스스로 만들고 탐구노트에 붙여가며 적어 보세요.)

(3) 주위에서 뫼비우스 띠 모양 찾아서 붙이고, 왜 이 물건에 '뫼비우스의 띠'가 쓰였는지 생각해서 적어 보세요.

 **'둘레'를 구하는 방법에 대해 자세히 알아봅시다.**

(1) '둘레'가 무엇인지 설명해 보세요.

(2) 7칸짜리 계단을 그리고, 2가지 방법으로 둘레를 구하세요.

➡ 모눈종이에 직접 그린 후 탐구 노트에 오려서 붙여 주세요.

　- 실제 길이를 하나하나 재서 모두 더하는 방법

　- 변을 밀어서 직사각형으로 만들어 구하는 방법

(3) 모눈종이에 재미있는 도형을 그린 후, 두 가지 방법으로 둘레를 구해 보세요.

 **'넓이'에 대해 자세히 알아봅시다.**

(1) '넓이'는 무엇인가요?

(2) 단위넓이를 이용한 여러 가지 도형을 그리고 넓이를 구해 보세요.

(3) 손전등을 비춰서 생기는 부분의 넓이에 대한 생각을 적어 보세요.

 뫼비우스 띠에 대해 알아봅시다. <탐구노트 예시>

오늘 브레노스에서 뫼비우스 띠에 관한 책을 읽었다.
① :(뫼비우스 띠를 만드는 방법)
긴 직사각형 종이에다가 한쪽 끝을 위로 아니면 아래로 꼬은다.
그 다음 테이프로 이어 붙인다.

② :(동그란 띠 만드는 방법)
긴 직사각형 종이로 도넛 모양으로 둘러서 양쪽을 이어 붙인다.

③ :(뫼비우스 띠는 어디에서 만들어 졌을까?)
이름 : 뫼비우스
출생사망 : 1790 ~ 1868
국적 : 독일
직업 : 수학자, 천문학자

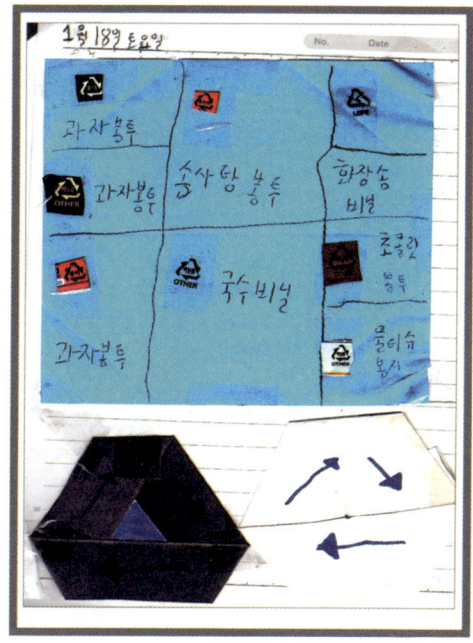

2018. 1. 8. 월요일
(뫼비우스 띠의 비밀)
오늘은 뫼비우스 띠에 대하여 배웠어요. 뫼비우스 띠의 길이, 안과 밖의 구분, 생활 속의 뫼비우스 띠를 생각해 보는 시간이었어요.
- 뫼비우스 띠를 만드는 방법 :
① 종이를 꼬은다.
② 구부린다.
③ 양쪽 끝을 맛댄다.
④ 테이프 아니면 풀로 붙인다.
- 특징
① 동그란 띠보다 길다.
② 안과 밖을 구분할 수 없다.
③ 자르면 두조각이 아니다.

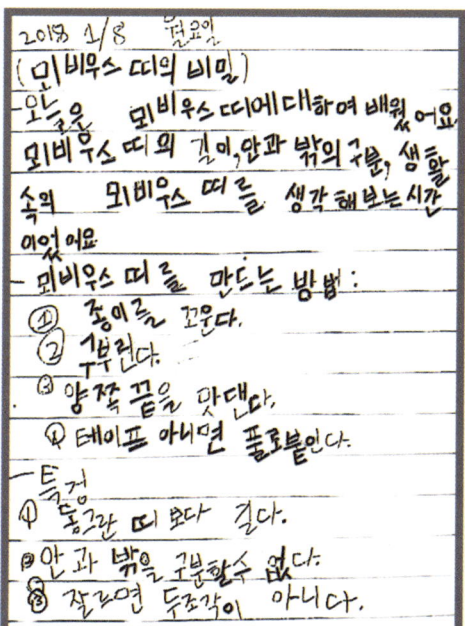

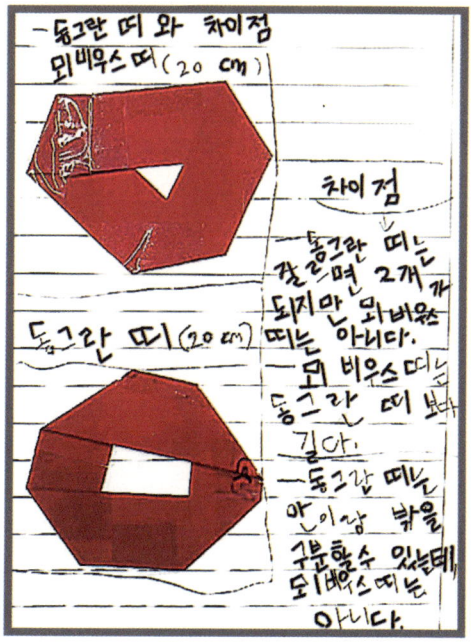
- 동그란 띠와 차이점
뫼비우스 띠 (20cm)
동그란 띠 (20cm)
차이점
- 동그란 띠는 자르면 2개가 되지만 뫼비우스 띠는 아니다.
- 뫼비우스 띠는 동그란 띠보다 길다.
- 동그란 띠는 안이랑 밖을 구분할 수 있는데 뫼비우스 띠는 아니다.

02 탐구주제

'둘레'를 구하는 방법에 대해 자세히 알아봅시다. <탐구노트 예시>

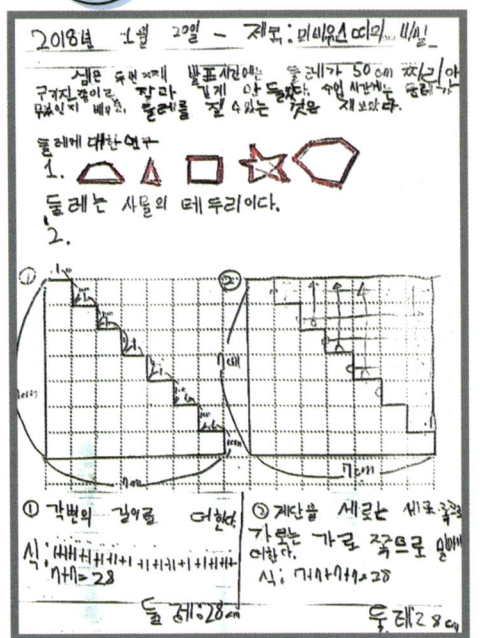

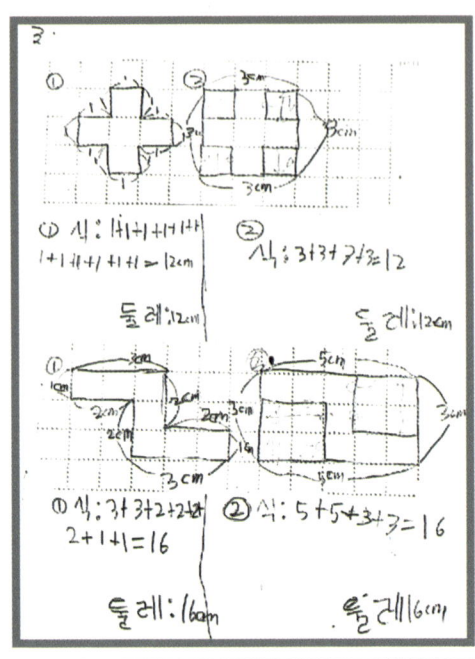

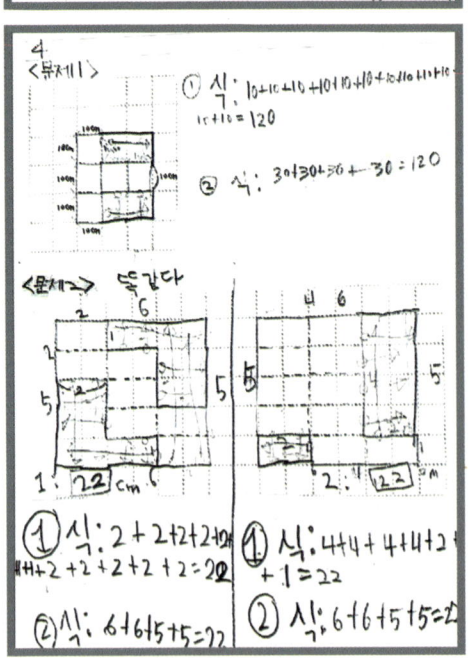

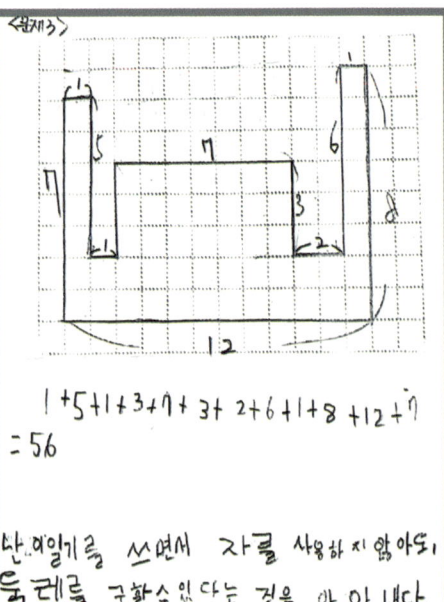

'넓이'에 대해 자세히 알아봅시다. <탐구노트 예시>

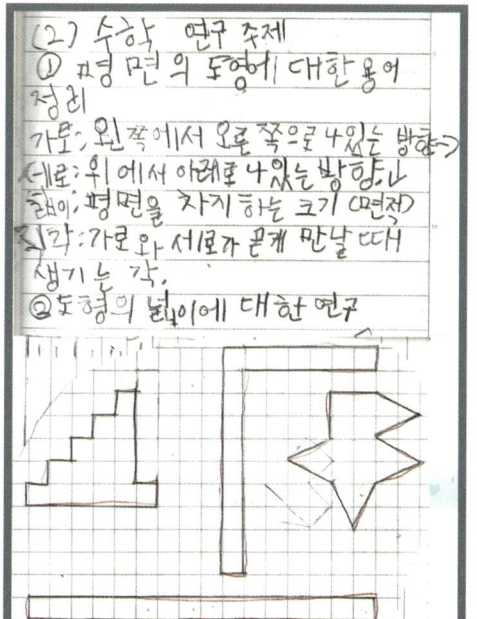

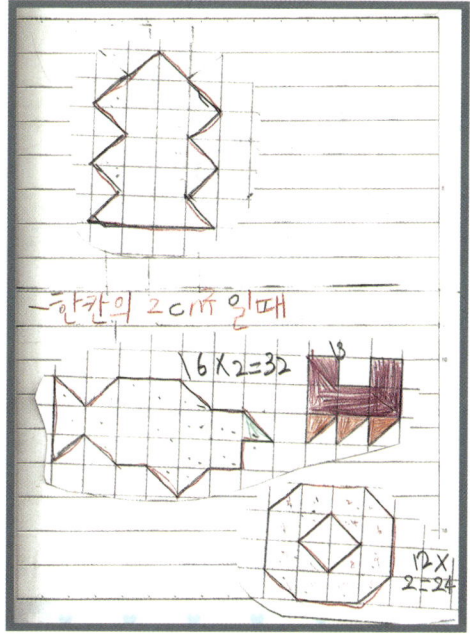

[좌상]

1. 3. 손전등으로 비추기.
2. ① 손전등을 직각으로 비추기.
3.
4.
5.
6.
7.
8.
9.
10. 자에 손전등을 10cm에다 붙였다

[우상]

1.
2.
3. 직각으로 비추었더니 좁은 원이
4. 나왔다.
5. ② 손전등을 조금 기울여서 비추기.
6.
7.
8.
9.
10. 조금 기울여서 비추었더니 넓이가 커졌다.
    모양은 긴 원이 되었다.

[좌하]

1. ③ 많이 기울여서 비추기
2.
3.
4.
5. 많이 기울여서 비추었더니
6. 넓이가 아주 커졌다.
7. 모양은 아주 긴 원이 되었다.
8. 손전등을 직각으로 비추는 것보다
9. 비스듬하게 비추면 손전등을
10. 높이 올리지 않아도 넓게 비출수있다.

[우하]

1. 4는 이탈리아의 피사의 사탑 속에
2. 4m³가 몇개 들어갈수있는
3. 지 궁금하다.
4. 오늘 연구주제는 여기까지 마친다.
5.
6.
7.
8.
9.
10.

3. 3학년을 위한 수학동화 읽기와 탐구노트 쓰기

3·1

아기 염소는 경우의 수로 늑대를 이겼어

수와 연산

도형

측정

자료와 가능성 ✓

규칙성 ✓

이 책은 강아지 와리가 『신데렐라』, 『미운 오리새끼』, 『늑대와 일곱 마리 아기 염소』의 주인공들에게 닥친 어려움을 경우의 수를 이용해 해결하는 내용입니다. 짝을 정하는 경우의 수, 같은 수로 나눌 수 있는 경우의 수, 일렬로 줄을 서는 경우의 수를 아이들의 눈높이에서 직접 나열해 보고, 반복되어지는 나열은 식을 세워 구할 수 있다는 것을 지도할 수 있습니다.

경우의 수에 대해 알아봅시다.

(1) 경우의 수는 무엇인지 적어 봅시다.

(2) 우리 생활에서 일어나는 일들로 경우의 수 문제를 만들고 문제를 해결해 보세요.

짝을 짓는 경우의 수에 대해 탐구해 봅시다.

(1) 주사위 2개를 동시에 던져서 일어나는 모든 경우의 수를 구해 봅시다.

(2) 남자 몇 명과 여자 몇 명이 둘씩 짝을 짓는 경우의 수에 대해

탐구해 보세요.

(3) 구한 모든 경우의 수를 곱셈식으로 나타내기 위해서는 어떻게 계산해야 하는지 탐구해 보세요.

일렬로 줄을 서는 경우의 수에 대해 탐구해 봅시다.

(1) A, B, C, D를 일렬로 나열하는 경우의 수에 대해 생각해 보세요.

(2) A, B, C, D를 일렬로 나열할 때, 하나가 반드시 고정된 자리에 서는 경우에 대해 생각해 보세요.

(3) A, B, C, D, E를 일렬로 나열할 때, E가 반드시 두 번째 자리에 서는 경우에 대해 생각해 보세요.

01 탐구주제 경우의 수에 대해 알아봅시다. <탐구노트 예시>

경우의 수란 어떤 일이 일어날 때 결과의 가짓수 이다.

2. 맥도날드 세트메뉴를 만드는 가짓수를 찾아본다.

| 햄버거: 치킨버거, 불고기버거, 빅맥버거 |
| 음료수: 우유, 주스, 콜라 |
| 사이드메뉴: 후렌치후라이, 샐러드 |

① 경우를 모두 구하기
치킨, 우유, 후렌치후라이
치킨, 우유, 샐러드
치킨, 주스, 후렌치후라이
치킨, 주스, 샐러드
치킨, 콜라, 후렌치후라이
치킨, 콜라, 샐러드
불고기, 우유, 후렌치후라이
불고기, 우유, 샐러드
불고기, 주스, 후렌치후라이
불고기, 주스, 샐러드
불고기, 콜라, 후렌치후라이
불고기, 콜라, 샐러드
빅맥, 우유, 후렌치후라이
빅맥, 우유, 샐러드
빅맥, 주스, 후렌치후라이
빅맥, 주스, 샐러드
빅맥, 콜라, 후렌치후라이
빅맥, 콜라, 샐러드

② 곱셈식을 사용하여 나타내기
$3 \times 3 \times 2 = 18$

02 탐구주제
짝을 짓는 경우의 수에 대해 탐구해 봅시다. <탐구노트 예시>

2016년 7월 11일 월요일.

나는 이번에 '아기염소는 경우의 수로 늑대를 이겼어'를 읽고 수학일기를 써보려고 한다. 오늘 배울 내용은 짝을 정하는 방법의 수와 동시에 짝을 고르는 경우의수, 그리고 계단을 오를 때의 경우의 수에 대한 것이다.

오늘 연구할 내용은 동시에 짝을 정하는 방법에 대한 연구와 계단을 올라가는 경우의 수에 대한 연구이다.

※ 경우의 수 란?
어떤 일이 일어날 경우의 가짓수 이다.
경우의 수를 설명하기 위해서 주사위를 예로 들어 보겠다. 주사위는 정육면체이고 각 면에 1부터 6까지 모두 여섯개의 수가 점으로 표시되어 있다.

예 1) 주사위 1개를 던질 때 나오는 경우의 수
1, 2, 3, 4, 5, 6 이 나올 수 있으므로
경우의 수는 6가지

예 2) 주사위 2개를 던질 때 나오는 경우의 수
★ 주사위 2개가 구분되지 않고 똑같을 때
(1,1) (1,2) (1,3) (1,4) (1,5) (1,6)
(2,2) (2,3) (2,4) (2,5) (2,6)
(3,3) (3,4) (3,5) (3,6)
(4,4) (4,5) (4,6)
(5,5) (5,6)
(6,6)
1+2+3+4+5+6 = 7×3 = 21   21가지

★ 주사위 2개가 완전히 달라서 구분될 때
(주사위A, 주사위B 라고 한다.)
주사위 A가 1 → 주사위B가 1,2,3,4,5,6
〃   2 → 〃   1,2,3,4,5,6
〃   3 → 〃   1,2,3,4,5,6
〃   4 → 〃   1,2,3,4,5,6
〃   5 → 〃   1,2,3,4,5,6

주사위 A가 6 → 주사위B가 1,2,3,4,5,6
6+6+6+6+6+6 = 6×6 = 36   36가지
이렇게 조건에 따라 경우의 수도 각각 다르게 된다.

그러면 이번에는 남자의 수와 여자의 수를 정해 남자와 여자로 동시에 짝을 정할 수 있는 경우의 수를 수형도로 그려 보고 덧셈식과 곱셈식으로 확인해 보겠다.

1) 남자 2명 여자 4명 일때
남1 여1 ─┬ 남2 여2   남1 여4 ─┬ 남2 여1
         ├ 남2 여3   ├ 남2 여2
         └ 남2 여4   └ 남2 여3
남1 여2 ─┬ 남2 여1
         ├ 남2 여3
         └ 남2 여4
남1 여3 ─┬ 남2 여1
         ├ 남2 여2
         └ 남2 여4

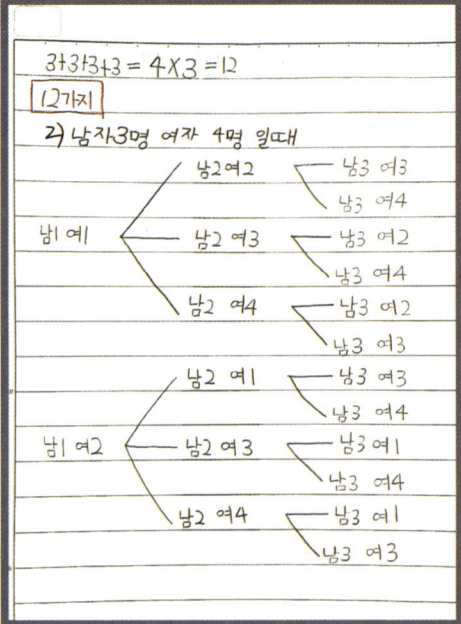

3+3+3+3 = 4×3 = 12
12가지

2) 남자3명 여자 4명 일때

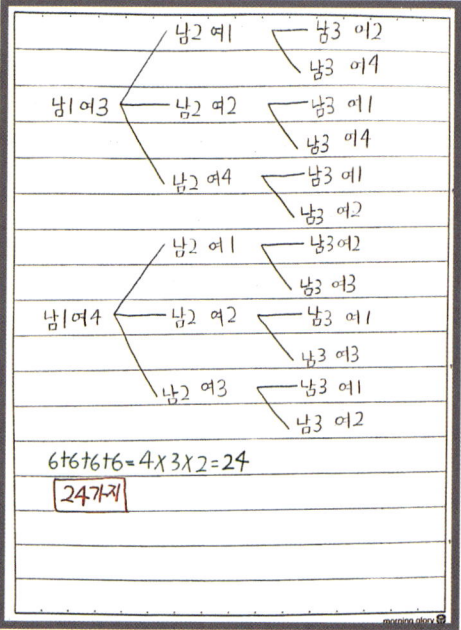

$6+6+6+6 = 4 \times 3 \times 2 = 24$

24가지

3) 남자 4명 여자 4명 일때

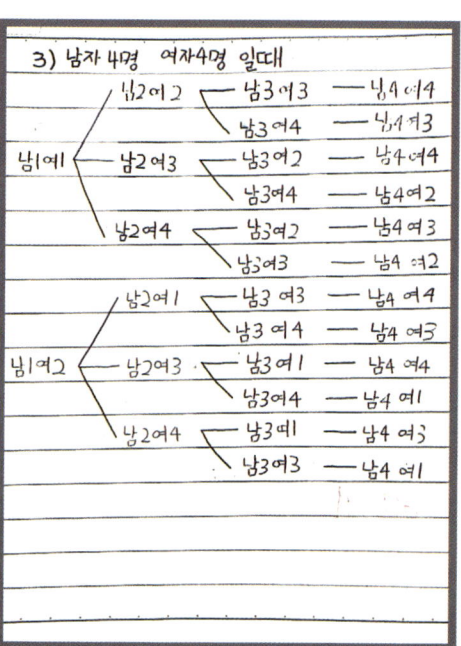

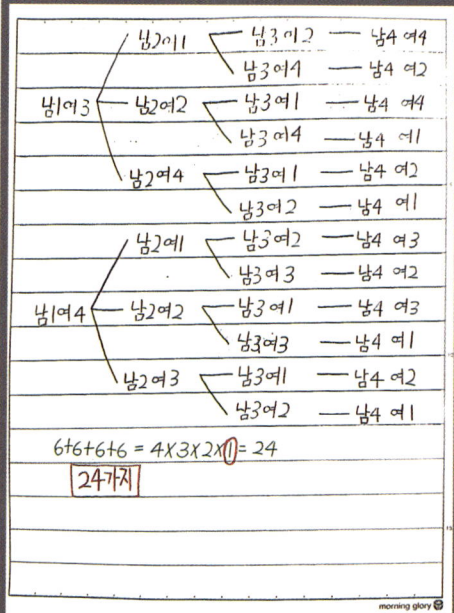

$6+6+6+6 = 4 \times 3 \times 2 \times 1 = 24$

24가지

이제 마지막으로 계단을 오를 때의 경우의 수에 대하여 알아보겠다.

※ 계단 5칸을 오르는 모든 방법은 모두 몇 가지일까? (단, 한번에 3칸까지 오를 수 있고, 마지막 칸은 꼭 밟아야 한다.)

이것을 직접 나열하여 구해보면,
(1,1,1,1,1) (1,1,2,1) (1,2,1,1) (1,3,1) (1-1-1-2)
(2,1,1,1) (2,2,1) (2-1-1-2) (2-3)
(3,1,1) (3-2)

그래서 답은 모두 7가지 12가지

이렇게 경우의 수에 대한 오늘의 연구를 모두 성 공적으로 끝냈다. 이번 연구를 하면서 느낀 점이 두 가지 있다. 하나는 경우의 수는 조건을 다르게 하면 가짓 수가 완전히 달라진다는 점이고 다른 하나는 경우의 수가 아주 많을 때에는 수형도를 그리기가 너무 힘드니 까 곱셈식으로 계산하는 것이 훨씬 편리하다는 점이다.

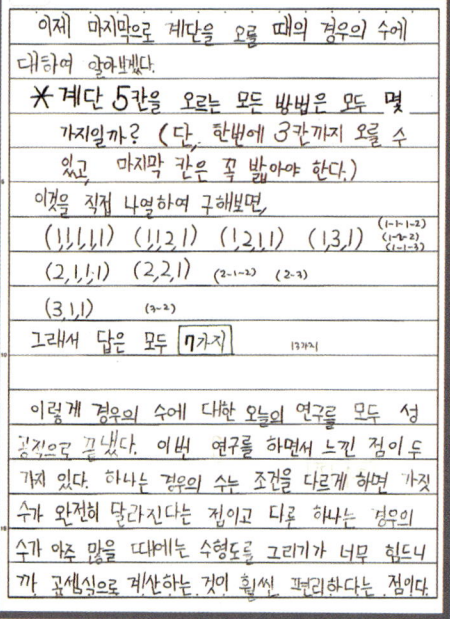

탐구주제 03 일렬로 줄을 서는 경우의 수에 대해 탐구해 봅시다. <탐구노트 예시>

2016년 7월 25일 월요일

오늘은 '야채염소는 경우의 수로 늑대를 이겼어'를 마지막으로 읽고 수학일기를 쓰겠다. 오늘 배운 내용은 일렬로 줄을 서는 방법의 수를 나열하거나 식을 세워 구하는 것과 순서가 정해져 있거나 위치에 조건이 있을때 경우의 수를 구하는 것이다.

내가 이제 연구해볼 주제는 경우의 수에 대한 나열과 계산 방법, 그리고 순서가 정해진 경우와 그렇지 않은 경우의 차이점이다. 그럼 오늘의 연구를 시작해 보겠다.

1. 경우의 수에 대한 나열과 계산 방법

1) A, B, C, D를 일렬로 나열하는 방법
 - 맨 앞에 올 수 있는 알파벳의 수 : 4개
 - 둘째번에 〃 〃 〃 : 3개
 - 셋째번에 〃 〃 〃 : 2개
 - 마지막에 〃 〃 〃 : 1개

그러므로 4×3×2×1 = 24   **24가지**

이제 이것을 직접 나열하여 확인해 보겠다.

* A가 맨앞에 올 경우
 ABCD   ABDC
 ACBD   ACDB } 6가지
 ADBC   ADCB

* B가 맨앞에 올 경우
 BACD   BADC
 BCAD   BCDA } 6가지
 BDAC   BDCA

* C가 맨앞에 올 경우
 CABD   CADB
 CBAD   CBDA } 6가지
 CDAB   CDBA

* D가 맨앞에 올 경우
 DABC   DACB
 DBAC   DBCA } 6가지

 DCAB   DCBA

그래서 총 **24가지** 가 맞다.

2) A, B, C, D를 일렬로 나열하는데 D가 반드시 세번째 오는 경우의 수

D는 항상 세번째에 와야 하므로 A, B, C를 먼저 나열하고 D를 집어 넣으면 된다.

* A가 맨앞에 올 경우
 ABDC   ACDB   — 2가지
* B가 맨앞에 올 경우
 BADC   BCDA   — 2가지
* C가 맨앞에 올 경우
 CADB   CBDA   — 2가지
         총 6가지

식으로 계산하려면,
 - 맨앞에 올 수 있는 알파벳의 수 : 3개
 - 둘째번에 〃 〃 : 2개
 - 마지막에 〃 〃 : 1개

3×2×1 = 6   **6가지**

3) A, B, C, D, E를 일렬로 나열하는데 E가 반드시 두 번째 오는 경우의 수

E는 항상 두번째에 와야 하므로 A, B, C, D를 먼저 나열하고 E를 집어 넣으면 된다.

* A가 맨앞에 올 경우
 A E BCD   A E BDC
 A E CBD   A E CDB } 6가지
 A E DBC   A E DCB

* B가 맨앞에 올 경우
 B E ACD   B E ADC
 B E CAD   B E CDA } 6가지
 B E DAC   B E DCA

* C가 맨앞에 올 경우
 C E ABD   C E ADB
 C E BAD   C E BDA } 6가지
 C E DAB   C E DBA

* D가 맨앞에 올 경우

D E A B C   D E A C B
D E B A C   D E B C A   } 6가지
D E C A B   D E C B A

총 24가지

식으로 계산하려면,
- 맨앞에 올 수 있는 알파벳의 수 : 4개
- 셋째번에   ″   ″   : 3개
- 넷째번에   ″   ″   : 2개
- 마지막에   ″   ″   : 1개

$4 \times 3 \times 2 \times 1 = 24$ 24가지

2. 순서가 정해져 있는 경우와 정해져 있지 않은 경우의 차이점 연구

1) A, B, C, D, E, F 중 3개를 뽑는 경우의 수 (조합)
ABC   ABD   ABE   ABF

AEF
BCD   BCE   BCF
BDE   BDF
BEF
CDE   CDF
CEF
DEF

총 20가지

3·2
줄일까 늘릴까 이발사의 결투

수와 연산

도형 ✓

측정 ✓

자료와 가능성

규칙성

어떤 모양이든 줄여서 머리 모양을 만들어주는 이발사 루이와 늘려서 머리 모양을 만들어주는 이발사 버즈의 대결을 지켜보며 합동, 축소, 확대의 개념을 재미있게 배울 수 있습니다. 실제로 아이들과 모눈종이를 이용해 주위의 사물을 축소와 확대를 해본다면 곱하기, 나누기와 같은 연산을 도형에 활용하는 좋은 학습이 될 수 있습니다.

합동에 대해 탐구해 봅시다.

(1) 합동이 무엇인지 설명해 주세요.

(2) 우리 주변에서 합동이 이용되는 예를 5가지 이상을 찾아 프린트해서 탐구노트에 붙여 보세요.

축소에 대해 탐구해 봅시다.

(1) 축소의 의미와 축소를 하는 방법을 설명해 주세요.

(2) 우리 주변에서 축소가 이용되는 예를 찾아 프린트해서 탐구노트에 붙여 보세요.

(3) 모눈종이에 주제를 정해 나만의 도형을 그리고, 축척에 맞게 모눈종이에 축소해서 그려 주세요. 자와 컴퍼스를 사용하여 정확하게 표현해 주세요.(축척: 모눈눈금 1칸=3cm)

확대에 대해 탐구해 봅시다.

(1) 확대의 의미와 확대를 하는 방법을 설명해 주세요.

(2) 생활 속에서 확대가 사용되는 예를 찾아 프린트해서 탐구노트에 붙여 보세요.

(3) 모눈종이에 주제에 맞는 멋진 작품을 그린 후, 다른 모눈종이에 확대된 그림을 그려 주세요. 축척에 따라 모눈종이를 여러 장 붙여서 크게 만든 다음, 확대된 그림을 그려 주세요.

(축척: 1cm=□칸/ 주제: 바다, 우주선, 성, 인형, 집, 마을)

01 탐구주제

합동에 대해 탐구해 봅시다. <탐구노트 예시>

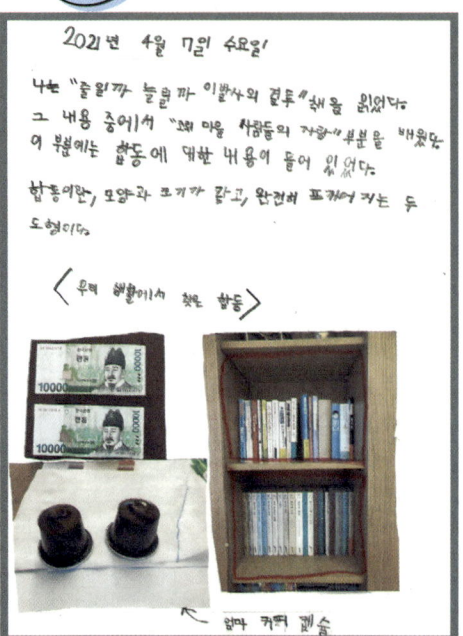

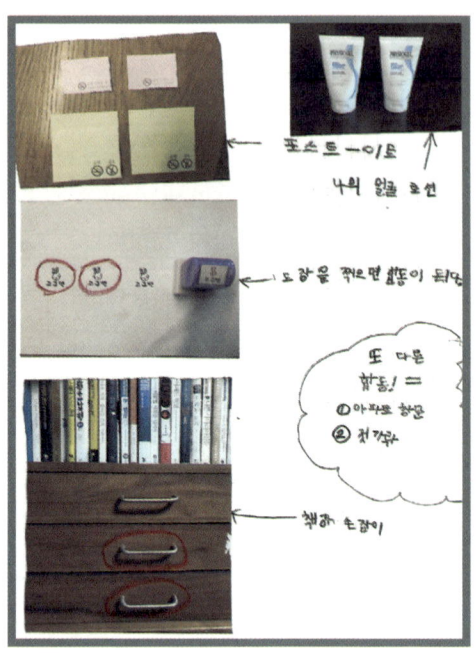

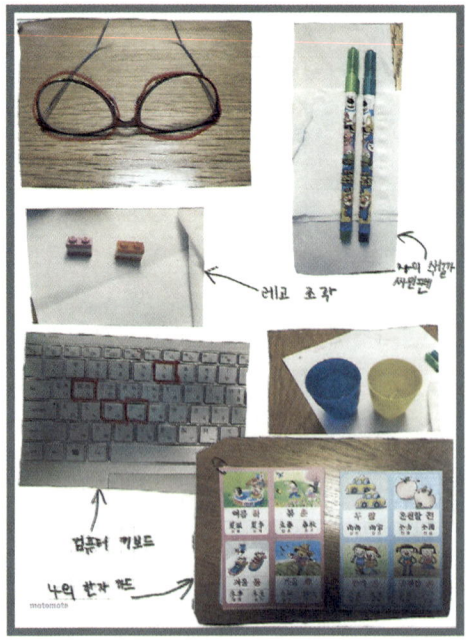

축소에 대해 탐구해 봅시다. <탐구노트 예시>

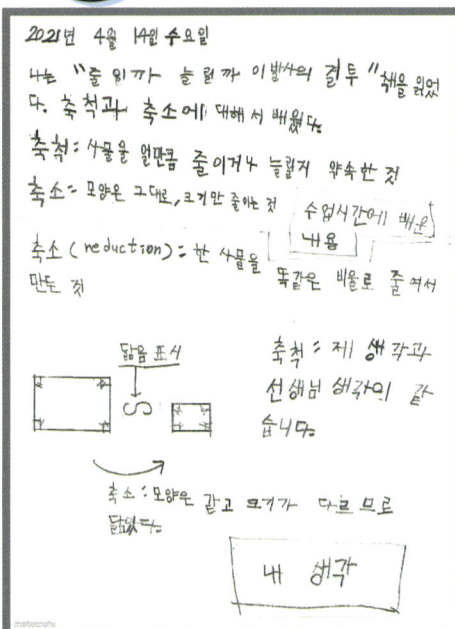

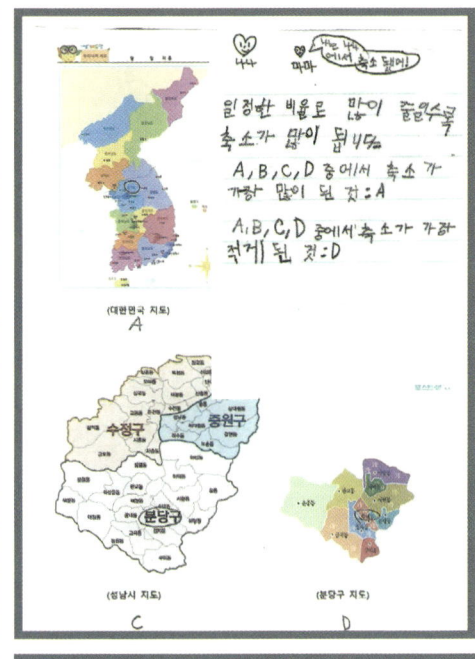

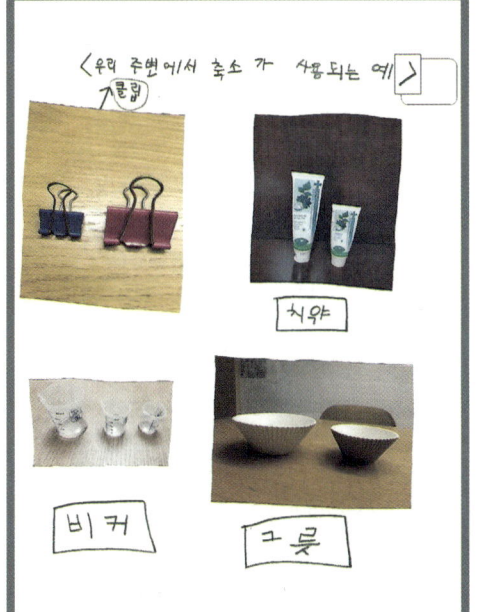

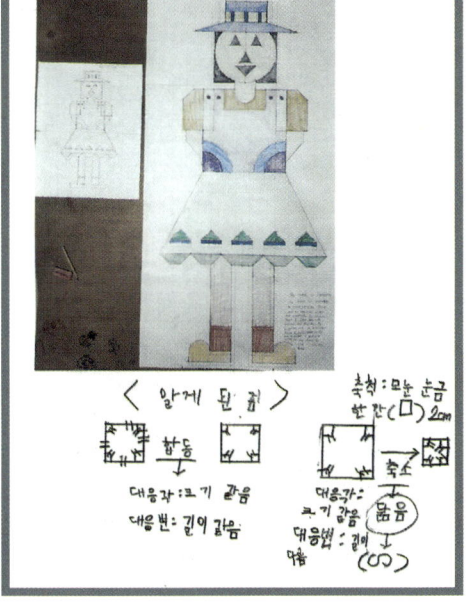

1. 2016년 7월 19일 (1)

2. 나는 오늘 '줄일까가 늘일까가' 이발사의 결투를 읽었다. 미국 서북 개척시대에 코릭 마을에 루이 이발사는 큰 물체를 축소한 모양으로 사람들의 머리를 잘랐습니다. 버즈 이발사는 작은 물체를 확대한 모양으로 머리를 잘랐습니다. 두 이발사는 누가 더 훌륭한 이발사 인지 결투로 결정 하자고 했습니다. 결투 결과 두 이발사는 서로의 다른 방법에 놀랐고, 너무 마음에 들어서 같이 일하게 되었습니다. 루이와 버즈로 인해 코릭마을은 유명해 졌고, 사람들도 점점 많아 졌습니다.

3. 오늘의 수학 연구주제는
① 축소: 모양이나 크기를 일정한 비율로 줄여서 작게 한것.
② 축소하는 방법: i) 실제 물체의 크기를 잰다.
ii) 축척을 결정한다.

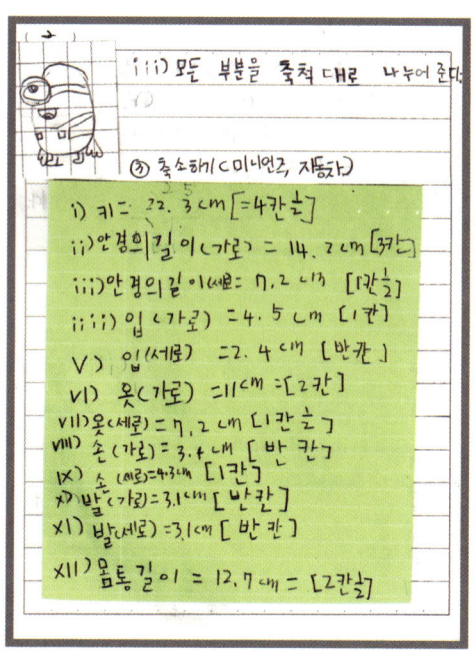

iii) 모든 부분을 축척대로 나누어 준다.

③ 축소하기 (미니언즈, 자동차)

i) 키 = 22.3cm [= 4칸 눈]
ii) 안경의 길이 (가로) = 14.2cm [3칸]
iii) 안경의 길이 (세로) = 7.2cm [1칸 ½]
iiii) 입 (가로) = 4.5cm [1칸]
v) 입 (세로) = 2.4cm [반칸]
vi) 옷 (가로) = 11cm = [2칸]
vii) 옷 (세로) = 7.2cm [1칸 눈]
viii) 손 (가로) = 3.4cm [반 칸]
ix) 손 (세로) = 4.3cm [1칸]
x) 발 (가로) = 3.1cm [반칸]
xi) 발 (세로) = 3.1cm [반 칸]
xii) 몸통 길이 = 12.7cm = [2칸 ½]

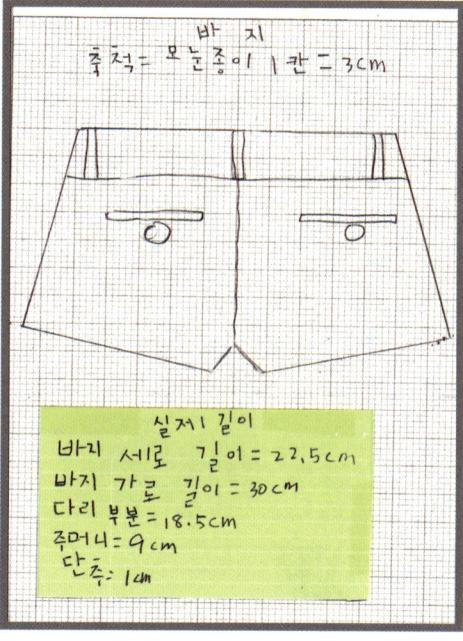

축척 = 모눈종이 1칸 = 3cm

실제 길이
바지 세로 길이 = 22.5cm
바지 가로 길이 = 30cm
다리 부분 = 18.5cm
주머니 = 9cm
단추 = 1cm

 **03** 탐구주제 — 확대에 대해 탐구해 봅시다. <탐구노트 예시>

2016년 5월 30일 월요일
오늘은 '줄일까 늘릴까 이발사의 결투'를 마지막으로 읽고 수학일기를 쓰려고 한다. 오늘 배운 내용은 축척을 이용하여 작은 것을 크게 만드는 확대에 대한 것이다. 이 책에서 바지는 실제 사물의 길이를 측정하고, 각 부분을 똑같은 비율로 늘려서 원래 사물보다 크게 만들었다. 내가 오늘 연구해볼 내용은 역시 확대에 대한 것이다.

✱ 확대란?
작은 것을 일정한 (똑같은) 비율로 커지게 하는 것.
→ 가로와 세로가 똑같은 비율

✱ 확대를 사용하는 예
① 실내화 사이즈가 커지는 것
② 스마트폰에서 사진을 터치하면 커지는 것
③ 현미경으로 세포나 바이러스를 관찰하는 것
④ 망원경으로 멀리 있는 물체를 크게 보는 것
⑤ 모양자에서 원이나 정사각형 정삼각형의 크기가 점점 커지는 것

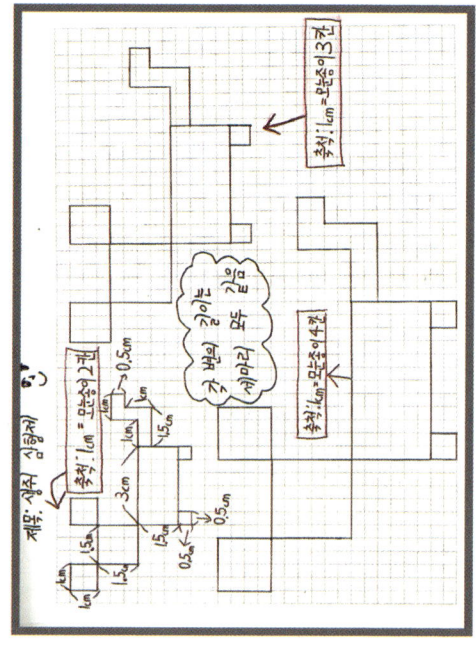

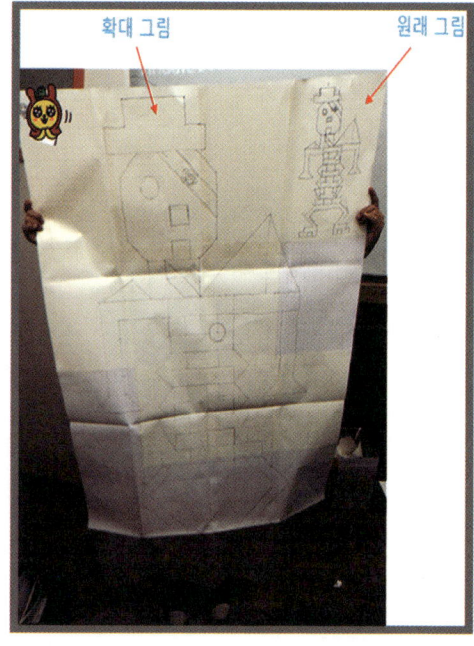

확대 그림 / 원래 그림

3·3
견우와 직녀가 분수 때문에 싸웠대

| 수와 연산 ✓ |
| 도형 |
| 측정 |
| 자료와 가능성 |
| 규칙성 |

분수는 초등교과에서 초등 2학년부터 6학년까지 전 학년에 걸쳐서 배우는 중요한 개념입니다. 이 책은 초등학교 5학년 때 분수의 약분과 통분을 배우기 전까지의 모든 분수의 개념을 다루고 있습니다. 분수의 뜻부터 분수의 종류(진분수, 가분수, 대분수), 분모가 같은 분수의 덧셈과 뺄셈, 분수의 크기 비교, 자연수와 크기가 같은 분수 만들기 등을 배울 수 있습니다. 주인공들을 놀부, 팥쥐, 시우팀과 흥부, 콩쥐, 와리팀으로 나누어 염라대왕이 내는 문제를 푸는 과정에서 분수의 원리를 배울 수 있습니다. 마지막에는 분수의 뜻인 똑같이 나눈다는 개념을 통해 서로의 입장에 대해 생각해 보고 화해하는 스토리의 수학동화입니다.

01 탐구주제 <mark>분수의 표현에 대해 정리해 봅시다.</mark>

(1) 분수의 뜻을 적고 그림으로 표현해 봅시다.

(2) 분수를 이용해서 전체의 부분을 표현해 봅시다.

(3) 자연수를 분수의 합으로 표현해 봅시다.

분수의 종류에 대해 알아봅시다.

(1) 분수의 종류에 대해 정리해 봅시다.

(2) 대분수를 가분수로 바꾸는 연습을 해봅시다.

(3) 가분수를 대분수로 바꾸는 연습을 해봅시다.

분수의 크기 비교에 대해 탐구해 봅시다.

(1) 분모가 같은 분수의 크기를 비교해 보세요.

(2) 분자가 같은 분수의 크기를 비교해 보세요.

(3) 분모와 분자의 차가 같은 진분수의 크기를 비교해 보세요.

(4) 크기가 같은 분수를 만들어 봅시다.

01 탐구주제 — 분수의 표현에 대해 정리해 봅시다. <탐구노트 예시>

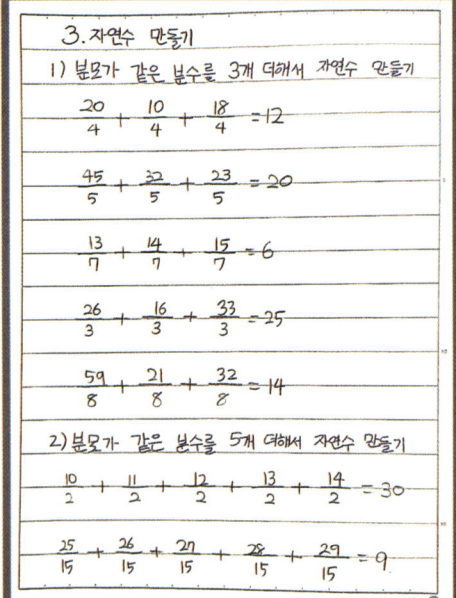

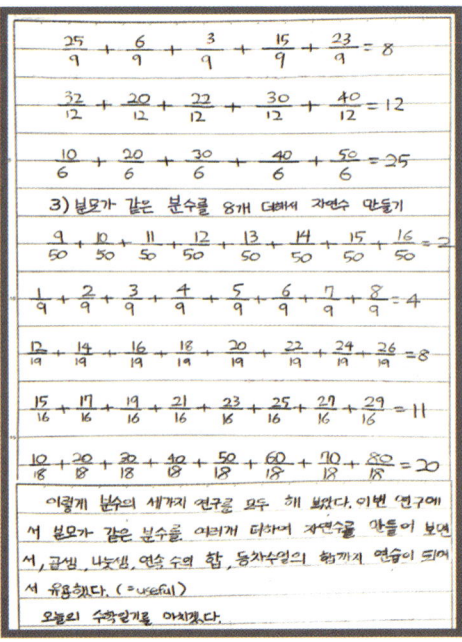

분수의 종류에 대해 알아봅시다. <탐구노트 예시>

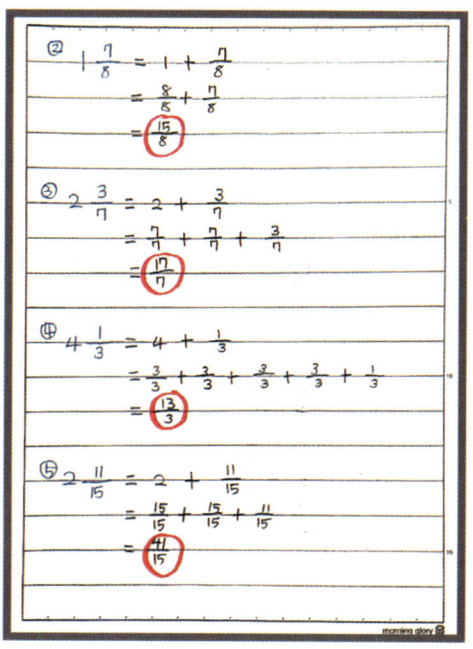

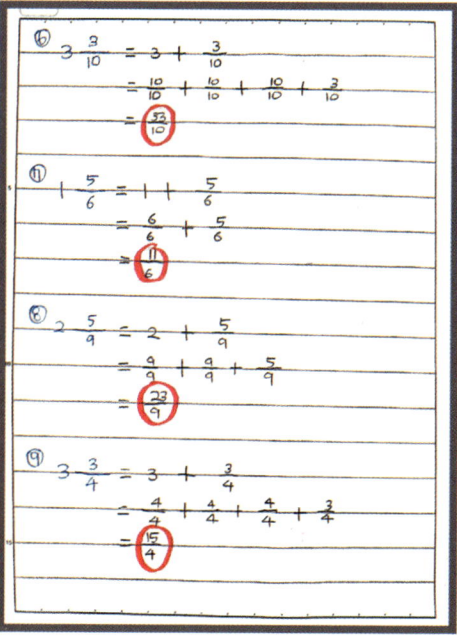

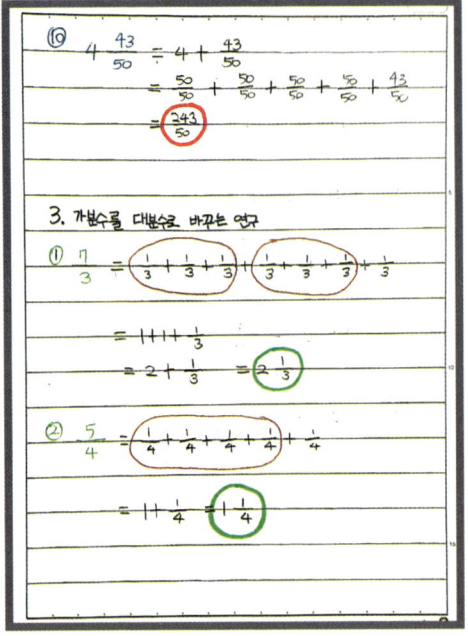
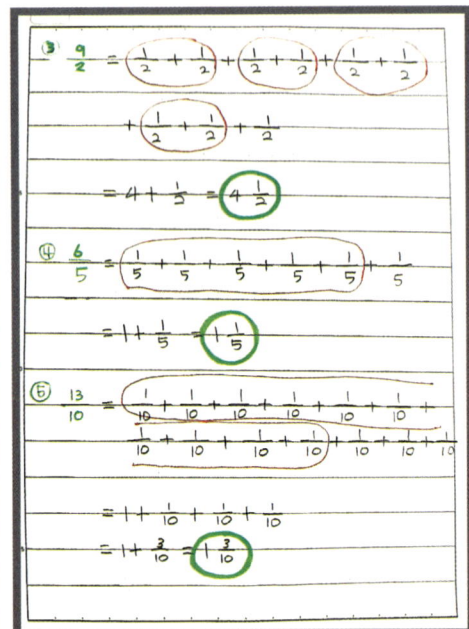
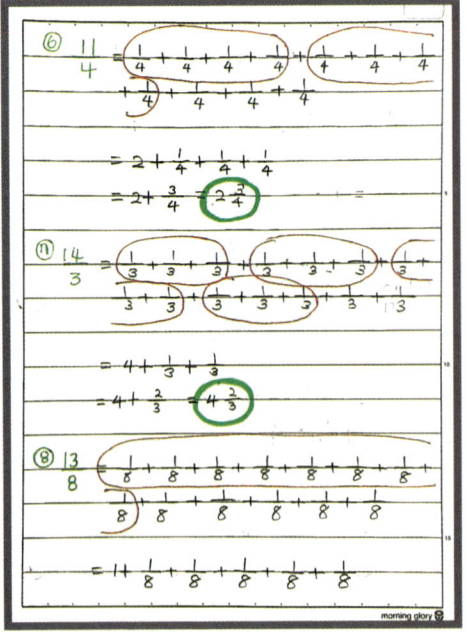
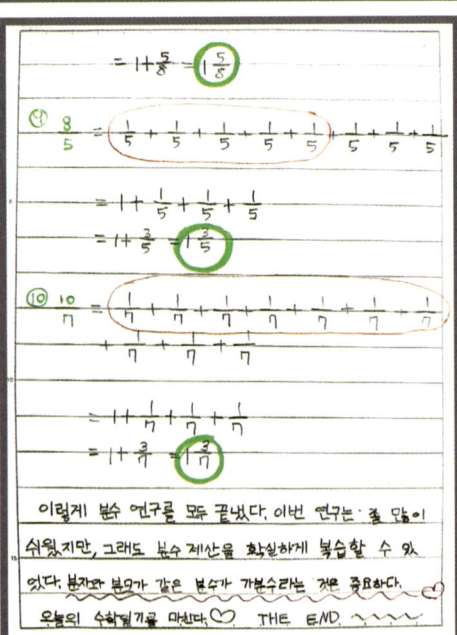

03 탐구주제 분수의 크기 비교에 대해 탐구해 봅시다. <탐구노트 예시>

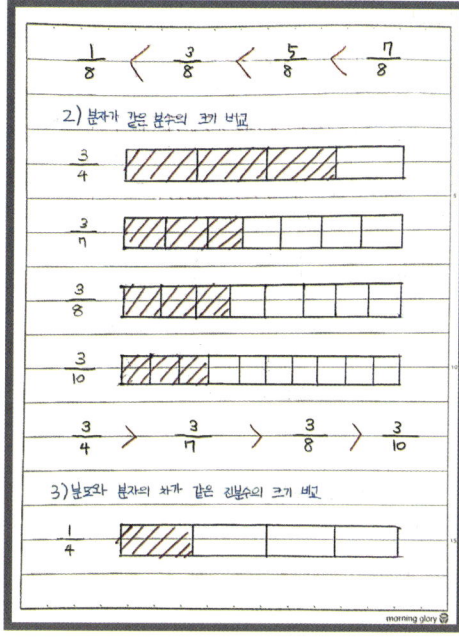

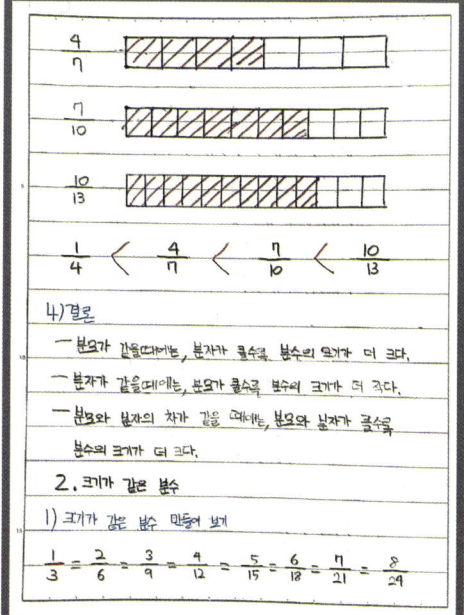

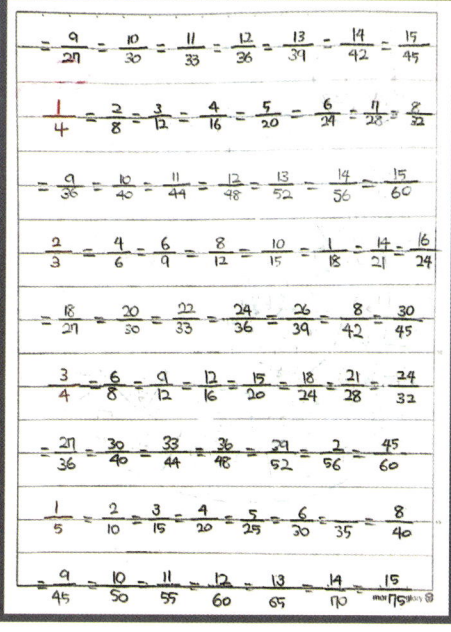

3·4
아슬아슬 수학 소풍

수와 연산 ✓

도형 ✓

측정 ✓

자료와 가능성 ✓

규칙성 ✓

재미있는 수학퀴즈 40개가 이야기 형태로 수록되어 있는 이 책은, 주인공인 돼지삼총사 하비, 배배, 차차가 선생님과 내기를 하며 재미있게 퀴즈를 풀어나갑니다. 이 책에 나오는 퀴즈는 수학문제를 풀듯이 계산하는 것이 아니라 논리적으로 생각해서 해결하는 문제들입니다. 그래서 아이들은 책을 읽으며 수학에 대한 재미가 더 커지고, 공부도 될 수 있는 큰 장점이 있습니다. 강 건너기, 모래시계, 착시, 토너먼트, 탈출 전략, 겹치지 않는 선, 동전퍼즐, 참말과 거짓말, 벤다이어그램, 윤년, 님게임, 가짜금화를 찾아라, 무한, 거듭제곱, 자연수의 합 등 문제집에 많이 나오는 내용들을 이야기로 배울 수 있는 책입니다.

강 건너기 문제의 전략을 탐구해 보세요.

(1) 강 건너기 퍼즐을 찾아서 스스로 해결해 보세요.

(2) 다양한 조건이 있는 강 건너기 문제를 만들고 해결해 보세요.

물 용량 맞히기 전략을 탐구해 보세요.

(1) 4리터와 11리터짜리 물통을 이용해 1, 2, 3, 5, 6, 7, 8, 9, 10 리터를 만들어 보며 물 용량 맞히기 전략에 대해 생각해 보도록 합니다.

(2) 주어진 조건과 목표 용량을 정해서 맞혀 봅시다.

탈출 전략에 대해 탐구해 보세요.

(1) '러시아워'라는 탈출 전략 게임을 연습해 봅시다.

① 빠져나가야 할 차는 경찰차입니다.

② 전진과 후진만 할 수 있고, 다른 차나 벽이 막혀 있는 방향으로는 움직일 수 없습니다.

③ 오른쪽(R), 왼쪽(L), 위(U), 아래(D)로 표시합니다. 경찰차가 빠져나갈 수 있도록 GD1→FD1→AR3 등과 같이 적어가며 해결해 보세요.

(2) 재미있는 탈출게임을 만들어서 해결해 봅시다.

강 건너기 문제의 전략을 탐구해 보세요. <탐구노트 예시>

2016년 10월 11일 화요일

오늘은 '아슬아슬 수학소풍'을 읽고 수학일기를 쓰려고 한다. 이 책은 다른까지의 재미있는 퀴즈들로 이루어 졌는데 오늘은 버스 운전사의 외동, 사막을 무사히 건너는 방법, 셋 다 무사히 옮겨야 해! 를 풀어보았다.
오늘 내가 연구할 내용은 강과 다리를 무사히 건너는 방법에 대한 것이다. 다음 두개의 문제를 풀어 보겠다.

문제1) 식인종 3명과 사람 3명이 있다. 배에는 2명까지 탈수 있고, 사람과 식인종 모두 배를 운전 할 수 있다. 하지만 식인종의 수가 사람의 수보다 많으면 식인종이 사람을 잡아먹게 된다. 6명 모두 강 건너편으로 가려면, 어떤 순서로 이동해야 할까?
최소 횟수를 생각하며 해결해 보자.

출발 지점	강	도착 지점
식3 사3	식1 사1 ① →	식1 사1
식2 사3	← 사1 ②	식1
사3	식2 ③ →	식3
식1 사3	← 식1 ④	식2
식1 사1	사2 ⑤ →	식2 사2
식2 사2	← 식1 사1 ⑥	식1 사1
식2	사2 ⑦ →	식1 사3
식3	← 식1 ⑧	사3
식1	식2 ⑨ →	식2 사3
식2	← 식1 ⑩	식1 사3
X	식2 ⑪ →	식3 사3

이렇게 하여 총 11번 강을 건너면 6명 모두 강 건너편으로 갈 수 있다. 여기서 ⑩ 번에서 식인종 1명 대신 사람 1명이 갈 수도 있다. 그러면 ⑪번에서 식인종 1명과 사람 1명이 건너게 되어 모두 무사히 도착할 것이다.

문제2) 한 가족이 깜깜한 구름다리를 건너 성 밖으로 탈출해야 한다. 그런데 손전등은 하나 뿐이고, 구름다리는 한번에 두명까지만 건널 수 있으며, 가족마다 구름다리를 건널 때 걸리는 시간은 1, 3, 6, 8, 12초 이다. 30초 안에 모든 가족들이 무사히 구름다리를 건널 수 있는 방법은?

성	구름다리	성밖
1,3,6,8,12	1,3 ①	1,3
3,6,8,12	3 ②	1
3,6	8,12 ③	1,8,12
1,3,6	1 ④	8,12
3	1,6 ⑤	1,6,8,12
1,3	⑥	6,8,12
X	1,3 ⑦	1,3,6,8,12

1초=1, 3초=3, 6초=6, 8초=8, 12초=12 라고 하면
①번에서 3초, ②번에서 3초, ③번에서 12초,
④번에서 1초, ⑤번에서 6초, ⑥번에서 1초,
⑦번에서 3초 걸린다.
그러므로 3+3+12+1+6+1+3 = 29초

모든 가족들이 구름다리를 7번 건너 29초만에 무사히 성 밖으로 탈출 성공 ♡♥

<나만의 강 건너기 문제 ♡>

사육사, 늑대, 개, 고양이, 토끼, 쥐 가 있다. 이 여섯이 모두 배를 타고 강을 건너려고 한다. 그런데 배에는 둘까지만 탈수 있고, 사육사 고양이 개 셋만 배를 운전할 수 있다. 또, 사육사가 없으면 늑대가 모두를 잡아먹고, 개가 없으면 고양이가 쥐를 잡아먹고, 고양이가 없으면 개가 토끼를 잡아먹는다. 여섯 모두 강 건너편으로 가려면 어떤 순서로 이동해야 할까? 최소 횟수를 생각하며 해결해 보자.❤

출발 지점	강	도착 지점
사, 늑, 개, 고, 토, 쥐	사, 늑 ①	사, 늑
사, 개, 고, 토, 쥐	사 ②	늑
개, 고, 쥐	사, 토 ③	사, 늑, 토
사, 늑, 개, 고, 쥐	사, 늑 ④	토
사, 늑, 쥐	개, 고 ⑤	개, 고, 토
사, 늑, 개, 쥐	개 ⑥	고, 토
개, 쥐	사, 늑 ⑦	사, 늑, 고, 토
개, 고, 쥐	고 ⑧	사, 늑, 토
쥐	개, 고 ⑨	사, 늑, 개, 고, 토
사, 늑, 쥐	사, 늑 ⑩	개, 고, 토
늑	사, 쥐 ⑪	사, 개, 고, 토, 쥐
사, 늑	사 ⑫	개, 고, 토, 쥐
×	사, 늑 ⑬	사, 늑, 개, 고, 토, 쥐

이렇게 하여 총 13번 강을 건너면 여섯 모두 강 건너 편으로 갈 수 있다.

이제 강 건너기 연구를 모두 끝냈다. 이번 연구는 정말 정말 복잡하고 오래 걸렸다. 식인종 문제랑 나머지 문제를 해결하느라 연습장을 20장도 넘게 썼다. 그래도 해결하고 보니 방법을 좀 알 것 같다. (이거 푸느라 성대경시 공부를 거의 못해서 걱정이다.)

오늘의 수학일기를 마치겠다!

~~ 수학 END ~~ 끝!♡

물 용량 맞히기 전략을 탐구해 보세요. <탐구노트 예시>

2016년 10월 17일 월요일

오늘은 '아슬아슬 수학 소풍'을 한 번 더 읽고 수학일기를 써볼 것이다. 오늘 배운 내용은 합과 차를 이용한 문제들, 가족 관계를 따져보는 문제, 재미있는 논리 문제들, 그리고 물통을 이용하여 목표값을 만들어보는 것이다.

나는 그 중에서 목표값 만들기에 대한 연구를 할 것이다. 우선 4L와 11L의 물통을 사용하여 1L, 2L, 3L, 5L, 6L, 7L, 8L, 9L, 10L를 만들어보는 연구를 시작해 보겠다.

1) 1L 만들기

4L	11L
4	0
0	4
4	4
0	8
4	8
1	11
①	0

2) 2L 만들기

4L	11L
4	0
0	4
4	4
0	8
4	8
1	11
1	0

3) 3L 만들기

4L	11L
0	1
4	1
0	5
4	5
0	9
4	9
2	11
②	0

4L	11L
0	11
4	7
0	7
4	3
0	③

4) 5L 만들기

4L	11L
4	0
0	4
4	4
0	8
4	8
1	11
1	0

4L	11L
0	1
4	1
0	⑤

5) 6L 만들기

4L	11L
4	0
0	4
4	4
0	8
4	8
1	11
1	0
0	1
4	1
0	5
4	5
0	9
4	9
2	11
2	0

4L	11L
0	2
4	2
0	⑥

6) 7L 만들기

4L	11L
0	11
4	7
0	⑦

7) 8L 만들기

4L	11L
4	0
0	4
4	4
0	⑧

8) 9L 만들기

4L	11L
4	0
0	4
4	4
0	8
4	8
1	11
1	0
0	1
4	1
0	5
4	5
0	⑨

9) 10L 만들기

4L	11L
0	11
4	7
0	7
4	3
0	3
3	0
3	11
4	10
0	⑩

03 탐구주제 탈출 전략에 대해 탐구해 보세요. <탐구노트 예시>

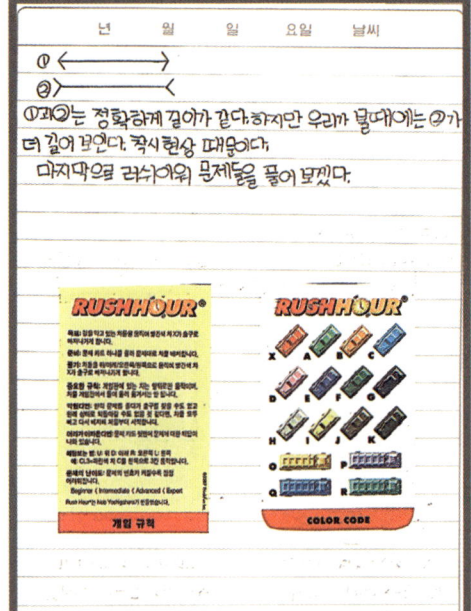

①과 ②는 정확하게 길이가 같다. 하지만 우리가 볼때에는 ②가 더 길어 보인다. 착시현상 때문이다.
마지막으로 러쉬아워 문제들을 풀어 보겠다.

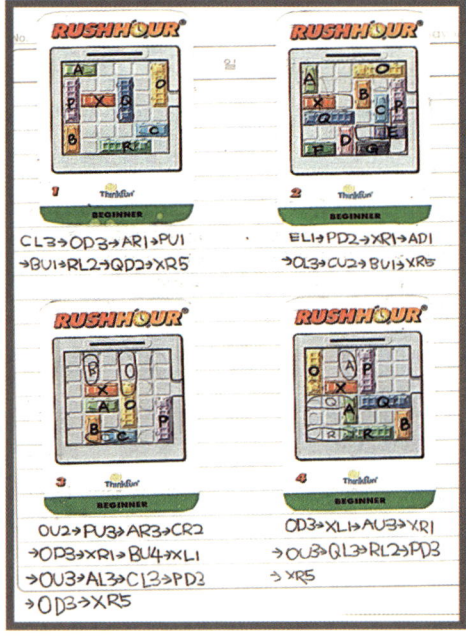

1. CL3→OD3→AR1→PU1 →BU1→RL2→QD2→XR5

2. EL1→PD2→XR1→AD1 →OL3→CU2→BU1→XR5

3. OU2→PU3→AR3→CR2 →OD3→XR1→BU4→XL1 →OU3→AL3→CL3→PD2 →OD3→XR5

4. OD3→XL1→AU3→XR1 →OU3→QL3→RL2→PD3 →XR5

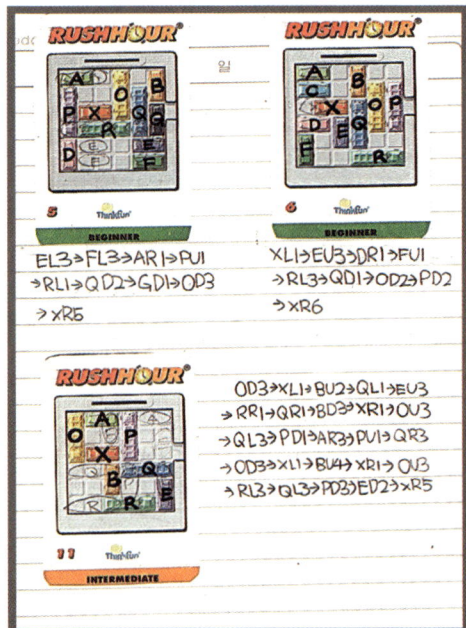

5. EL3→FL3→AR1→PU1 →RL1→QD2→GD1→OD3 →XR5

6. XL1→EU3→DR1→FU1 →RL3→QD1→OD2→PD2 →XR6

11. OD3→XL1→BU2→QL1→EU3 →RR1→QR1→BD3→XR1→OU3 →QL3→PD1→AR3→PU1→QR3 →OD3→XL1→BU4→XR1→OU3 →RL3→QL3→PD3→ED2→XR5

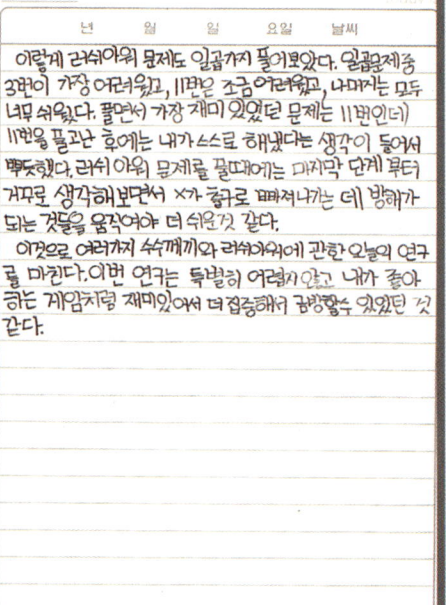

이렇게 러쉬아워 문제도 일곱까지 풀어보았다. 일곱문제중 3번이 가장 어려웠고, 11번은 조금 어려웠고, 나머지는 모두 너무 쉬웠다. 풀면서 가장 재미 있었던 문제는 11번인데 11번을 풀고난 후에는 내가 스스로 해냈다는 생각이 들어서 뿌듯했다. 러쉬아워 문제를 풀때에는 마지막 단계 부터 거꾸로 생각해보면서 X가 출구로 빠져나가는 데 방해가 되는 것을 움직여야 더 쉬운것 같다.
이것으로 여러가지 수수께끼와 러쉬아워에 관한 오늘의 연구를 마친다. 이번 연구는 특별히 어렵지 않고 내가 좋아 하는 게임처럼 재미있어서 더 집중해서 공부할수 있었던 것 같다.

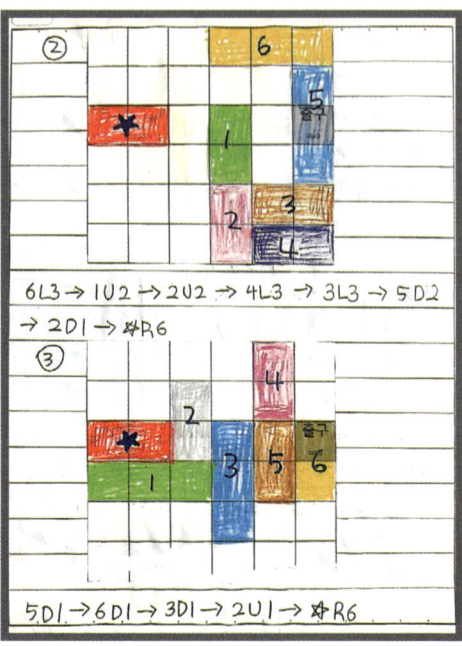

4. 4학년을 위한 수학동화 읽기와 탐구노트 쓰기

4·1
알쏭달쏭 알라딘은 단위가 헷갈려

- 수와 연산
- 도형
- 측정 ✓
- 자료와 가능성
- 규칙성

이 책을 통해 무게, 길이, 넓이, 각도, 들이 등 다섯 가지의 측정영역을 이야기로 접할 수 있습니다. 주인공 와리는 '알라딘', '벌거벗은 임금님', '어린 왕자', '판도라의 상자'의 주인공들에게 닥친 어려운 상황을 수학적 지식을 이용해 문제를 해결해 나갑니다. 알라딘의 마법양탄자를 만드는 과정을 통해 직사각형의 넓이를 배우고, 마녀로부터 판도라의 상자를 되찾는 과정을 통해 각도와 들이에 대해 배웁니다. 처음 단위를 접하는 아이들에게는 다소 이해하기 어려운 책이지만, 재미있는 이야기를 통해 실생활에서 사용되는 다양한 단위에 대해 알아볼 수 있으므로 큰 도움이 될 것입니다.

무게와 들이에 대해 탐구해 봅시다.

(1) 무게와 들이의 단위와 변환에 대해 정리해 봅시다.

(2) 우리 주변에서 쉽게 찾아볼 수 있는 무게와 들이의 예를 적어 봅시다.

(3) 무게와 들이의 차이점에 대해 정리해 봅시다.

(4) 생활 속에서 사용되는 여러 가지 무게의 단위에 대해 조사해

봅시다.

넓이에 대해 탐구해 봅시다.

(1) 단위넓이에 대해 정리해 봅시다.

(2) 도형의 넓이를 구할 수 있는 여러 가지 방법을 생각하고 직접 그림을 그리고 구해 봅시다.

예) 부분의 합으로 구하기, 전체에서 부분의 차를 이용해 구하기

(3) 단위넓이를 이용한 재미있는 그림을 그리고 그 그림의 전체 넓이를 구해 봅시다.

(4) 도형의 넓이를 구하며 알게 된 점에 대해 정리해 봅시다.

무게와 들이에 대해 탐구해 봅시다. <탐구노트 예시>

2016년 8월 22일 월요일

오늘은 새로운 책인 '알쏭달쏭 알라딘은 단위가 헷갈려'를 읽고 수학일기를 쓰려고 한다. 오늘 배운 내용은 무게를 나타내는 단위에 대한 것이다. 내가 이번에 연구할 주제는 무게와 무게의 단위 변환(다른 단위로 바꾸어 나타내는 것)에 대한 것이다. 지금부터 연구에 들어가겠다.

1. 무게
1) 무게를 나타내는 여러가지 단위

1g : 가로, 세로, 높이가 모두 1cm인 상자에 물을 가득 담았을 때 물의 무게
→ 일 그램 이라고 읽는다.

1kg : 가로, 세로, 높이가 모두 10cm인 상자에 물을 가득 담았을 때 물의 무게
→ 일 킬로그램 이라고 읽는다

1mg : 가로, 세로, 높이가 모두 1mm인 상자에 물을 가득 담았을 때 물의 무게
→ 일 밀리그램 이라고 읽는다
※ g보다 가벼운 무게를 잴때 쓴다.

2) 마트에 있는 여러가지 물건의 무게와 단위
① 매일 흰우유 오리지널 1000ml
② 국내산 청포도 1박스 2kg
③ 허벌에센스 샴푸&린스 각각 475ml
④ 아이 깨끗해 핸드워시 대용량 450ml
⑤ 스테인레스 휴지통 30L, 5L
⑥ 망고식스 아이스 망고 BAR 50g
⑦ 완도 전복 22-30미 1kg
⑧ 페리오 α 치약 170g
⑨ 제주 삼다수 2L, 500ml
⑩ 임금님표 이천쌀 10kg

⑪ 농심 신라면 120g X 5입 =600g
⑫ 풀무원 국산콩 두부 380g
⑬ 맥심 모카골드 커피믹스 12g X 250개 =3000g
⑭ 켈로그 스페셜K 시리얼 480g
⑮ 파래 김자반 65g
⑯ 복사용지 2500매 70g
⑰ 감자1봉 900g
⑱ CJ 동치미 물냉면 4인분 816g
⑲ 국내산 거봉 1박스 2kg
⑳ 암앤해머 베이킹 소다 1.5kg

3) 우리가 갖고있는 저울로 무게를 잴 수 없는 물건의 무게 어림해 보기

나는 우리집 거실의 책장무게를 (책들은 제외함) 어림해 보았다. 책장은 나무로 되어있고 가로 세로가 각각 35cm인 책장한칸이 72개 모여서 만들어 졌다. 책장한칸이 2kg 정도 될것 같아서 책장 전체의 무게는 72X2 =144 kg 정도 될것 같다.

2. 무게의 단위 변환
① 2kg = 2000g
② 50g = 0.05 kg
③ 170g = 0.17 kg
④ 10kg = 10000g
⑤ 3000g = 3kg
⑥ 65g = 65000 mg
⑦ 70g = 70000 mg
⑧ 900g = 0.9 kg
⑨ 816g = 0.816 kg
⑩ 1.5kg = 1500g

지금까지 무게의 단위에 대한 재미있는 연구를 해 보았다. 단위가 생활을 편리하게 해준다는 생각이 들었다. 왜냐하면 단위가 없으면 무게를 복잡하게 나타내야 하기 때문이다. 오늘의 수학일기를 마치겠다.
- THE END -

2016년 9월 5일 월요일

오늘은 '알쏭달쏭 알라딘은 단위가 헷갈려'를 마지막으로 읽고 수학일기를 쓰려고 한다. 이 책에서 마지막으로 배운 내용은 각도와 들이에 관한 것이다. 각에 대한 내용은 이미 옛날에 수학일기를 쓰며 연구했던 것이고, 들이에 대한 것은 새로이 배웠다.

그럼 이제부터 들이에 대한 연구를 시작해 보겠다. 들이란 그릇 안에 물을 가득 채웠을 때의 물의 양을 말한다. 즉 그릇의 안쪽 공간의 크기인 것이다. 들이를 비교할 때는 '많다 or 적다', 또는 '크다 or 작다'와 같은 표현을 사용한다.

※ 들이의 단위의 종류 → L (리터), mL
　　　　　　　　　　(밀리리터)

　　1 L = 1000 mL

※ 들이의 단위를 사용하는 예
1) 간장 1.8 L
2) 키즈쿨 (벌레 물린데 바르는 약) 50mL
3) 퐁크린 (변기 뚫는 약) 1.5 L
4) 다우니 세제 3.06 L
5) 유기농 이오 80mL
6) 하겐다즈 딸기 아이스크림 946mL
7) 엄마 스킨 (토너) 200mL
8) 내 세타필 로션 591mL
9) 점안액 (안약) 5mL
10) 초강력 액체 풀 65mL

※ 무게와 들이의 차이점
들이는 액체의 부피를 재기 위해 생긴 것이다. 고체의 부피는 그냥 구할 수 있지만 액체는 그릇에 담아야 부피를 구할수 있기 때문에 액체를 담는 그릇의 부피로 들이를 정한 것이다. 또한 무게는 지구가 물체를 끌어당기는 힘을 말한다. 예를 들어 부피가 같은 고무공과 쇠공이 있다면

무게는 고무공보다 쇠공이 훨씬 무거울 것이다. 그러므로 부피가 같다고 무게가 같은 것은 아니다. 마찬가지로 들이가 같다고 무게가 같은 것은 아니다. 들이와 무게는 비례하지 않는다. 그리고 들이는 눈으로 볼수 있지만 무게는 눈으로 봐서는 알수가 없다. 다시 말해서 많고 적은것은 눈으로 비교가 가능하지만 무겁고 가벼움은 눈으로 알수는 없다는 것이다.

이렇게 들이의 연구를 마치며 내가 달라진 점은 예전보다 마트에 있는 여러가지 물건들을 눈여겨 보게 되었다는 것이다. 들이와 무게 같은 것을 더 관심 갖고 살펴보게 되었다.

오늘의 연구를 끝내겠다.
　　　－The End－

(3) 신문, 동화책, 인터넷 등에서 다음의 무게 단위가 들어가는 예가 있는 이미지 또는 글을 찾은 후 나머지 3단위로 단위 변환하기

① mg ⇒

A.
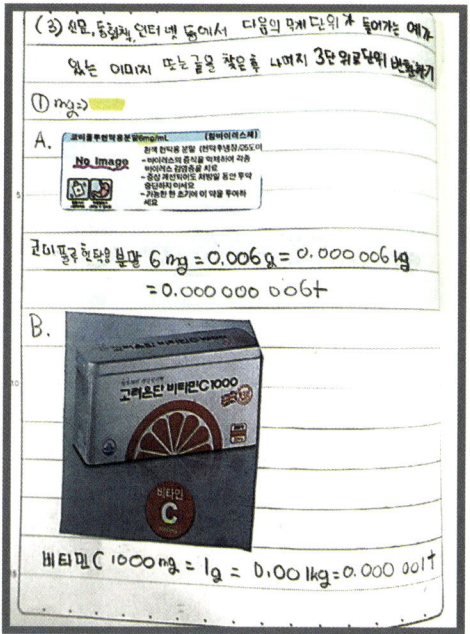

고비플루 현탁용 분말 $6\ mg = 0.006\ g = 0.000006\ kg$
$= 0.0000006\ t$

비타민C $1000\ mg = 1\ g = 0.001\ kg = 0.000001\ t$

B.
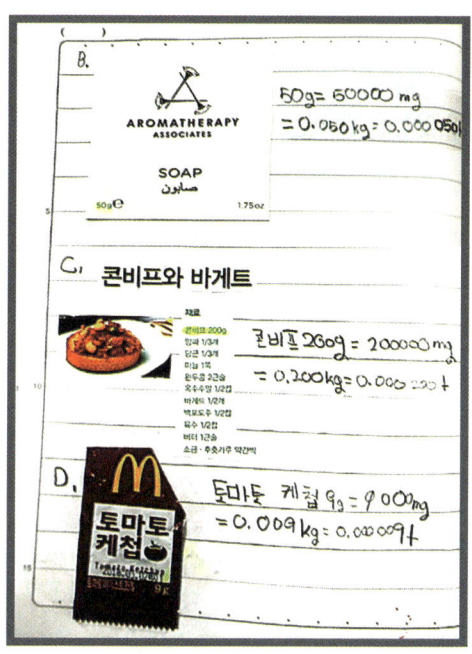

$50g = 50000\ mg$
$= 0.050\ kg = 0.00005\ t$

C. 콘비프와 바게트

콘비프 $200g = 200000\ mg$
$= 0.200\ kg = 0.0002\ t$

D. 토마토 케첩 $9g = 9000\ mg$
$= 0.009\ kg = 0.000009\ t$

E.
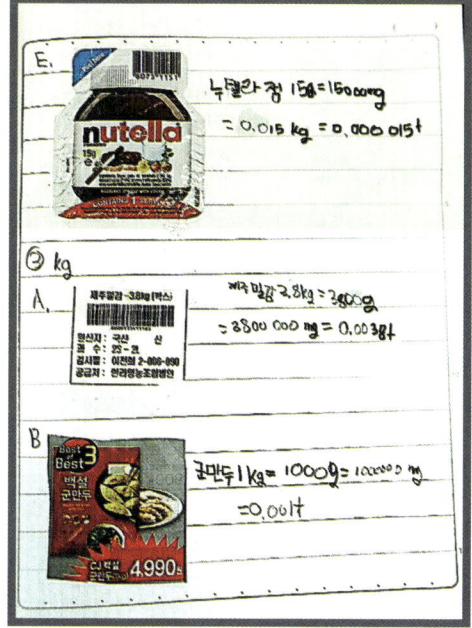

누텔라 잼 $15g = 15000\ mg$
$= 0.015\ kg = 0.000015\ t$

② kg

A. 제주밀감 $2.8\ kg = 2800\ g$
$= 2800000\ mg = 0.0028\ t$

B. 군만두 $1\ kg = 1000\ g = 1000000\ mg$
$= 0.001\ t$

①
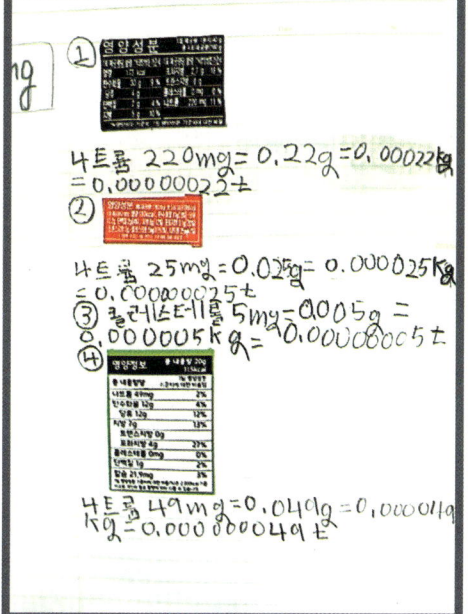

나트륨 $220\ mg = 0.22\ g = 0.00022\ kg$
$= 0.00000022\ t$

②
나트륨 $25\ mg = 0.025\ g = 0.000025\ kg$
$= 0.000000025\ t$

③ 콜레스테롤 $5\ mg = 0.005\ g =$
$0.000005\ kg = 0.0000000 5\ t$

④
나트륨 $49\ mg = 0.049\ g = 0.000049$
$kg = 0.0000000049\ t$

넓이에 대해 탐구해 봅시다. <탐구노트 예시>

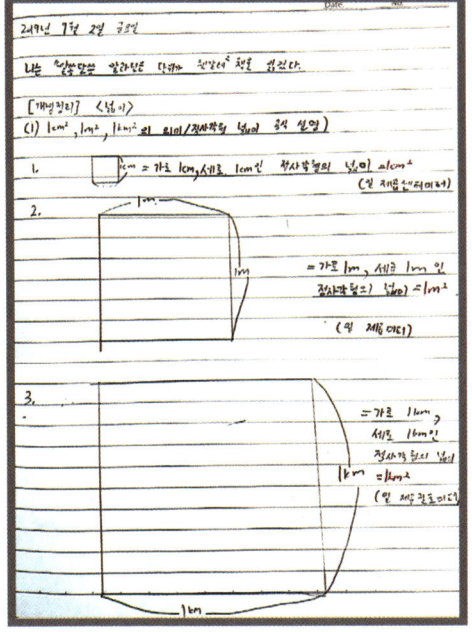
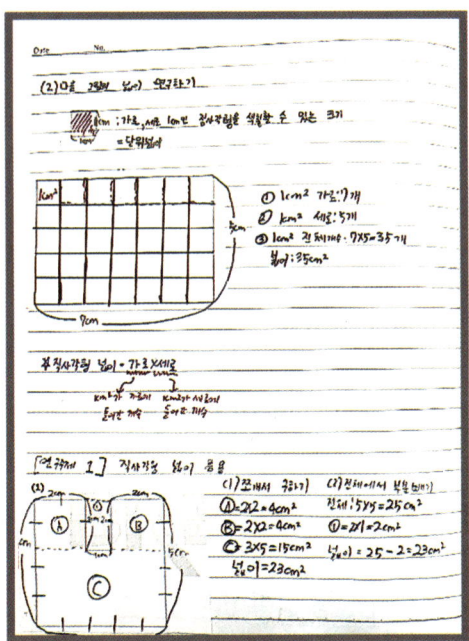
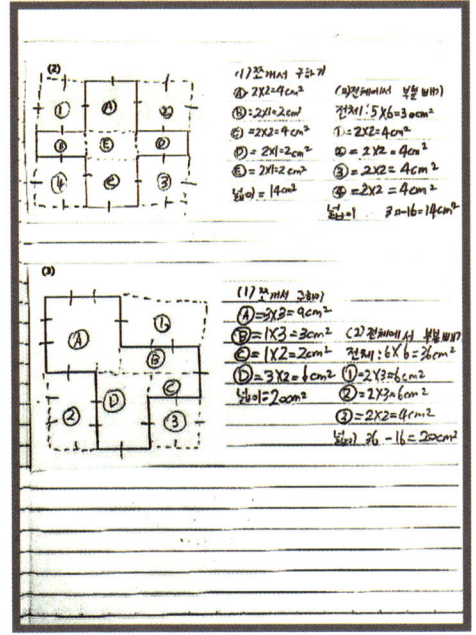
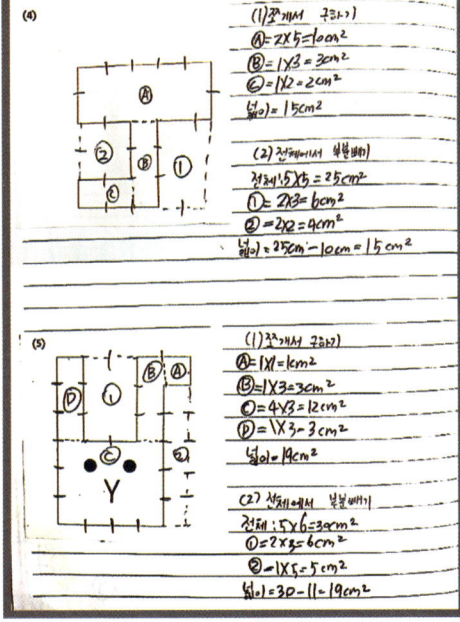

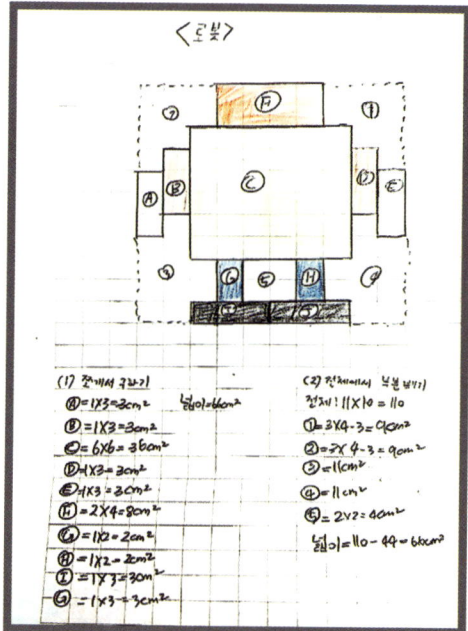

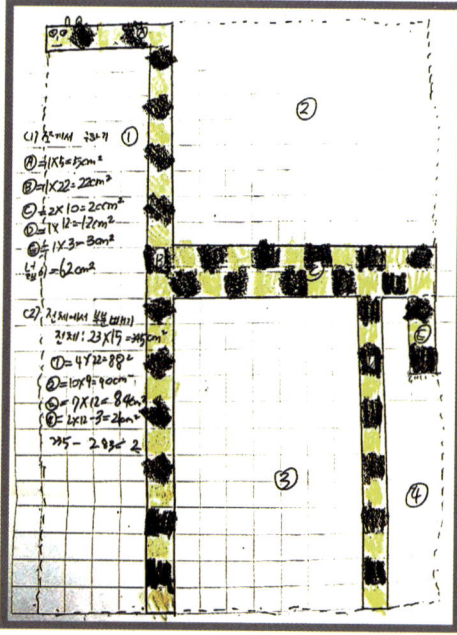

4·2
양말을 꿀꺽 삼켜버린 수학 1, 2

수와 연산 ✓
도형 ✓
측정 ✓
자료와 가능성 ✓
규칙성 ✓

수학이 어려운 창수와 수학을 잘하는 별이가 양말이 한 짝씩 없어지는 음모를 밝히고 문제를 해결하기 위해 지하 세계에 있는 거대한 양말 공장으로 모험을 떠나면서 겪는 이야기입니다. 많은 수학동화들이 그렇듯이 주인공 창수는 문제에 집중하고 미션들을 하나씩 해결하면서 재미와 흥미를 느끼고 수학 문제 푸는 것을 좋아하게 됩니다. 초등학교 3학년부터 5학년까지 읽을 수 있으며, 이 수학동화를 통해 교과의 어느 한 부분을 학습하는 데 그치지 않고 다양한 문제해결 전략을 배울 수 있습니다. 네이피어 곱셈법에 의한 곱셈구구, 분배법칙, 님게임, 이진법을 이용한 쿠키상자 만드는 방법, 정육면체 전개도, 좌표읽기, 지오보드에서의 넓이 등 재미있는 이야기를 읽을 수 있습니다. 각각의 이야기들이 문제해결 전략 문제집의 한 단원을 차지할 정도로 비중 있는 주제들을 다루고 있습니다. 이 책을 읽고 나서 제시되는 탐구주제를 탐구하는 것뿐만 아니라 시중에 있는 사고력 문제집, 보드게임 등을 활용해 다양한 학습을 할 수도 있습니다.

네이피어 곱셈법과 분배법칙에 대해 탐구해 봅시다.

(1) 네이피어 막대를 사용해 곱셈을 하는 원리와 방법을 설명해 보세요.

(2) 네이피어 막대를 사용해 여러 가지 곱셈 문제를 만들고 해결해 보세요.

(3) 분배법칙에 대해 설명하고, 분배법칙을 사용하면 그냥 곱셈을 하는 것보다 더 편리한 여러 가지 문제를 만들어 봅시다.

(4) 인도 베다수학 중에 '십의 자리수가 같고 일의 자리수의 합의 10인 두 수의 곱은 십의 자리수×(십의 자리수+1)×100+일의 자리 수의 곱'인 식이 있습니다. 이 식이 왜 성립하는지 분배법칙을 이용해 증명해 봅시다.

합의 법칙에 대해 탐구해 봅시다.

(1) 책 속의 100수표를 이용해 여러 가지 사각형을 그리고 그 안의 수들의 합을 구해 봅시다.

(2) a에서 b까지 1씩 커지는 수들의 합을 구하는 방법에 대해 탐구해 보세요.

(3) a에서 b까지 c씩 커지는 수들의 합을 구하는 방법에 대해 탐구해 보세요.

01 탐구주제 네이피어 곱셈법과 분배법칙에 대해 탐구해 봅시다.
<탐구노트 예시>

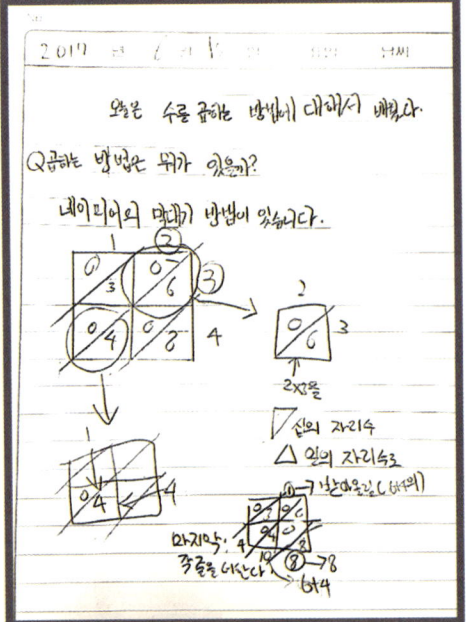

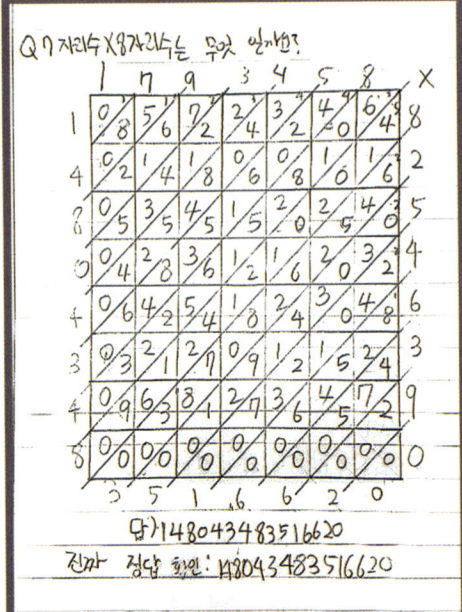

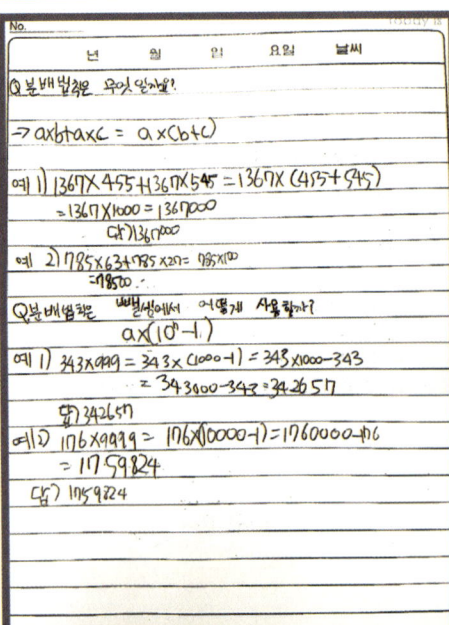

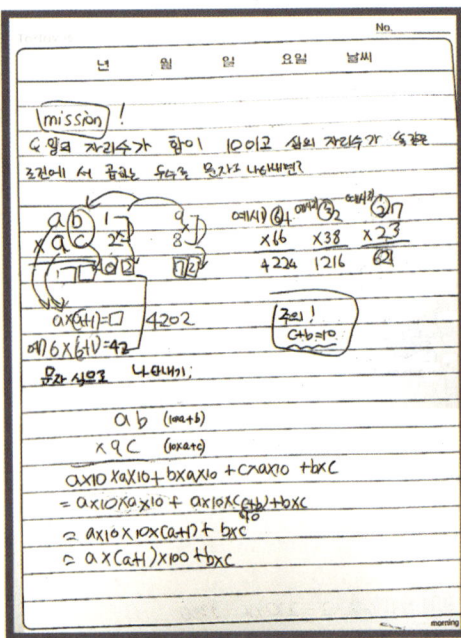

02 탐구주제: 합의 법칙에 대해 탐구해 봅시다. <탐구노트 예시>

1. 합의 규칙에 대한 연구

1) 개수를 세는 원리

① a에서 b까지 1씩 커지는 수

ex) 3에서 8까지 1씩 커지는 수

3, 4, 5, 6, 7, 8은 1부터 8까지의 연속된 자연수에서 1과 2가 빠진다. 1부터 8까지는 8개, 1과 2는 2개, 그러므로 $8-(3-1) = 8-3+1$ → $\boxed{b-a+1}$

② a에서 b까지 c씩 커지는 수

ex) 3에서 15까지 2씩 커지는 수

3, 5, 7, 9, 11, 13, 15

두번째수인 5 앞에는 4, 7 앞에는 6, ⋯ 15 앞에는 14, 각 개의 수가 빠져 있다.

5부터 15까지 2씩 커지는 수의 개수 = $(15-3) \div 2$

여기에 3을 더해야 하므로 $(15-3) \div 2 + 1 = \boxed{(b-a) \div c + 1}$

2) 합의 원리

※ a에서 b까지 c씩 커지는 수들의 합

ex) 2에서 62까지 3씩 커지는 수들의 합

$2+5+8+\cdots+56+59+62$

앞에서 구한 것처럼 수들의 개수는 $(62-2) \div 3 + 1 = 21$ 이다.

가우스의 합에 의해 $2+62 = 5+59 = 8+56 = \cdots$ 이다.

그러므로 수들의 합은 $(2+62) \times 21 \div 2$

$= \boxed{(a+b) \times \{(b-a) \div c + 1\} \div 2}$

3) 예제 만들어 풀기

① 23부터 195까지 4씩 커지는 수들의 개수

$(195-23) \div 4 + 1$

$= 172 \div 4 + 1$

$= 43 + 1$

$= 44$ 답) 44개

② 3부터 66까지 7씩 커지는 수들의 합

$(3+66) \times \{(66-3) \div 7 + 1\} \div 2$

$= 69 \times (63 \div 7 + 1) \div 2$

$= 69 \times 9 \div 2 \div 2$...

$= 704 \times 91 \div 2$

$= 704 \times (100-9) \div 2$

$= (70400 - 6336) \div 2$

$= 64064 \div 2$

$= 32032$ 답) 32032

③ 45부터 495까지 10씩 커지는 수들의 합

$(45+495) \times \{(495-45) \div 10 + 1\} \div 2$

$= 540 \times (450 \div 10 + 1) \div 2$

$= 540 \times 46 \div 2$

$= 12420$ 답) 12420

2. 삼각형의 넓이에 대한 논리적 설명

1)

$a = b$, $c = d$ 이므로 삼각형의 넓이 = 직사각형의 넓이 $\times \frac{1}{2}$

4·3
리틀 수학 천재가 꼭 알아야 할 수학이야기

- 수와 연산 ✓
- 도형 ✓
- 측정 ✓
- 자료와 가능성 ✓
- 규칙성 ✓

25개의 짧은 이야기로 구성된 이 책은 아이들을 위해 대화하듯이 쉽게 쓰여졌는데, 초등수학 전반에 걸친 문제해결 전략뿐만 아니라 중학수학에서 배우는 깊이 있는 내용까지 포함하고 있습니다. 수의 기원부터 기수법, 피보나치수열, 형상수, 무한, 축구공 속 수학, 수학마술, 거듭제곱, 닮음을 이용해 피라미드 높이 재기, 시간 맞히기, 뫼비우스 띠 등의 내용을 배울 수 있습니다. 이야기 하나하나마다 책의 내용을 보다 깊이 연구할 수 있는 주제들이 많아 책을 읽고 수학주제탐구를 하기에 적합한 책입니다.

01 탐구주제

마법카드의 규칙에 대해 알아봅시다.

(1) 기수법에 대해 정리하고 10진법이 왜 편리한지 정리해 봅시다.

(2) 1~100까지의 수로 2진법의 마법카드를 만드는 과정을 자세히 적으며 만들어 봅시다.

➡ 카드를 만든 후, 주위 사람들에게 보여 줄 카드도 만들어 봅시다.

(3) 2진법의 마법카드 만들기에 성공했다면 3진법의 마법카드를

만들어 봅시다.

임의의 분수를 단위분수의 합으로 나타내는 방법에 대해 탐구해 봅시다.

(1) 동치분수는 크기가 같은 분수입니다. 동치분수를 계속 찾아서 처음수의 분모보다 1이 큰 분자를 가진 동치분수를 찾아 두 개의 단위분수의 합으로 나타내 보세요.

(2) 분모의 약수의 합이 분자인 경우를 찾아 여러 개의 단위분수의 합으로 나타내 보세요.

(3) 단위분수의 차에 대한 피보나치의 공식인
$\dfrac{1}{a} - \dfrac{1}{a+1} = \dfrac{1}{a \times (a+1)}$ 이 성립함을 탐구해 보세요.

01 탐구주제 — 마법카드의 규칙에 대해 알아봅시다. <탐구노트 예시>

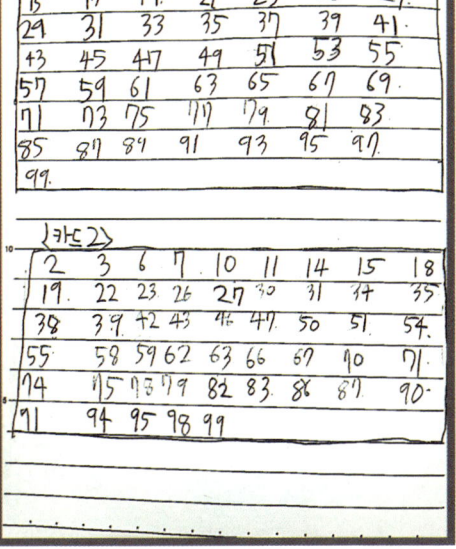

〈카드 3〉

4	5	6	7	12	13
14	15	20	21	22	23
28	29	30	31	36	37
38	39	44	45	46	47
52	53	54	55	60	61
62	63	68	69	70	71
76	77	78	79	84	85
86	87	92	93	94	95
100					

〈카드 4〉

8	9	10	11	12	13	14
15	24	25	26	27	28	29
30	31	40	41	42	43	44
45	46	47	56	57	58	59
60	61	62	63	72	73	74
75	76	77	78	79	88	89
90	91	92	93	94	95	

〈카드 5〉

16	17	18	19	20	21	22
23	24	25	26	27	28	29
30	31	48	49	50	51	52
53	54	55	56	57	58	59
60	61	62	63	80	81	82
83	84	85	86	87	88	89
90	91	92	93	94	95	

〈카드 6〉

32	33	34	35	36
37	38	39	40	41
42	43	44	45	46
47	48	49	50	51
52	53	54	55	56
57	58	59	60	61
62	63	96	97	98
99	100			

〈카드 7〉

64	65	66	67	68
69	70	71	72	73
74	75	76	77	78
79	80	81	82	83
84	85	86	87	88
89	90	91	92	93
94	95	96	97	98
99	100			

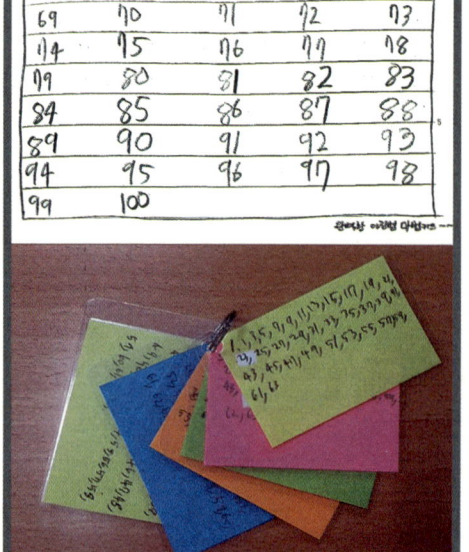

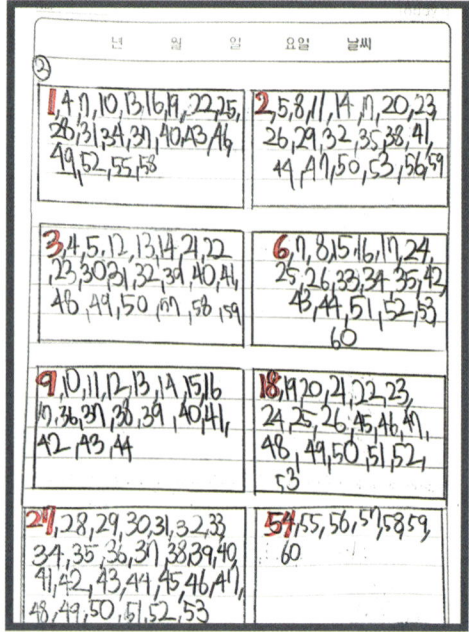

 **임의의 분수를 단위분수의 합으로 나타내는 방법에 대해 탐구해 봅시다. <탐구노트 예시>**

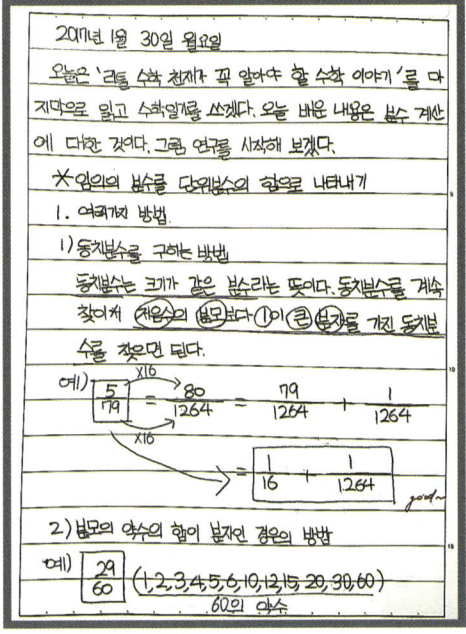
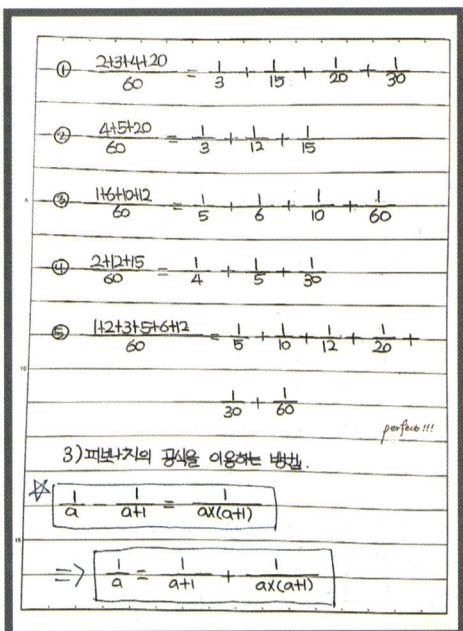
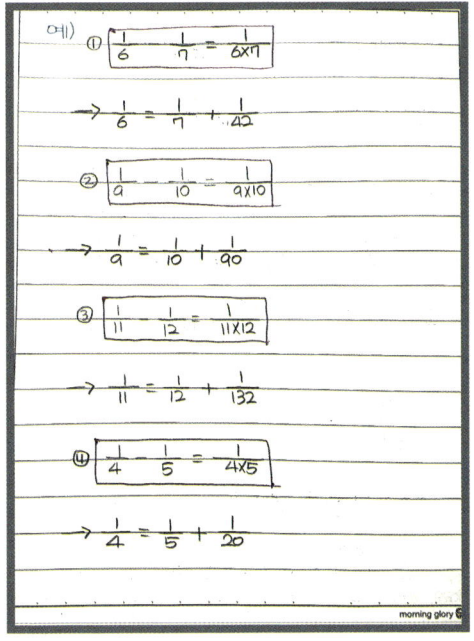
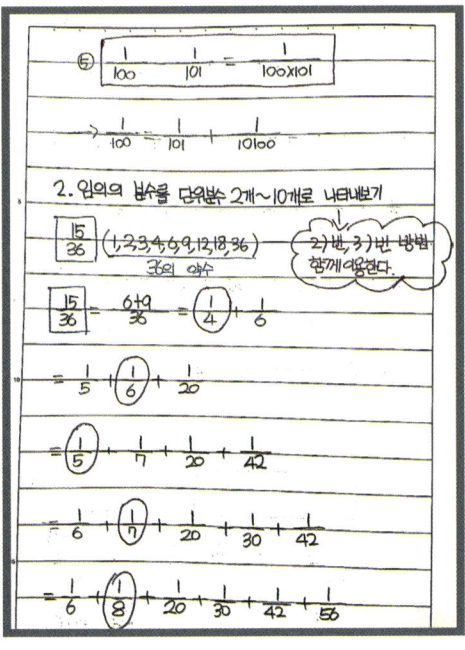

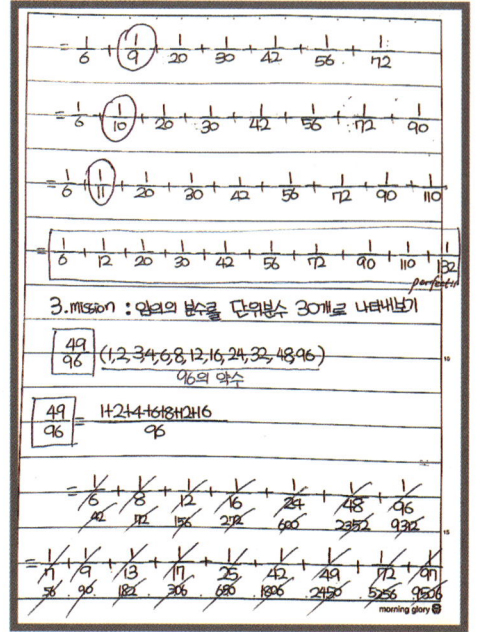
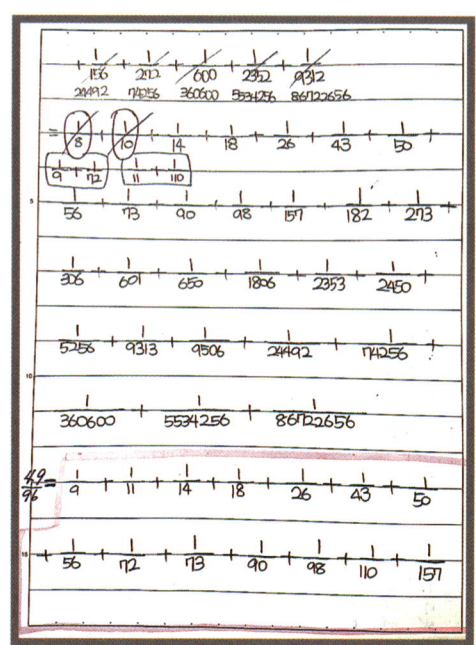
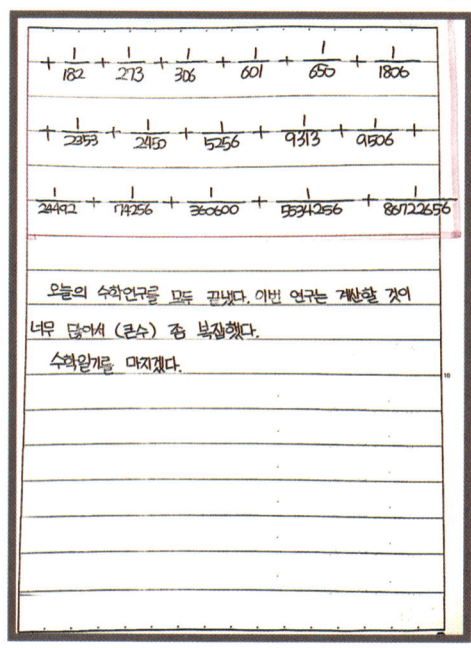

4·4
세상 밖으로 날아간 수학

이 책은 5가지 수학이야기로 구성되어 있습니다. '십진법 계산판을 만든 유목민', '땅의 넓이를 계산한 벽돌공', '원주와 원의 면적을 잰 건축가', '비례를 발견해 누이동생을 구한 소년', '승부의 확률을 생각한 주사위 꾼' 등 한 편의 소설처럼 재미있게 읽히는 각각의 이야기들을 담았습니다. 이 이야기들을 통해 아라비아숫자의 기원, 직사각형의 넓이, 원주율, 비례, 확률의 수학적 내용을 배울 수 있습니다. 또한 각각의 이야기는 실제로 아이들과 실험을 통해 탐구보고서를 작성하는 데 도움이 되도록 구체적으로 설명하고 있습니다.

01 탐구주제
원주율에 대해 탐구해 봅시다.

(1) 요삭의 원주율 계산법에 대해 탐구해 봅시다.

① 우수리를 이용한 원주율 계산법을 직접 실험해 보고, 그 과정을 설명하며 원주율을 구해 봅시다.

② 한 변의 길이가 4cm인 정사각형 4개를 이용해 원의 넓이를 구하는 실험을 직접 해보고, 그 과정을 설명하며 원의 넓이를 구

해 봅시다.

공정한 분배에 대해 탐구해 봅시다.

(1) 공정한 분배를 하기 위해서는 먼저 경우의 수와 비례배분에 대해 알아야 합니다. 경우의 수와 확률의 뜻을 적고, 우리 주변에서 확률을 이용하는 경우를 찾아봅시다.

(2) 비례배분에 대해 알아보고 비례배분을 이용해 친구들끼리 돈을 나누어 봅시다.

01 탐구주제 : 원주율에 대해 탐구해 봅시다.

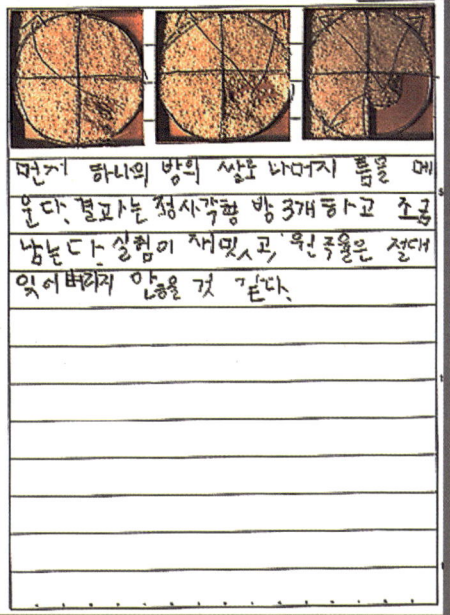

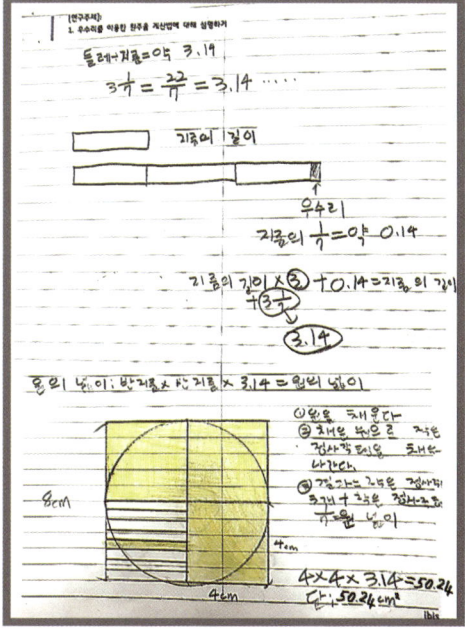

공정한 분배에 대해 탐구해 봅시다. <탐구노트 예시>

①-1 2018년 2월 12일

책제목: [세상 밖으로 날아간 수학]

난 오늘 경우의 수와 확률 등 많은것을 배웠다.
너무 즐거웠다. 이제 일기를 쓰도록 하겠다.

②-1

<경우의 수>

① 주사위를 던졌을때, 나오는 경우의 수
 ↳ 1, 2, 3, 4, 5, 6 (6가지)

② 상의와 하의를 고르는 경우의 수
 ↳ (6가지)

<확률>

① 주사위를 던졌을때 6이 나올 확률
 ↳ $\frac{1}{6}$

② 가위·바위·보를 해서 A가 바위로 이길확률
  A   B
 가위 검지   ↳ $\frac{1}{9}$
 바위 보
 보   가위

②-2

1. 동전 앞면이 나올 확률
 ↳ $\frac{1}{2}$

2. 쪽수 홀수가 나올 확률
 ↳ $\frac{1}{2}$ = $\frac{1}{2}$

3. 내가 4학년 2반일 월 확률 (4 반까지 있음)
 ↳ $\frac{1}{4}$

4. 엄마 뱃속에서 남자/여자 가 나올 확률
 ↳ $\frac{1}{2}$

5. 윷놀이 할때 '개'가 나올 확률
 ↳ $\frac{1}{4}$

6. 저금통에 500원 짜리 동전 3개, 100원짜리 2개, 50원 짜리 5개, 10원 짜리 동전이 4개가 있다. 그때 500원 짜리 동전을 꺼낼 확률
 ↳ $\frac{3}{14}$

7. 일주일의 화요일일 확률
 ↳ $\frac{1}{7}$

8. 가위·바위·보 를 했을때, A가 가위로 이길 확률
 ↳ $\frac{1}{9}$

9. 바구니에 빨간 구슬, 노란 구슬, 파란 구슬이 있을 때 (모두 한개씩) 빨간 구슬을 꺼낼 확률 → $\frac{1}{3}$

10. 화단에 코스모스가 분홍 14송이, 빨강 25송이 하얀색이 30송이 피었다. 그때 분홍색일 확률
 ↳ $\frac{14}{69}$

②-3

비례배분이란?
 ↳ 전체를 주어진 비로 배분하는것.

②-4

1. 나와 내 사촌동생은 용돈으로 5000원을 받았다. 나와 동생이 2:3 으로 나눠 가지면 각각 얼마씩?
 ↳ 5000÷5 = 1000,
   나 : 1000×2 = 2000 (원)
   동생 : 1000×3 = 3000 (원)

2. 나와 민서가 돈을 모아 떡볶이를 사고 거스름돈을 받았다. 거스름돈 6000원을 1:3:3 으로 나눠 가지면 각각 얼마씩?
 ↳ 6000÷6 : 1000
   나 : 1000×3 = 3000 (원)
   민서 : 1000×3 = 3000 (원)

3. 나하고 채원이가 책을 사러 각각 돈을 가져와서 모두 총 2000원이 됐다. 그때 우리가 3:2 로 돈을 나누어서 책을 사려고 하면 각각 얼마야?
 ↳ 2000÷5 = 4000
   나 : 4000×3 = 1200 (원)
   채원 : 4000×2 = 8000 (원)

4. 나, 내 사촌언니와 함께 영화를 보려고 돈을 모았다. 거스름돈이 1000원이 왔는데 그걸 2:3 으로 나누려고 한다. 각각 얼마씩?
 ↳ 1000÷5 = 200,
   나 : 200×2 = 400 (원)
   언니 : 200×3 = 600 (원)

5. 브레와 노스는 추석때 세뱃돈 30000원 을 받았는데 둘이 2:4로 나누려고 하면 각각 얼마씩?
 ↳ 30000÷6 = 5000
   브레 : 5000×2 = 10000 (원)
   노스 : 5000×4 = 20000 (원)

4·5 피타고라스 구출작전

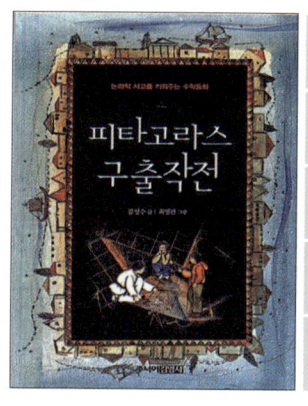

수와 연산 ✓
도형 ✓
측정 ✓
자료와 가능성
규칙성

이 책의 지은이는 머리말에서 '수학이 주는 가장 소중한 선물은 생각하는 힘'이라고 말합니다. 이 책의 주인공 혜지, 세민, 주철이는 모든 문제를 생각하는 과정을 통해 해결합니다. 이 책은 아이들이 타임머신을 타고 고대 그리스로 날아가 위험에 빠진 피타고라스를 돕기 위해 여러 가지 문제를 해결하는 과정을 이야기하고 있습니다. 이를 통해 수학적 역량을 키울 수 있습니다. 이 책은 수학자 피타고라스에 대해서도 소개하고 있으니 수학의 역사도 접할 수 있습니다. 교과서의 어느 한 부분을 다루기보다는 수학 전반에 걸친 문제해결 능력을 키우는 주제로 구성되어 있습니다. 무게가 다른 구슬 하나를 찾기 위한 양팔저울의 최소 사용횟수, 피타고라스 정리, 평면분할, 마방진, 착시, 점판 위에서의 정사각형의 개수, 배수판별법 등을 배울 수 있습니다.

무게가 다른 하나의 구슬을 찾기 위한 양팔저울의 최소 사용횟수에 대해 탐구해 봅시다.

(1) 구슬이 2개인 경우부터 구슬의 개수를 하나씩 늘리며 어떻게 하면 저울을 최소로 사용하며 구할 수 있을지 생각해 봅시다.

(2) 규칙을 찾아봅시다.

(3) 많은 개수의 구슬들과 섞여 있는 무게가 다른 구슬을 찾기 위한 양팔저울의 사용횟수를 직접 나열하지 말고 구해 봅시다.

배수판별법에 대해 탐구해 봅시다.

(1) 한 자리 자연수의 배수판별법에 대해 조사해 봅시다.

(2) 4와 8의 배수판별법을 증명해 보세요.

 **무게가 다른 하나의 구슬을 찾기 위한 양팔저울의 최소 사용횟수에 대해 탐구해 봅시다. <탐구노트 예시>**

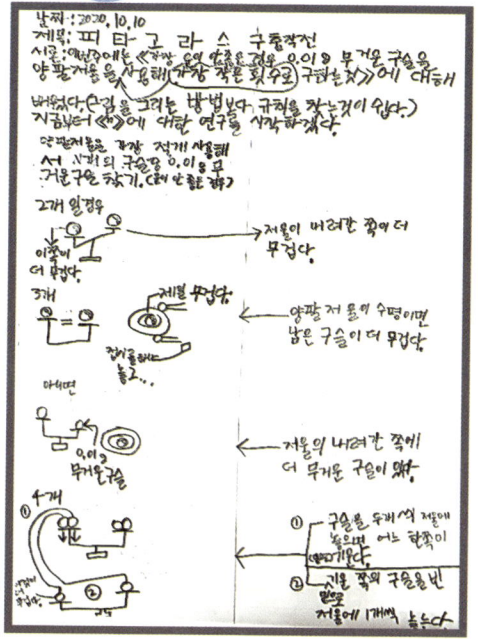

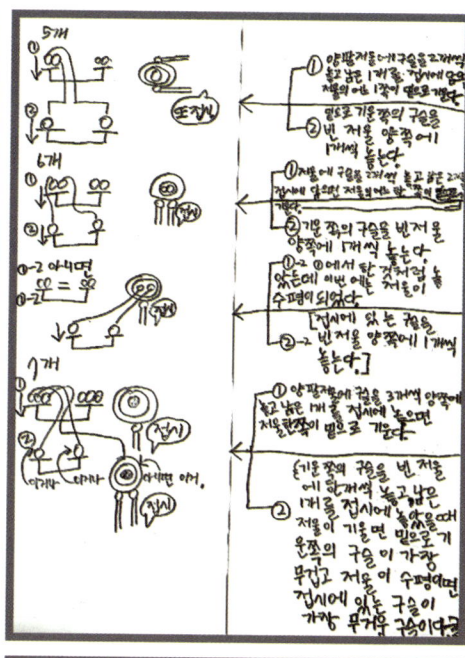

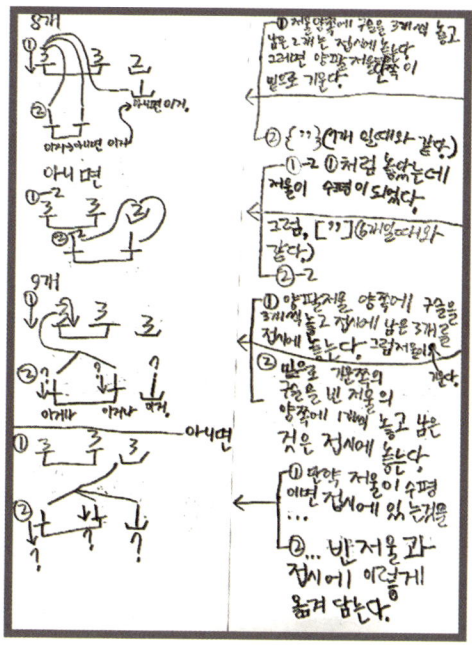

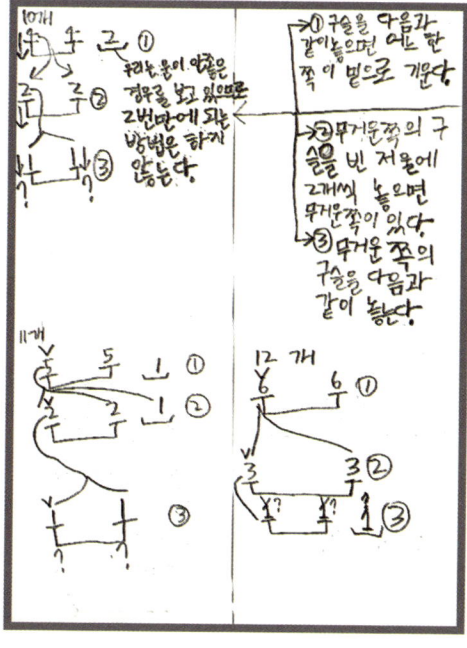

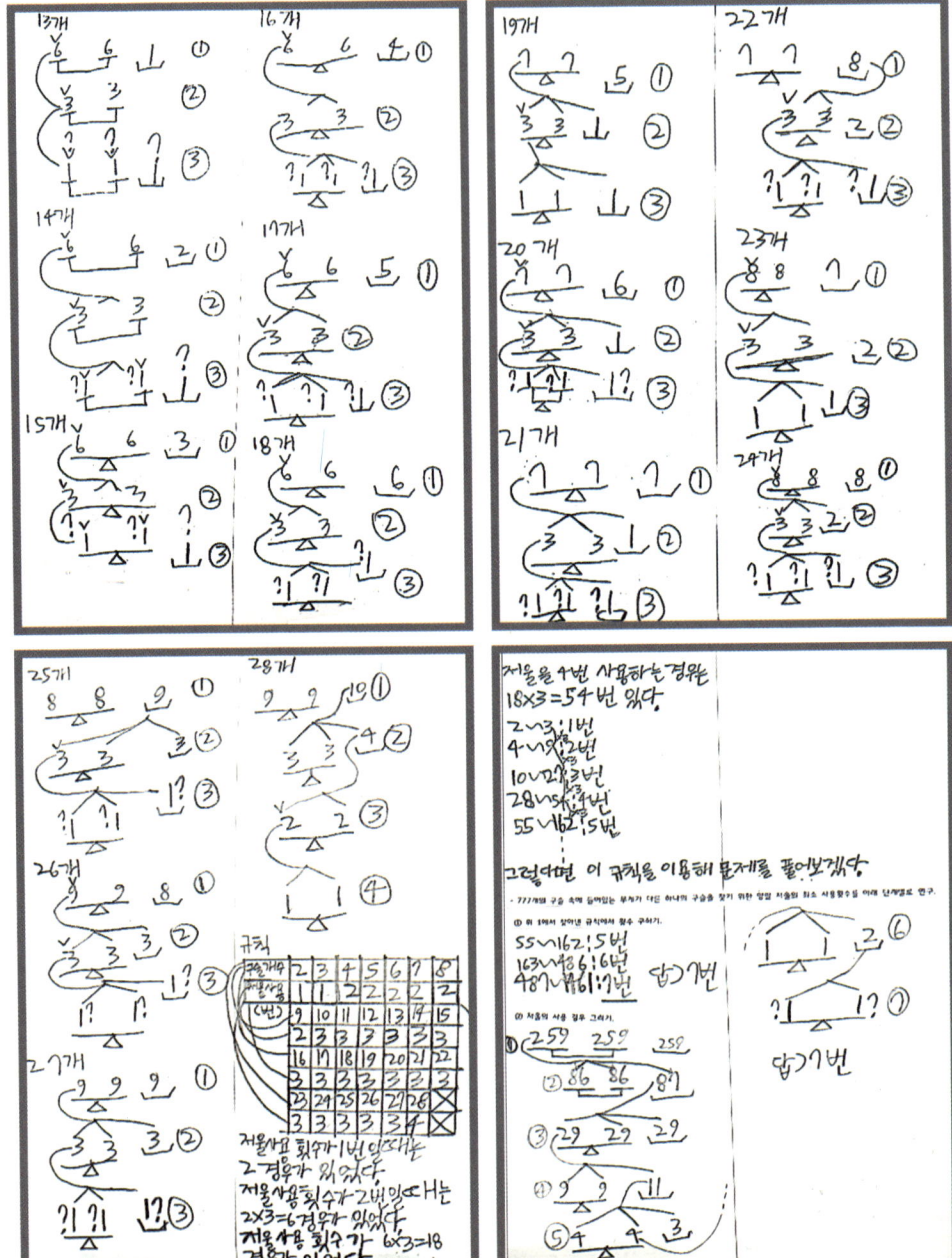

탐구주제 02: 배수판별법에 대해 탐구해 봅시다. <탐구노트 예시>

■ 5. 5학년을 위한 수학동화 읽기와 탐구노트 쓰기 ■

5·1
피타고라스가 만든 규칙 찾기

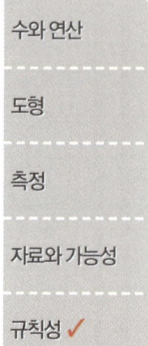

인류가 자연에 적응해 가는 과정에서 반복되는 자연의 현상을 관찰하면서 규칙을 발견하게 된 역사적 배경을 소개하고, 수와 도형에 대한 규칙을 발견한 피타고라스학파에 대한 이야기를 재미있게 설명한 책입니다.

또 수의 배열, 모양의 배열, 교점과 영역, 도형의 개수, 달력, 바둑알 게임, 생활 주변에서 발견할 수 있는 수학의 원리를 통해 일정한 규칙을 찾을 수 있도록 자세하게 설명하고 있습니다. 규칙성 찾기 전략을 공부함으로써 문제해결 능력을 기를 수 있도록 다양하게 구성했습니다.

연산의 규칙을 찾아봅시다.

111…1×111…1의 값은 아래와 같이 1이 1개일 때부터 9개까지 간단한 규칙성을 갖고 있습니다.

1×1=1

11×11=121

111×111=12321

1111×1111=1234321

...

111111111×111111111=12345678987654321

하지만 1의 개수가 10개가 넘어가면 이 규칙이 맞지 않게 됩니다. 그렇지만 이때부터 다시 새로운 규칙을 발견할 수 있습니다.

(1) 1의 개수가 10개보다 많을 때 몇 개의 값을 계산하고 새로운 규칙을 찾아보세요.

(2) 1의 개수가 20개일 때부터 규칙으로 찾은 값과 계산으로 찾은 값을 비교해 보세요.

(3) 새로 찾은 규칙이 다시 맞지 않는 경우가 있는지 생각해 보세요.

교점과 영역 개수의 규칙을 찾고 문제를 만들어 봅시다.

여러 개의 직선을 그리거나 원을 그리면 교점이 생기고 영역이 생깁니다.

(1) 직선의 개수에 따라 만들어지는 교점의 최대 개수, 영역의 최대 개수의 규칙을 찾아보세요. 또, 규칙을 찾았다면 직선의 개수가 많을 때 교점과 영역의 개수를 구하는 문제를 만들고 해결해 보세요.

(2) 마찬가지로 원을 그릴 때 만들어지는 교점의 최대 개수, 영역의 최대 개수의 규칙을 찾고, 교점과 영역의 개수를 구하는 문제를 만들고 해결해 보세요.

달력규칙으로 내 생일 요일을 계산으로 찾아봅시다.

달력은 일주일, 한 달, 일 년 등을 기준으로 여러 가지 규칙을 찾을 수 있습니다. 이는 7일을 주기로 요일이 반복되기 때문입니다.

따라서 7일 후의 요일은 현재와 같고 30일 후의 요일은 30을 7로 나눈 2일 후의 요일과 같습니다. 31일의 요일은 3일 후의 요일과 같고 365일 후의 요일은 1일 후의 요일과 같습니다. 또 윤년에는 2월 29일이 있기 때문에 일년이 366일이고 366일 후의 요일은 2일 후의 요일과 같습니다.

이 규칙을 이용해 내가 20살, 30살, 40살일 때의 생일 요일을 찾아보세요. 그리고 달력을 찾아서 생일 요일이 맞는지 확인해 보세요.

연산의 규칙을 찾아봅시다. <탐구노트 예시>

2020년 12월 22일 화요일
오늘 여러가지 규칙에 대해 배웠다. 연산에 대한 것과 교집합 영역의 개수와 규칙으로 도형 개수 세계에 대해 배웠다. 먼저 연산에 대한 것은 이런 것이다.
만약에 $1111 1111^2$를 구한다고 한다. 그러면 쉬운 것부터 시작해보면서 규칙을 찾는 것이다.
- $1^2 = 1 \times 1 = 1$ ← 1이 1개 일때
- $11^2 = 11 \times 11 = 121$ ← 1이 2개 일때
- $111^2 = 111 \times 111 = 12321$ ← 1이 3개 일때

여기까지 해보니 규칙을 알 수 있을 것이다. 바로 규칙은 이것이다.
1부터 시작해서 1의 개수만큼 커지고 1까지 작아진다. 그러면 1111^2도 예상 할 수 있을 것이다.
1이 4개이니 1부터 4까지 쓰고 3에서 1까지 쓰면 될 것 같다. 이렇게 예상하는 것이 가설 이라고 배웠다. 가설 할때 '가'가 '가짜' 할때 '가'

라고 배웠다. 1111^2를 예상한 값은 1234321이다. 그러면 예상 한 것을 계산기로 확인해 봐야한다. 확인해 보았더니 맞았다. 이 규칙을 아니 11111111^2도 알 수 있을 것이다. 내 예상에는 이럴 것 같다.
123456789 87654321 ← 예상한 값
예상을 했으니 계산기로 확인해 보아야 한다. 확인해 보니 맞았다. 규칙을 다시 한번 정리하면 이거다. 1부터 시작해서 1의 개수까지 적고 1의 개수보다 1 작은 수부터 시작해 1까지 라는 것이다.
또 다른 예는 이런 것이다.
- $1 \times 8 + 1 = 9$ ← 여기까지는 규칙을 아직 모르겠다.
- $12 \times 8 + 2 = 98$ ← 여기까지도 규칙을 모르겠다.
- $123 \times 8 + 3 = 987$ ← 규칙을 알 것 같다.

규칙은 이것이다.
처음에는 9. 그다음은 9보다 1작은 수인 8. 그다음은 8보다 1작은 수인 7이다. 그러니 연속되는 수다. 그래서 $12345 \times 8 + 5 = 98765$ 이다.

<연구주제 1>
귀납추론은 일일이 다 해보는 것이고 답을 바로 알아내는 것이다. 연역 추론은 어려워서 천재들만 할 수 있다. 예를 들어 가우스 말이다. 그러니 귀납추론과 연역 추론의 차이는 귀납추론은 일일이 다 하는 것이고 연역 추론은 한번에 알아 맞힌다는 것이다.

<연구주제 2>
1111 × 1111 같은 연산 문제는 쉬운 것부터 시작해 보는 것이다. 그러면 규칙이 나온다. 그것은 1부터 시작해 자리수까지 적고 다시 1까지 적는다. 예를 들면 이런 것이다. 여기까지 커졌다가 1까지
$111 \times 111 = 12321$ 작아진다
(3개)
그런데 이 규칙은 금방 깨진다 왜냐하면 1이 10개 일때는 받아올림이 되기 때문이다. 그래서 그런 것의 규칙에 대한 연구하는 게 숙제다.

먼저 1이 10개 일 때 이렇게 된다.
$1111111111 \times 1111111111 = 1234567900987654321$
받아올림 때문에
그리고 1이 11개일때는 이렇게 된다.
$11111111111 \times 11111111111 = 123456790120987654321$
받아올림 때문에
아직까지는 규칙을 모르겠으니 또 해보아야 한다.
$111111111111 \times 111111111111 = 123456790123209876543 21$
이 12개   받아올림 때문에
이제 규칙을 알 것 같다.
90 그다음 123 같이 연속수를 적고 연속수 끝에 있는 수보다 1작은 수를 적고 또 그수에 1작은 수를 쓴다. 그것을 반복하고 2가 되면 1을 쓰지 말고 0을 쓴다 이런거다.
0123 2 0 이런 규칙을 확인해 봐야 한다.
바로 0 이 13개 일 때는 예상해 볼 것이다. 이럴 것 같다. 1234567 90 1234320 9876 21

123456789×7+9=864(197532)

규칙을 알 것 같다. 19는 똑같고 그 전 연산에서 나온 값 중 연속 수가 있는 곳에 앞부분을 적고 그다음 전 것의 연속가 있는 부분의 다음의 연속수를 쓴다. 만약에 전 값이 197654라면 다음 값은 1975322일 것의 54(3), 32, 1개의   것이다.

<연구주제 2> (아까 전 다 못했던 것)
이번에는 1이 20개일 때를 해볼 것이다.
|||||||||||||||||||| ^2 = (1234567901234 567901234,320 987654,320, 987654321

이번에는 1이 21개일 때를 할 것이다.
||||||||||||||||||||| ^2 = (1234567 9012345 67 9012 320 987654, 320 987 65 4321

아직도 규칙을 모르겠으니 계속 해 보아야겠다.
|||||||||||||||||||||||^2 = (1234567901234567901234) 1이 22개 일때   987654329876 54321

1이 23개 일 때
||||||||||||||||||||||||^2=(1234567901234567901234543,20, 9876543209876 54321
괄호 안에 있는 숫자를 정리하면 이렇게 된다.
123 456 7901234 5679①
123 456 7 9012 345 6790 ㉓
123 456 7 9012 3456 790 ㉞㊵
123456 7901234567 90 ㊿㊾㊷

동그라미 친 부분은 다른 부분들이다. 규칙은 이거다.
1 다음에 2, 2 다음에 3 이렇게 연속수로 한다. 그리고 그 수보다 더 1 작은 수를 계속 하다보면 3이 나오면 2,1을 쓰지 말고 거기서 멈춘다.
예를 들어 이런 것이다.
1234567 6543 ← 3까지
         연속수 홀수

이제 1이 30개일 때를 할 것이다.
뒷장에

|||||||||| .... |||||||||^2 = (123456 7
1이 30개   67901234567901 2) 20 987
65432 0 987654 320 987 6543 21
|||||| .... |||||| ^2 = 123456 790123 45 6790 1
1이 31개   234567 9012 34) 320987654
32098 7,654 320) 9876 54 321
|||||| .... |||||^2 = (123 456 790 1 23456 790
1이 32개   123 456 790 1234 54) 320 9
876 54 320987654 320, 987, 654, 321

괄호 안에 있는 수들을 정리하면 이렇게 된다.
① 1234567901234567902 3456 790 (23)
② 456 7901234567901234567901234
③ 5.6 7 90 123456 790 123456 790 (234 54)

앞의 숫자 들은 같고 뒤는 123, 1234처럼 연속수를 적는 다. ③일 때 1부터 n+3까지 뒤에 적는다 (예상) 규칙

그러면 1이 33개 일 때를 예상 하면 이럴 것 같다.
|||||||| .... |||||×|||| .... |||| = (123 45 6790 123
1이 33개   1이 33개) 456 790 123 456
790 12345⑥ 320987654 3209876 54320.
987654321 일 것 같다. 확인해 보았더니 틀렸다. 괄호 맨 끝 수인 6 다음에 54가 와야 했다. 1이 33개일 때를 하니까 규칙을 알 것 같다. 만약에 30개를 할 때는 동그라미 전까지는 다 똑같고 동그라미 안은 1부터 n+3까지 를 쓰고 n+3-1을 다음으로 적고 그다음은 n+3-2를 적고 이런 것을 반복해서 4가 나오면 그만 쓴다. 그리고 동그라미 밖도 똑같다.

마무리: 나는 이것으로 오늘의 연구를 마치겠다.

교점과 영역 개수의 규칙을 찾고 문제를 만들어 봅시다.
<탐구노트 예시>

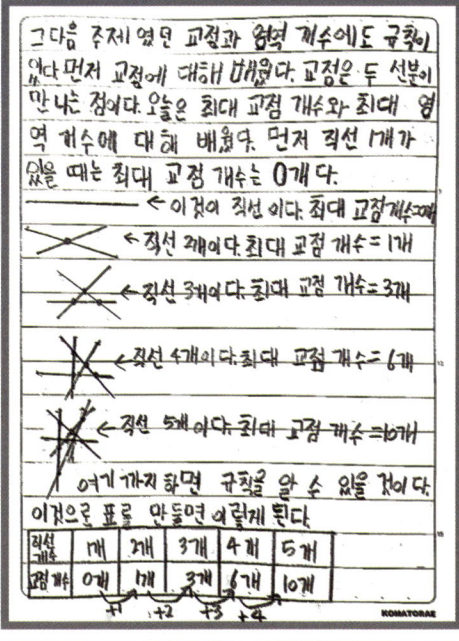

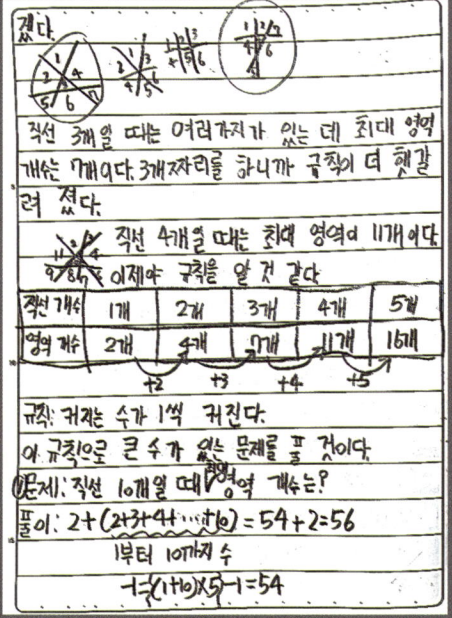

달력규칙으로 내 생일 요일을 계산으로 찾아봅시다.
<탐구노트 예시>

5·2 수학 상점

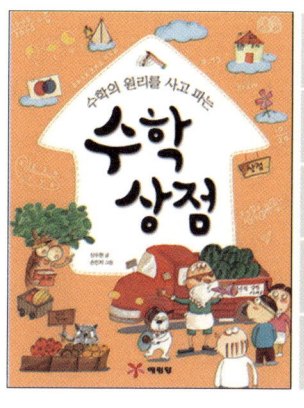

- 수와 연산 ✓
- 도형 ✓
- 측정 ✓
- 자료와 가능성 ✓
- 규칙성 ✓

20명 수학자의 업적으로 만들어진 수학상품을 사고파는 수학상점이 있습니다. 그 수학상점의 주인은 수학자입니다. 수학상품을 거래하며 수학지식을 배우게 되는데, 이 수학지식들은 초등학생들이 반드시 알아야 하는 원주율, 최소공배수, 최대공약수, 부피와 겉넓이, 분수와 소수, 백분율과 퍼센트, 경우의 수 등입니다. 나아가 중학교 수학의 기초개념인 평균과 분산, 함수, 집합과 원소, 피타고라스 정리, 닮은꼴과 비례 등입니다. 4,5학년이 되어 수학동화를 읽기 시작할 때 첫 수학동화로 추천하는 책이며, 수학적 내용을 설명하는 데 그치지 않고 상황설정을 잘해 놓은 수학동화입니다.

01 탐구주제

닮은 도형의 성질을 이용해 넓이의 비와 부피의 비를 구해 봅시다.

(1) 한 변의 길이가 1, 2, 3, 4…인 정사각형의 넓이를 비교하고 길이가 2배, 3배, 4배…가 될 때 넓이는 몇 배로 증가하는지 탐구해 보세요.

(2) 같은 방법으로 한 변의 길이가 1, 2, 3, 4…인 정육면체의 부

피를 비교하고 길이에 따라 부피가 몇 배로 증가하는지 탐구해 보세요.

계단을 올라가는 경우의 수에서 피보나치 수열의 규칙을 찾아봅시다.

(1) 계단을 올라갈 때 한 번에 한 칸 또는 두 칸을 올라갈 수 있다면 계단의 개수에 따라 올라갈 수 있는 방법의 수는 아래(피보나치 수열)와 같이 앞의 두 수를 더한 값이 다음 수가 되는 규칙을 따릅니다.

계단이 1개일 때: 1칸→1가지

계단이 2개일 때: (1칸, 1칸), (2칸)→2가지

계단이 3개일 때: (1칸, 1칸, 1칸), (1칸, 2칸), (2칸, 1칸)→3가지

계단이 4개일 때: (1칸, 1칸, 1칸, 1칸), (1칸, 1칸, 2칸), (1칸, 2칸, 1칸), (2칸, 1칸, 1칸), (2칸, 2칸)→5가지

만약 한 번에 계단을 세 칸까지 올라갈 수 있다면 계단의 개수에 따라 올라갈 수 있는 방법의 수는 어떤 규칙을 이룰까요? 계단이 1개일 때부터 경우의 수를 찾아보고 규칙을 찾아보세요.

 **탐구주제 01** 닮은 도형의 성질을 이용해 넓이의 비와 부피의 비를 구해 봅시다. <탐구노트 예시>

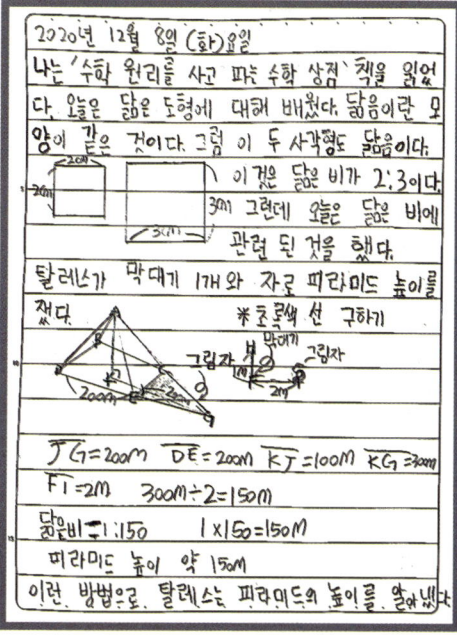

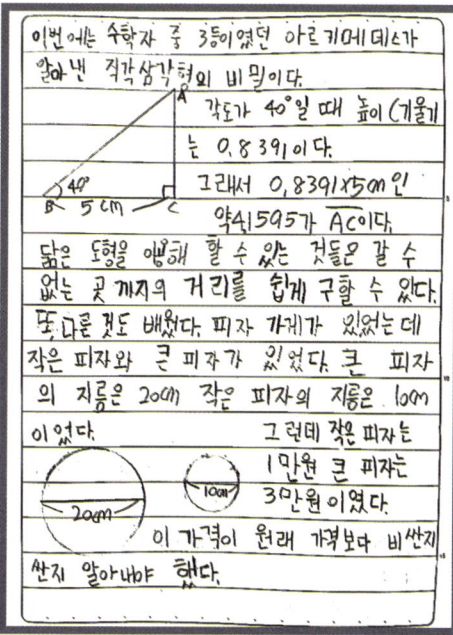

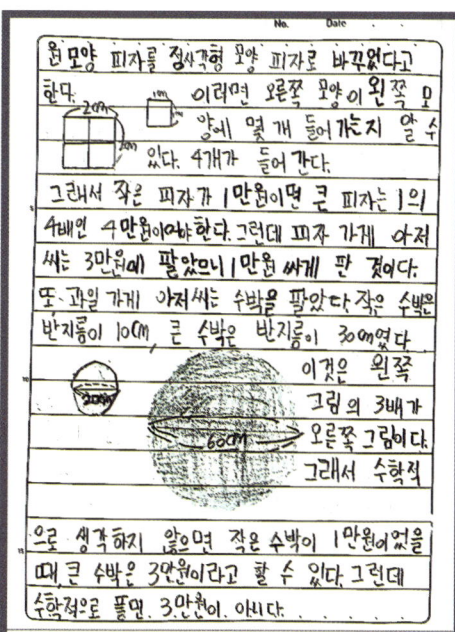

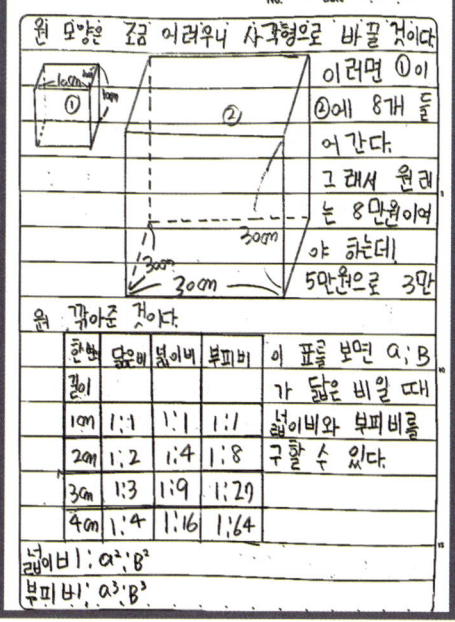

02 탐구주제 계단을 올라가는 경우의 수에서 피보나치 수열의 규칙을 찾아봅시다.

<탐구노트 예시>

5·3 플라톤 삼각형의 비밀

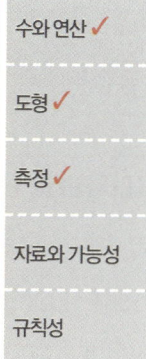

이 책은 앞에서 소개한 『피타고라스 구출작전』과 같은 이야기 구성으로 되어 있습니다. '작도'라는 수학적 활동을 기초로 하는 기하를 공부하기에 적합한 책이며, 도형을 좋아하는 어린이들이라면 도전해 볼 만한 탐구주제도 많이 담고 있는 수학동화입니다. 세 명의 주인공이 타임머신을 타고 도착한 곳은 고대 그리스의 플라톤 학당입니다. 입구에서부터 풀어야 하는 작도 문제는 '수선 작도'입니다. 이외에도 작도, 최단거리의 작도, 방심의 작도와 의미, 수심의 작도와 의미, 에그 퍼즐 작도, 외심의 작도와 의미, 도형에 대해 알아보기 위한 성냥개비퍼즐 등의 내용을 다루고 있습니다.

기초작도의 방법 및 원리를 설명하고 합동인 삼각형을 작도해 봅시다.

(1) 세 가지 기초작도 "수직이등분선, 각의 이등분선, 크기가 같은 각"을 작도하는 방법을 설명하고 작도해 보세요.

(2) 삼각형은 세 변의 길이가 같거나(SSS), 두 변의 길이가 같고 사이에 끼인 각의 크기가 같거나(SAS), 한 변과 양 끝각의 크

기가 같으면(ASA) 항상 합동이 됩니다. 이 원리를 이용해 각의 이등분선과 크기가 같은 각을 작도하는 원리를 설명해 보세요.

(3) 위의 삼각형 합동 조건을 이용해 세 변이 주어진 경우, 두 변과 한 각이 주어진 경우, 한 변과 두 각이 주어진 경우 기초작도를 사용해 삼각형을 작도해 보세요.

기초작도를 사용해 정다각형을 작도해 봅시다.

(1) 정다각형을 작도하는 방법은 다양합니다. 그중 정다각형의 한 변이 주어진 경우와 원에 내접하는 정다각형을 작도하는 것이 가장 일반적인 방법입니다. 다양한 정다각형을 두 가지 방법으로 작도해 보세요.

(2) 원에 내접하는 정□각형을 작도할 수 있으면 각 변의 수직이등분선을 작도해 정2×□각형을 작도할 수 있습니다. 예를 들어 원에 내접하는 정육각형을 사용하면 정십이각형 작도를 할 수 있습니다.

하지만 각 변의 수직이등분선이 아닌 다양한 아이디어를 사용하면 컴퍼스를 사용하는 횟수를 줄여서 작도를 할 수 있습니다. 여러 가지 아이디어를 찾아서 컴퍼스를 4번 사용해 정십이각형을 작도해 보세요. 또 컴퍼스를 단 2번만 사용해서 작도하는 방법도 찾아보세요.

탐구주제 01
기초작도의 방법 및 원리를 설명하고 합동인 삼각형을 작도해 봅시다. <탐구노트 예시>

2021년 5월 25일 (화)

오늘 여러 가지 작도에 대해 했다. 먼저 기초 작도를 했다. 기초 작도는 5가지가 있다. 수직이등분선, 각의 이등분선, 크기가 같은 각, 외부의 점에서의 수선과 내부의 점에서의 수선이 있다.

① 수직이등분선

먼저 C 선을 그린다. 이때 뒤틀록되면 a면 좋고 C 선을 빠져나오면 안 된다. 다음, 점 a를 중심으로 원을 그린다. 그리고 b를 중심으로 똑같이 원을 그린다. 아까 a를 중심으로 그린 원과 만나는 두 점을 연결하면 수직이등분이 된다. 수직이등분은 수직도 되고 C선이 이등분도 된다. 이 방법으로 이등분 한 점에 네풀을 할 수도 있다. 두 번째는 각의 이등분선을 하는 것이다. 그것은 수직이등분을 이용해야 한다.

---

② 각의 이등분선

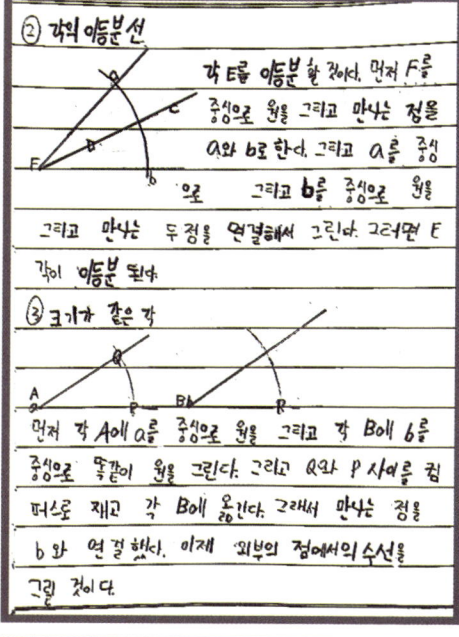

각 E를 이등분할 것이다. 먼저 F를 중심으로 원을 그리고 만나는 점을 a와 b로 한다. 그리고 a를 중심으로 그리고 b를 중심으로 원을 그리고 만나는 두 점을 연결해서 그린다. 그러면 E 각이 이등분 된다.

③ 크기가 같은 각

먼저 각 A에 a를 중심으로 원을 그리고 각 B에 b를 중심으로 똑같이 원을 그린다. 그리고 Q와 P 사이를 컴퍼스로 재고 각 B에 옮긴다. 그래서 만나는 점을 b와 연결한다. 이제 외부의 점에서의 수선을 그릴 것이다.

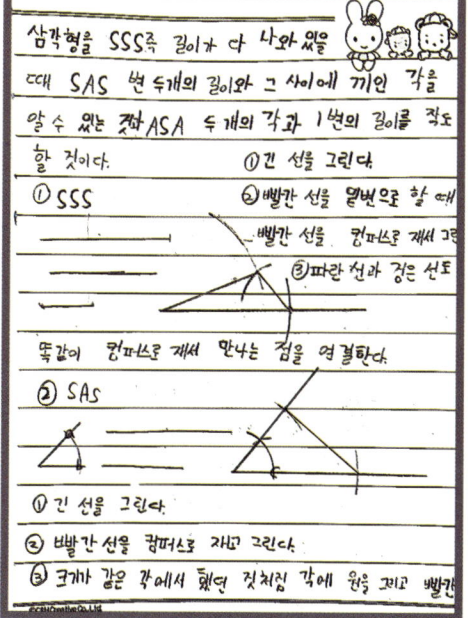

삼각형을 SSS측 길이가 다 나와있을 때 SAS 변 두개의 길이와 그 사이에 끼인 각을 알 수 있는 것 ASA 두개의 각과 1변의 길이를 작도 할 것이다.

① SSS
① 긴 선을 그린다.
② 빨간 선을 몇번으로 할 때 빨간 선을 컴퍼스로 재서 그
③ 파란 선과 검은 선도 똑같이 컴퍼스로 재서 만나는 점을 연결한다.

② SAS
① 긴 선을 그린다.
② 빨간 선을 컴퍼스로 재고 그린다.
③ 크기가 같은 각에서 했던 것처럼 각에 원을 끼고 빨간

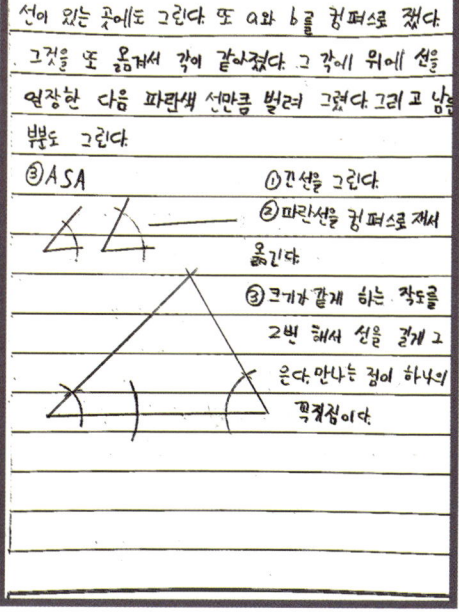

선이 있는 곳에도 그린다. 또 a와 b를 컴퍼스로 잰다. 그것을 또 옮겨서 각이 같아졌다. 그 각이 위에 선을 연장한 다음 파란색 선만큼 벌려 그렸다. 그리고 남은 변도 그린다.

③ ASA
① 긴 선을 그린다.
② 파란선을 컴퍼스로 재서 옮긴다.
③ 크기가 같게 하는 작도를 2번 해서 선을 길게 그은다. 만나는 점이 하나의 꼭짓점이다.

 **기초작도를 사용해 정다각형을 작도해 봅시다.**

- 정다각형 작도

 정삼각형 ~ 정삼각형 작도 가능, 불가능분류

 가능: 3, 4, 5, 6, 8, 10

 불가능: 7, 9
 아래의 가능이 맞추지만 범위를
 넓히면 불가능이 훨씬 많음

 정삼각형 ~ 정30각형

 가능: 3, 4, 5, 6, 8, 10, 12, 15, 16, 17, 20, 24, 30 → 13개
 불가능: 7, 9, 11, 13, 14, 18, 19, 21, 22, 23, 25, 26, 27, 28, 29 → 17개

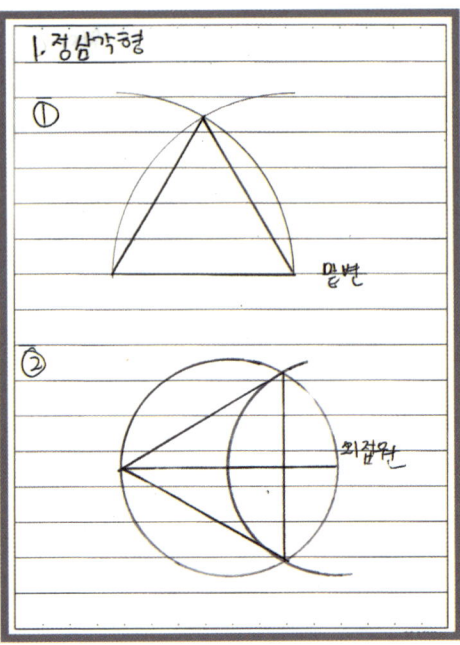

1. 정삼각형
① 밑변
② 외접원

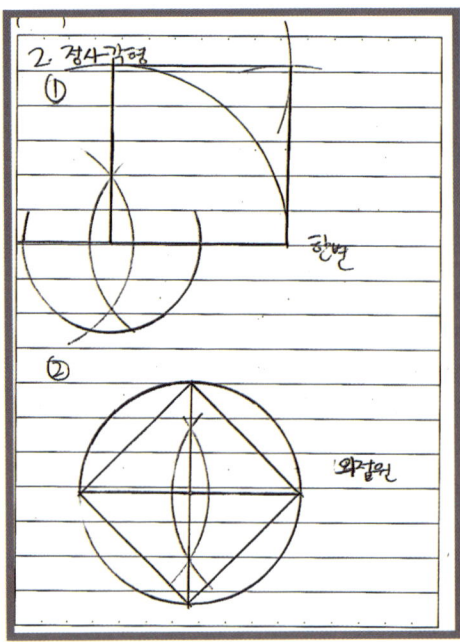

2. 정4각형
① 한변
② 외접원

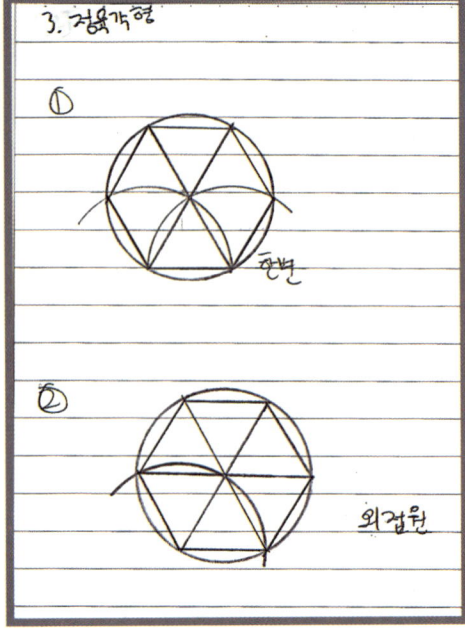

3. 정육각형
① 한변
② 외접원

4. 정 8각형

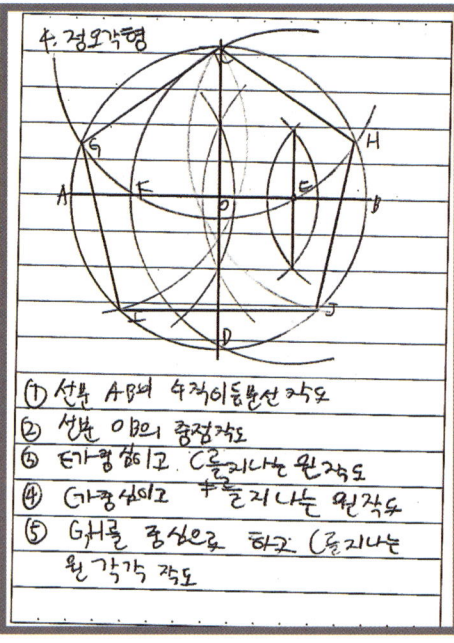

① 선분 AB의 수직이등분선 작도
② 선분 OD의 중점작도
③ E를 중심하고 C를 지나는 원작도
④ G를 중심하고 F를 지나는 원작도
⑤ GH를 중심으로 하고 C를 지나는 원 각각 작도

2. 컴퍼스 4번사용 → 정 12각형 작도

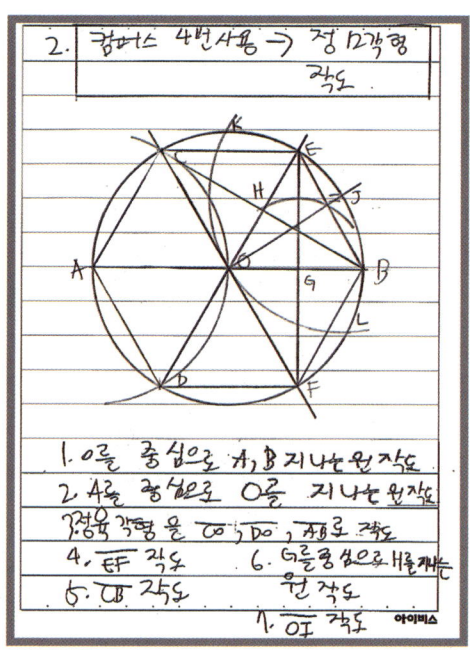

1. O를 중심으로 A,B 지나는 원작도
2. A를 중심으로 O를 지나는 원작도
3. 정육각형을 $\overline{CO}$, $\overline{DO}$, $\overline{AB}$로 작도
4. $\overline{EF}$ 작도   6. O를 중심으로 H를 지나는
5. $\overline{CB}$ 작도   원 작도
7. $\overline{OI}$ 작도

8. J를 중심으로 O를 지나는 원 작도
9. $\overline{KO}$, $\overline{JO}$, $\overline{LO}$ 작도
10. 정십이각형 이어서 작도

추가문제!!

컴퍼스 2번 사용하여 정십이각형 작도

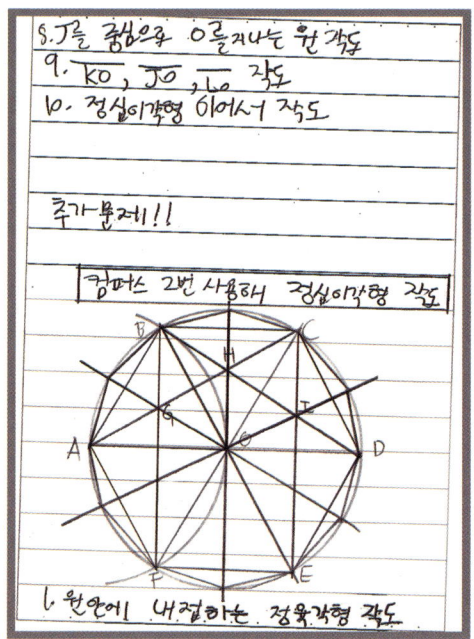

1. 원안에 내접하는 정육각형 작도

2. $\overline{BF}$, $\overline{AC}$, $\overline{CE}$, $\overline{BD}$ 작도
3. $\overline{OG}$, $\overline{OH}$, $\overline{OI}$ 작도
4. 정 십이각형 이어서 작도

5·4 페르마가 들려주는 약수와 배수 1 이야기

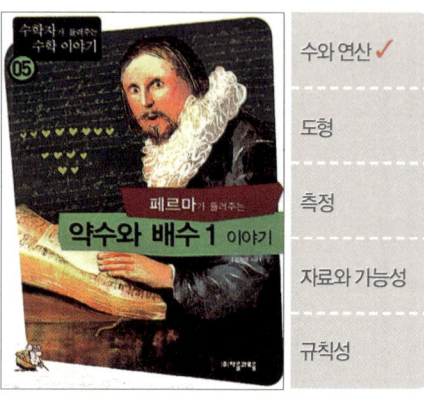

- 수와 연산 ✓
- 도형
- 측정
- 자료와 가능성
- 규칙성

'페르마의 마지막 정리'로 유명한 페르마가 볼링장에서 아이들에게 삼각수를 가르치며 이야기가 시작됩니다. 볼링장뿐만 아니라 교실, 집, 동굴 등 생활 속에서 찾아낼 수 있는 약수와 배수에 대해 알기 쉽게 설명합니다. 제곱수, 완전수, 소수 등의 의미를 자연스레 알 수 있고, 비밀번호를 풀면서 소인수분해는 무엇인지를 배우고, 두 가지 이상의 약을 먹을 때 최소공배수는 어떻게 사용되는지, 여러 가지의 과자와 사탕을 일정한 사람들에게 나누어 줄 때 최대공약수를 어떻게 활용할 수 있는지를 알려줍니다. 초등학교 과정뿐만 아니라 고등학교 과정의 등비수열, 등차수열까지 연결되는 중요한 수학적 이론을 이야기를 통해 자연스럽게 이해할 수 있습니다.

01 탐구주제

수를 이루는 재료인 소수를 찾아봅시다.

요리사에게는 요리의 재료가 중요하고, 물리학자에게는 물질을 이루는 재료인 원자가 중요한 것처럼 수학자에게는 수를 이루는 재료인 소수가 중요합니다. 약수는 바로 이런 소수들이 곱해져서 만들어지는 수입니다. 따라서 약수에 대한 탐구는 소수에 대한 탐구부터 시작해야 하고, 소수에 대한 탐구는 소수 찾기부터 시작해야 합니다.

소수를 찾는 방법은 고대 그리스의 수학자였던 에라토스테네스가 만든 방법이 가장 대표적인데, 이 방법을 이용해 많은 소수를 찾아보세요. 또 수를 100개씩 나눠서 각 구간의 소수의 개수를 찾아보세요.(이 탐구는 오일러, 가우스에 의해 연구된 소수 분포 함수라는 내용과 연결됩니다.)

탐구주제 02 **완전수를 찾아봅시다.**

진약수의 합이 자신이 되는 수가 바로 완전수입니다. 완전수를 찾기 위해서는 완전수의 조건이 필요합니다. 고대 그리스의 수학자였던 유클리드는 완전수는 $2^{n-1} \times (2^n - 1)$형태이고, 완전수가 되려면 $2^n - 1$이 소수여야 한다는 것을 알아냈습니다. 이후 페르마에 의해 $2^n - 1$이 소수가 되려면 n은 적어도 소수여야 한다는 것이 밝혀졌습니다. 또 $2^n - 1$이 소수가 될 때, 이것을 메르센 소수라고 합니다.

이런 성질들을 이용해 몇 가지 완전수를 찾아보세요.

01 탐구주제 수를 이루는 재료인 소수를 찾아봅시다. <탐구노트 예시>

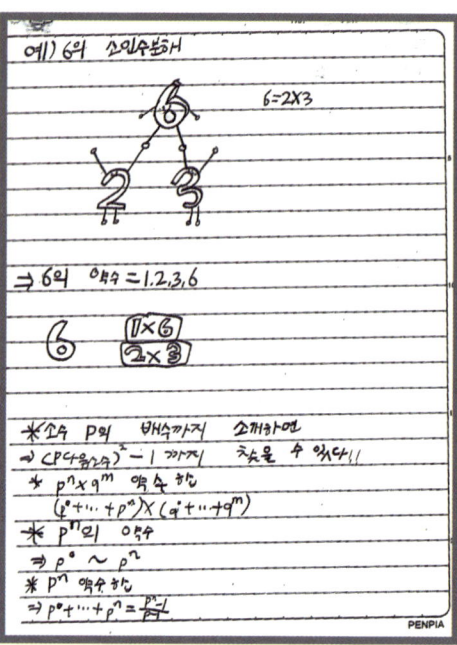

02 탐구주제: 완전수를 찾아봅시다. <탐구노트 예시>

2021년 3월 13일 토요일

[1] : 내용정리

　　　오늘의 주제!! (2개)

- 완전수와 메르센소수
- 형상수

왜 완전수와 메르센소수 일까? 이 궁금증을 곧 풀어보자.

- 완전수와 메르센소수

완전수를 알려면 먼저 진약수를 알아야 한다.

진약수란 자기 자신을 제외한 약수이다.

그리고 완전수란 진약수의 합이 자기자신이 되는 수이다.

16의 진약수 → 1, 2, 4, 8
38의 진약수 → 1, 2, 19
91의 진약수 → 1, 7, 13
60의 진약수 → 1, 2, 3, 4, 5, 6, 10, 12, 15, 30

수	진약수	진약수의 합
1	×	×
2	1	1
3	1	1
4	1, 2	3
5	1	1
6	1, 2, 3	6

Same → 완전수

완전수를 처음 찾은 사람은 바로 피타고라스!

피타고라스는 아래와 같은 정의를 내렸다.

　완전수 → 진약수의 합 = 처음수
　부족수 → 진약수의 합 < 처음수
　과잉수 → 진약수의 합 > 처음수

피타고라스는 총 3개의 완벽수를 직접 해보면서 찾았다.

그 완벽수들은 6, 28, 496 이다.
유클리드는 8128이라는 완벽수 1개밖에 못 찾았다.

하지만 완벽수의 규칙을 찾았다.
힌트: 소인수분해

$6 \to 2 \times 3 \to 2^1 \times (2^2-1)$　　$496 \to 2^4 \times 31$
$28 \to 2^2 \times 7 \to 2^2 \times (2^3-1)$　　$\to 2^4 \times (2^5-1)$

$8128 \to 2^6 \times 127 \to 2^6 \times (2^7-1)$

완전수의 조건은!

$2^m \times (2^n-1)$

이때 괄호 안에 있는 2^n-1이 소수!!

2^n-1의 형태를 띠고 있는 소수가 메르센 소수이다.

이제 다섯번째 완전수를 찾아보자.
$2^7 \times (2^8-1) = 2^7 \times 255$ (×) 3×5×17
$2^8 \times (2^9-1) = 2^8 \times 511$ (×) 7×73
$2^9 \times (2^{10}-1) = 2^9 \times 1023$ (×) 3×11×31
$2^{10} \times (2^{11}-1) = 2^{10} \times 2047$ (×) 23×89
$2^{11} \times (2^{12}-1) = 2^{11} \times 4095$ (×) 3×3×5×7
$2^{12} \times (2^{13}-1) = 2^{12} \times 8191$
　　　　　　　　　= 33550336 (O)

다섯번째 완전수
33550336 !

5·5
오딧셈의 수학 대모험

- 수와 연산 ✓
- 도형 ✓
- 측정 ✓
- 자료와 가능성 ✓
- 규칙성 ✓

　이 책은 각 권마다 역사적으로 중요한 순간을 이야기의 배경으로 삼고 있으며, 주인공들에게 닥친 일들을 통해 즐거움과 수학지식을 동시에 얻을 수 있습니다. 또한 주인공 오딧셈이 위기의 순간마다 힘과 용기가 아니라 '수학적 사고'로 문제를 해결하는 모습을 통해 수학에 대한 흥미를 더욱 키울 수 있습니다. 각 권마다 영역별 주제를 다루고 있는데, 1권 '수의 세계'와 2권 '도형의 세계'는 초등 과정의 내용을 다루고 있고, 3권은 '방정식과 함수', 4권은 '집합에서 피타고라스까지'의 내용을 담고 있습니다. 다른 수학동화와는 달리 수학을 설명하는 대신 모험소설에 수학을 접목시켰으므로 책을 싫어하는 아이들도 쉽게 끝까지 완독할 수 있습니다. 1권에서는 수의 기원, 숫자 0, 최소공배수, 거듭제곱, 소인수분해 등을, 2권에서는 도형의 넓이, 원주율과 원의 넓이, 각과 평행선, 삼각형의 닮음 등을 학습할 수 있습니다.

맞꼭지각, 동위각, 엇각의 성질을 탐구해 봅시다.

(1) 두 직선이 만날 때 만들어지는 각 중 마주보는 각을 맞꼭지각이라고 합니다. 맞꼭지각의 크기가 같은 이유를 설명해 봅시다.

(2) 두 직선이 평행할 때 만들어지는 동위각이나 엇각은 서로 크기가 같습니다. 이 성질을 이용해 복잡하게 꺾여 있는 선들에서 각을 구하는 문제를 만들고 해결해 보세요.

엇각의 성질을 이용해 원의 둘레 길이를 어림해 봅시다.

고대 그리스의 수학자 에라토스테네스는 엇각의 성질을 이용해 지구의 둘레 길이를 어림했습니다. 이 방법을 이용해 지름을 알 수 없는 원이나 원의 일부(호)만으로 원의 둘레 길이를 어림하는 방법을 탐구하고 실제 원을 그려서 어림해 보세요.

또, 반지름을 측정해서 아르키메데스의 방법으로 원둘레를 구한 뒤(지름×3.14) 어림한 결과와 비교해 보세요.

맞꼭지각, 동위각, 엇각의 성질을 탐구해 봅시다. <탐구노트 예시>

2021년 5월 18일
오늘 각과 지구의 둘레에 대해 했다. 먼저 맞꼭지각에 대해 했다. 맞꼭지각은 두 직선이 만나게 그린 후 서로 마주보는 각이다. 그러면 이때 A와 C가 같고 b와 d가 같다. 이것을 증명할 때는 a+b가 $180°$이고 a+d가 $180°$라는 것을 이용하면 된다. a+b=$180°$ a+d=$180°$다. 그러면 a가 두번 나왔으니 b와 d가 같다. 이제 맞꼭지각을 했으니 동위각과 엇각을 할 거다. 동위각은 같은 위치에 있는 각이고 엇각은 반대에 있는 각이다.

L//M일때 (L과 M이 평행하다)는 동위각과 엇각이 된다. 둘이 평행하지 않으면 동위각(B와H 엇각, A와 E 동위각)과 엇각이 같지 않다. 이제 동위각과 엇각을 이용한 문제를 풀 거다. 다음장!!

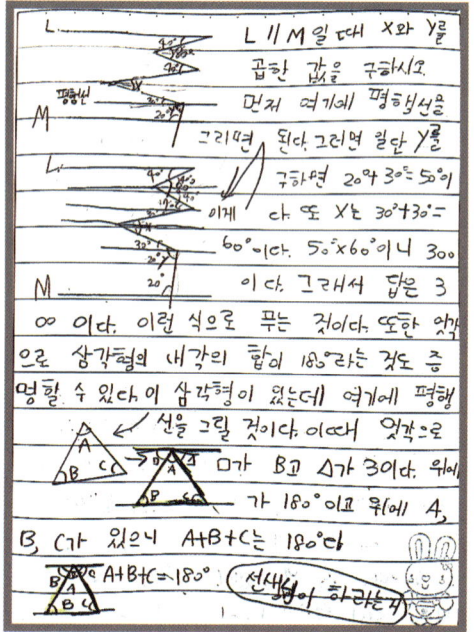

L // M일때 X와 Y를 곱한 값을 구하시오.
먼저 여기에 평행선을 그리면 된다. 그러면 일단 Y를 구하면 $20°+30°=50°$이다. 이제 다 또 X는 $30°+30°=60°$이다. $50°×60°$이니 300이다. 그래서 답은 3000이다. 이런 식으로 푸는 것이다. 또한 엇각으로 삼각형의 내각의 합이 $180°$라는 것도 증명할 수 있다. 이 삼각형이 있는데 여기에 평행선을 그릴 것이다. 이때 엇각으로 ㅁ가 B고 △가 3이다. 위에가 $180°$이고 위에 A, B, C가 있으니 A+B+C는 $180°$다.

A+B+C=$180°$ (선생님이 하라는거)

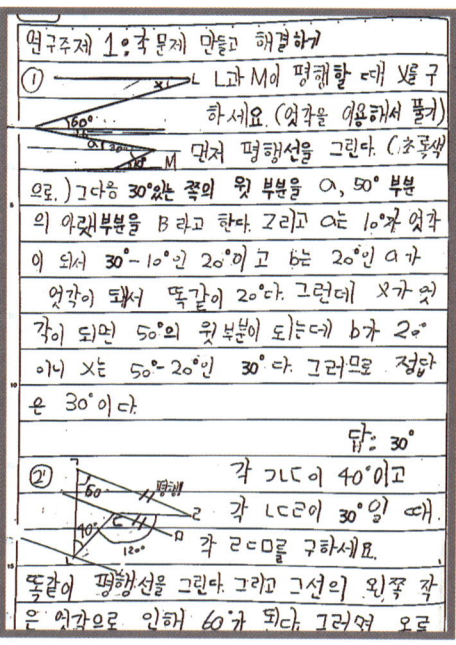

연구주제 1. 문제 만들고 해결하기
① L과 M이 평행할 때 X를 구하세요. (엇각을 이용해서 풀기)
먼저 평행선을 그린다. (초등학생으로.) 그다음 $30°$있는 쪽의 윗 부분을 a, $50°$ 부분의 아랫부분을 B라고 한다. 그리고 a는 $10°$가 엇각이 되서 $30°-10°$인 $20°$이고 b는 $20°$인 a가 엇각이 돼서 똑같이 $20°$다. 그런데 X가 엇각이 되면 $50°$의 윗부분이 되는데 b가 $20°$이니 X는 $50°-20°$인 $30°$다. 그러므로 정답은 $30°$이다.

답: 30°

② 각 ㄱㄴㄷ이 $40°$이고 각 ㄴㄷㄹ이 $30°$일 때, 각 ㄹㄷㅁ을 구하세요.
똑같이 평행선을 그린다. 그리고 그 선의 왼쪽 각은 엇각으로 인해 $60°$가 된다. 그러면 오

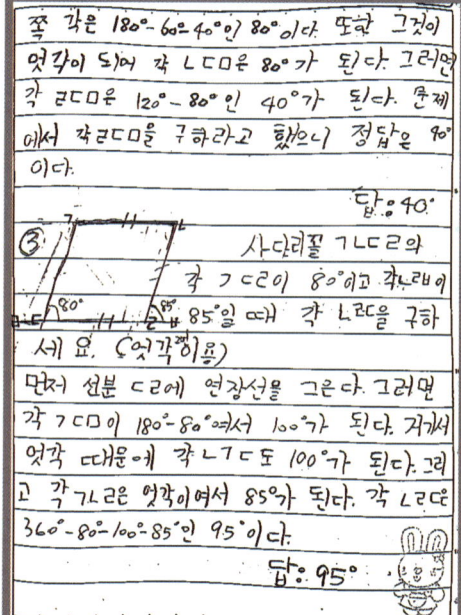

쪽 각은 $180°-60°=40°$인 $80°$이다. 또한 그것이 엇각이 되어 각 ㄴㄷㅁ은 $80°$가 된다. 그러면 각 ㄹㄷㅁ은 $120°-80°$인 $40°$가 된다. 문제에서 각 ㄹㄷㅁ을 구하라고 했으니 정답은 $40°$이다.

답: 40°

③ 사다리꼴 ㄱㄴㄷㄹ의 각 ㄱㄴㄷ이 $80°$이고 각 ㄴㄱㄹ이 $85°$일 때 각 ㄴㄷㄹ을 구하세요. (엇각이용)
먼저 선분 ㄷㄹ에 연장선을 그린다. 그러면 각 ㄱㄷㅁ이 $180°-80°$여서 $100°$가 된다. 거기서 엇각 때문에 각 ㄴㄷㅁ도 $100°$가 된다. 그리고 각 ㄱㄴㄹ은 엇각이여서 $85°$가 된다. 각 ㄴㄷㄹ은 $360°-80°-100°-85°$인 $95°$이다.

답: 95°

02 탐구주제 엇각의 성질을 이용해 원의 둘레 길이를 어림해 봅시다.

<탐구노트 예시>

이제 직접 지구의 둘레를 재지 않고 지구의 둘레를 구하는 방법을 할 거다. 에라토스테네스가 알아낸 방법이고 각도기, 막대기, 실만 있으면 된다. 에라토스테네스는 시에네의 우물의 바닥에 어느날 비쳤다는 소문을 듣고 시에네의 우물 위에 태양이 있을 거라고 생각했다. 그리고 알렉산드리아 에서 막대기를 꽂았는데 그림자가 생겼다는 건 막대기 위에 태양이 없으므로 태양이 비스듬하게 비추고 지구가 둥글다는도 태양에서 지구로 오는 빛은 다 평행한다. 그래서 알렉산드리아의 그 막대기와 그림자를 실로 연결한다. 그러면 그 실 햇빛이 될거다. 실과 막대기 사이의 각을 재어서 보았는데 7.2가 나왔다. 에라토스테네스는 엇각을 이용해 다른 쪽도 7.2라는 것을 알아냈다. 7.2가 50개 있으면 360°가 되니 알렉산드리아 에서 시에네 까지의

거리를 재어 ×50을 해 주면 된다. 지나가던 상인에게 물어보니 약 800㎞였다. 그러므로 지구의 둘레는 800㎞ × 50인 약 40000㎞ 이다. 이 방법으로 다른 원의 둘레도 쉽게 구할 수 있다. 이 24°이라면 것은 엇각을 이용해 똑같이 구할 수 있다. 마. 40°이라면 A가 또 일 것이다. 40°가 9개 있어야 360이다. A에서 B까지의 거리의 9배를 하면 원이 되는 것이다. 10cm 이었으면 10×9인 90cm가 이 원의 둘레인 것이다.

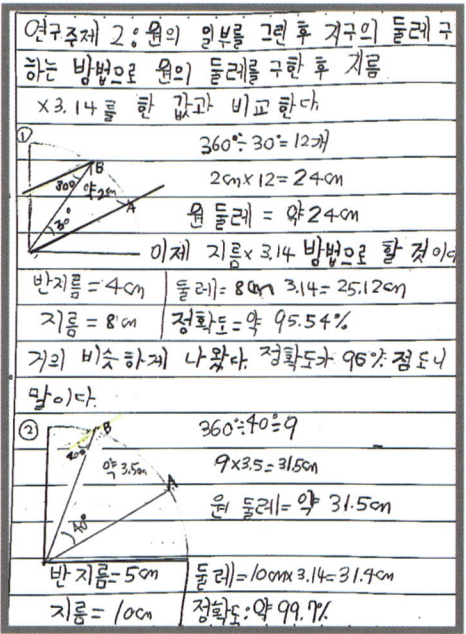

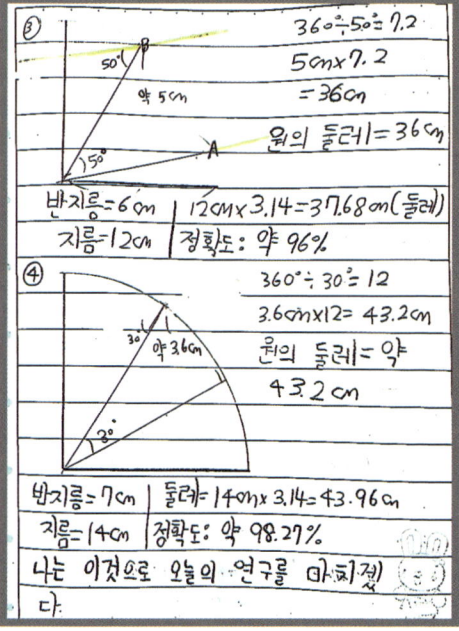

6. 6학년을 위한 수학동화 읽기와 탐구노트 쓰기

6·1
과학공화국 수학법정 5권

- 수와 연산
- 도형
- 측정
- 자료와 가능성 ✓
- 규칙성

초등학생과 중학생의 눈높이에 맞춘 '과학공화국 법정' 시리즈의 하나로, 기상천외한 법정 공방을 통해 수학적 지식을 쉽게 알려줍니다. 초등교과서의 주요 내용들을 수록한 이 책은 생활 속에서 수학을 쉽게 적용할 수 있는 방법을 알려주고 있으며, 궁극적으로 왜 수학을 공부해야 하는지를 깨닫게 합니다. 수학의 개념을 딱딱하지 않게 소개하고자 법정의 재판 과정을 도입했습니다. 우리 일상에서 자주 이용되는 확률과 통계를 다루는 5권에서는 경우의 수, 순열, 조합, 확률, 통계 등을 법정의 재판 과정을 통해 그 기초와 원리부터 충실하고 쉽게 소개하고 있습니다.

01
탐구주제

==합의 법칙과 곱의 법칙을 이용해 경로의 개수를 구해 봅시다.==

합의 법칙과 곱의 법칙을 이용하면 복잡한 지도에서 이동할 수 있는 경로의 개수를 쉽게 계산할 수 있습니다.

도시가 여러 개인(5개 이상) 지도를 직접 만들고 이동 경로의 개수를 구하는 문제를 만들고 해결해 보세요.

탐구주제 02 조합을 이용해 도형의 개수를 구해 봅시다.

조합을 이용하면 도형의 개수를 쉽게 구할 수 있습니다.

(1) 평행선으로 이루어진 격자판에서 사각형의 개수를 구하는 문제를 다양하게 만들어 보고 해결해 보세요.

(2) 만약 ㄱ,ㄴ,ㅁ과 같은 모양의 격자판에서는 위와 같은 방법으로 사각형의 개수를 구하기 어렵습니다. 이런 경우 어떻게 사각형의 개수를 구할 수 있는지 생각하고 다양한 문제를 만들어 보고 해결해 보세요.

(3) 점판에서 직선의 개수나 삼각형의 개수도 조합으로 구할 수 있습니다. 격자점판에서 직선이나 삼각형의 개수를 구하는 문제를 만들고 해결해 보세요.

탐구주제 01: 합의 법칙과 곱의 법칙을 이용해 경로의 개수를 구해 봅시다.

<탐구노트 예시>

2021년 2월 9일 (화)

오늘은 경우의 수에 대해 했다. 먼저 합의 법칙과 곱의 법칙에 대해 했다. 일단 동전을 이용해 곱의 법칙에 대해 하자.

동전 1개를 던질 때 경우의 수는 몇 가지입니까? 앞, 뒤가 나올 경우가 있어 2가지일 것이다.

동전 2개를 던질 때 경우의 수는 몇 가지 입니까? (앞,앞) (앞,뒤) (뒤,앞) (뒤,뒤) 이렇게 4가지다.

동전 3개를 던질 때 경우의 수는 몇가지 입니까? (앞앞앞) (앞앞뒤) (앞뒤앞) (앞뒤뒤) (뒤앞앞) (뒤앞뒤) (뒤,뒤,앞) (뒤 뒤뒤) 이렇게 8가지다.

여기 까지 하면 규칙을 찾을 수 있다. 동전 1개는 2 이고 동전 2개는 2×2 이고 동전 3개는 $2\times2\times2$ 가 된다. 그런데 간단 하게 나타내면 $2^1, 2^2, 2^3$이다. 그래서 100개의 동전이 있을 때는 2^{100} 이 된다. 그러니까 동전이 n개 일때는 2^n이 된다. 이번에는 지도에서 해볼거다.

이것은 지도 첫번째 지도는 산에서 보물이 있는 곳까지 위로 2가지, 아래로 3가지가 있다. 그러면 위로 2가지 아래로 3가지를 더한 5가지가 산에서 보물까지 경우의 수다. 두번째 지도는 산에서 보물 까지 쉼터에 갔다 가는 거다. 산에서 쉼터까지 3가지, 쉼터에서 보물까지 2가지다. 그래서 산에서 보물까지 3×2인 6가지 경우의 수가 있다. 그런데 이제 왜 첫번째 것은 더하기를 하고 두번째 것은 곱하기를 하는지 알아볼거다. 일단 더하기 하는 것은 합의 법칙이고 곱하는 것은 곱의 법칙이다.

합의 법칙은 여러 사건 중 1가지를 선택해야 한다. 즉, 첫번째 지도 같이 1가지만 갈수 있을 때 합의 법칙을 쓴다는 것이다.

곱의 법칙은 모든 사건이 일어날 수 있을 때 쓴다. 즉,

<연구주제 1>

이번 연구주제는 도시 5개 이상인 지도를 만들어서 경우의 수를 구하는 거다. 그러니까 배운 거 정리 칸에 서울, 대전, 울산, 부산 길 지도는 도시 4개 니까 도시 5개 이상으로 지도를 만들어서 그 길의 경우의 수를 구하는 거다.

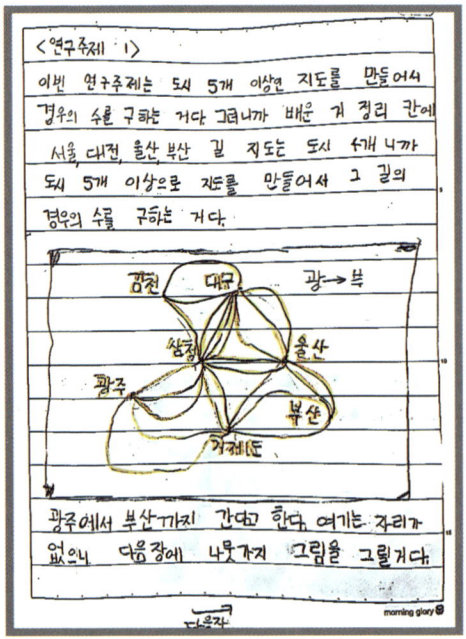

광주에서 부산까지 간다고 한다. 여기는 자리가 없으니 다음장에 나뭇가지 그림을 그릴거다.

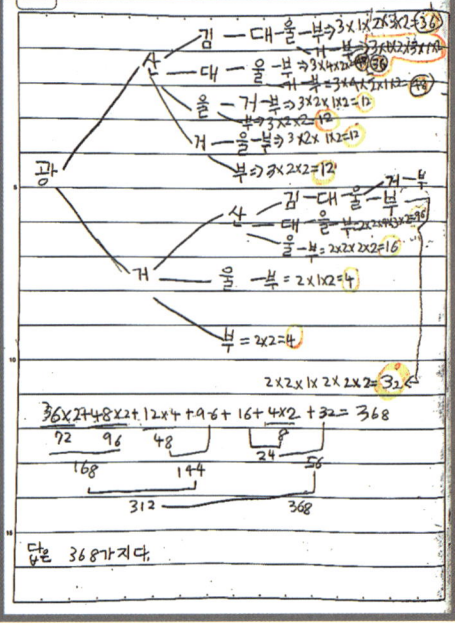

답은 368가지다.

02 탐구주제: 조합을 이용해 도형의 개수를 구해 봅시다. <탐구노트 예시>

오늘은 과학 공화국 수학법정 5구권 마지막 시간이다. 오늘은 순열과 조합에 대해 배울 것이다.

Lesson ① 순열
순열이란? 순서대로 나열하는 경우의 수.
순열: 순서가 필요.
예) ab랑 ba랑 다르다.

1) 직순열
문제) 4개 중 2개 고르는 방법. (단, ab랑 ba 다름)
ab ac ad ba bc bd ca cb cd da db dc. 12가지
공식 이용 4P2 = 4×3
문제) 5개의 음식 중 1순위, 2,3순위 고르기.
5×4×3 = 60가지
문제) 10개의 음식 중 1,2,3,4순위 고르기.
10×9×8×7 = 5040

< 순열 >
(1) n다 n나는 기호 전체개수P뽑는 개수
(2) 계산방법. nPr는 n부터 1씩 줄여가며

r개 곱한다.
<다음문제) 순열로 나타내기.
문제) 7명의 연필 중 1,2,3순서대로 뽑아내기.
7P3 = 7×6×5 = 210
문제) 1부터 9까지 숫자카드로 만들 수 있는 두 자리 수
9×8 = 72 = 50까지
2) 전체를 나열하는 순열
문제) 고명의 달리기 선수를 이어달리기 대회에 나오는데 가능한 순열의 개수는? 5! = 5×4×3×2×1 = 5P5
<전체를 나열하는 순열>
7개로 나열하는 순열 이다.
남학생 6명과 여학생 4명이 이어달리기를 합니다. 0순위는 남학생이 할때 이어달리기 순열 개수는?
6P2×8! = 15×40320 = 604800
3) 중복허 되는 순열
문제) 1부터 9까지의 숫자카드 각각 3장 씩 있을때 이카드들로 만들 수 있는 세자리 수?

<중복을해도 되는 순열>
7개를 중복해서 나열: n^r
문제) 다음 간판 색깔 4가지씩 하나 4개 있습니다. 이 깃발을 4번 사용하여 만들수있는 신호는 모두 몇가지?
$4^4 = 64×4 = 256$
문제) 세 통의 편지를 2개의 우체통에 넣는 경우는?
$2^3 = 8$가지
4) 같은 것을 포함하는 순열
ABC 가짓수 = 6, AB 가짓수 = 3
같은 알파벳이 있으면 중복되는 경우가 생긴다.
ABB가 계산방법. 중복
ABB는 $\frac{3!}{2!}$
<같은것을 포함하는 순열>
또 같은 n개가 포함되면 n!로 나눈다.
문제) BANANA 순열의 수
$\frac{6!}{3!×2!} = \frac{6×5×4×3×2×1}{3×2×1×2×1} = 60$개

Part3) 같은것을 포함하는 순열
3) AAABB CC EE EEE 로 나열하는 순열의 개수는?
$\frac{8!}{3!×2!×2!×2!×3!} = \frac{8×7×6×5×4×3×2}{3×2×2×2×3×2}$
$= 4×7×5 = 28×4$
3) AAAABB CCC DEE (140)
EDD 699 E 임의로 나열하는 순열의 수는?
18!
$\frac{18!}{4!×2!×3!×3!×2!×2!×2!}$
$= \frac{18!}{6×5×4×3×2×2×2}$ ...
$\approx 46,346,000$
$= 46억 346만 2천여개$

3) 다음그림에서 최단경로는?
a,b 필수
$1×\binom{?}{?} = 2$가지

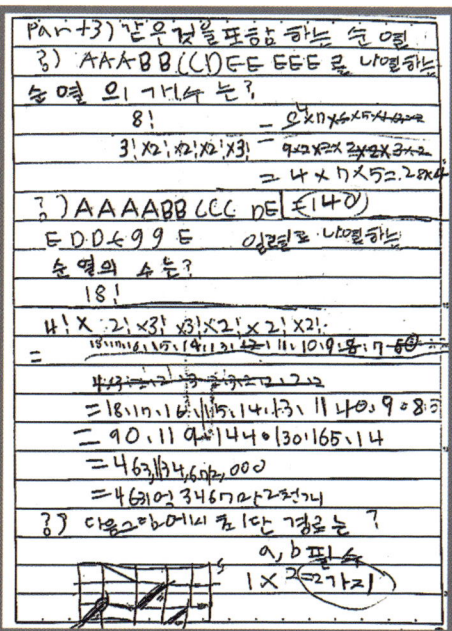

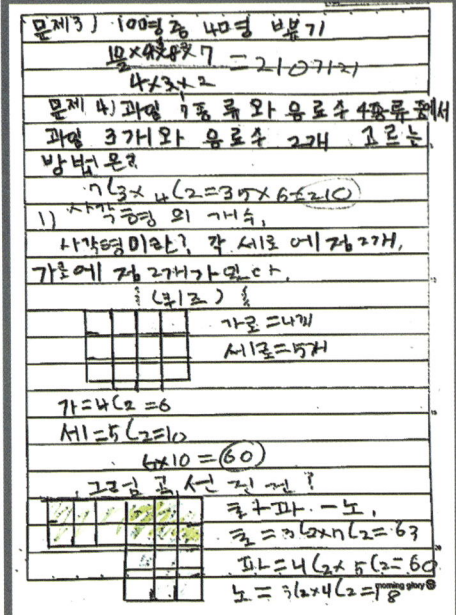

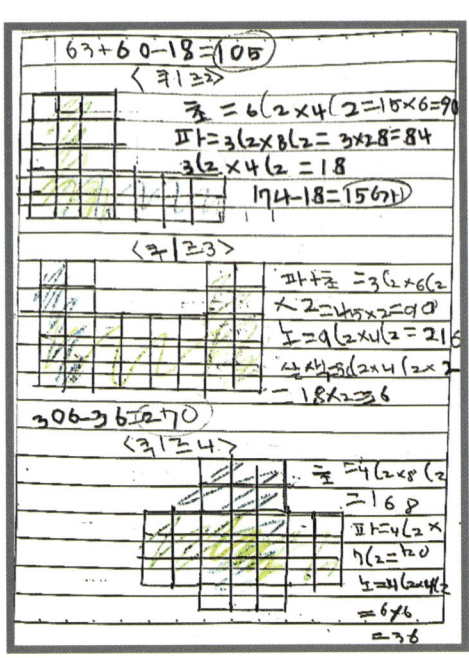

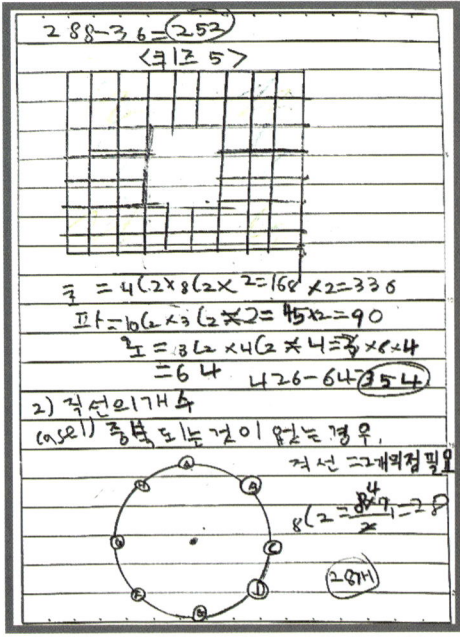

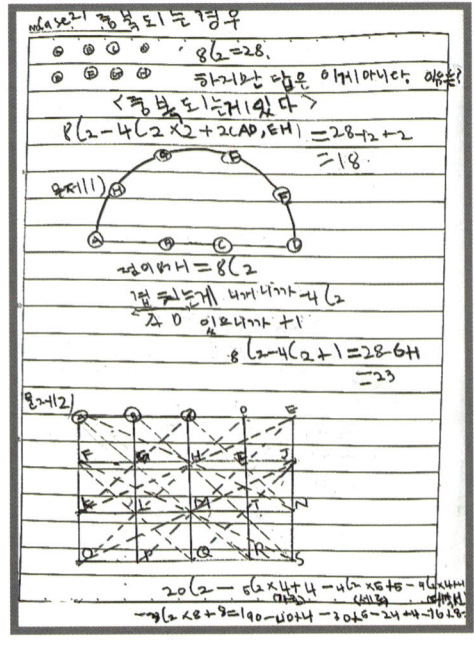

6·2
에우독소스가 들려주는 비 이야기

수와 연산 ✓
도형 ✓
측정
자료와 가능성
규칙성

이 책은 '수학자가 들려주는 수학 이야기' 시리즈의 22권입니다. 기원전 4세기 고대 그리스의 수학자인 에우독소스는 천문학, 철학, 의학, 수학에 능했습니다. 이 책은 그가 들려주는 비와 관련된 내용입니다. 비에 대해서는 초등학생 때는 비, 비례식, 연비, 비례배분 등을 배우고, 중학생 때는 정비례와 반비례, 도형의 닮음, 황금비, 고등학생 때는 가비의 리 등을 배웁니다. 이 모든 내용이 이 책에 실려 있는데, 학년이 올라갈수록 이해하기 힘든 책일 수도 있습니다. 일정기간을 계획하고 한 교시씩 읽고 스스로 증명하며 따라한다면 많은 배경지식을 얻을 수 있을 것입니다.

여러 가지 비율과 비례식에 대해 탐구해 봅시다.

(1) 여러 가지 비율에 대해 정리해 보세요. 그리고 각 비율을 사용하기 적당한 예를 만들어 보세요. 또, 적당하지 않은 예를 만들어서 왜 적당하지 않다고 생각하는지 이유를 써 보세요.

(2) 다양한 기준값을 정해 나만의 비율만들기를 해보세요.(기준값이 반드시 10, 100, 1000…과 같은 10의 거듭제곱 수일

필요는 없습니다.)

그리고 내가 만든 비율이 어떤 장점이 있는지 설명하고 예를 들어 보세요.

(3) 내항의 곱과 외항의 곱이 같은 비례식의 성질이 왜 성립하는지 그 이유를 설명해 보세요. '비의 값이 같은 비를 등호로 연결한 식'이라는 비례식의 정의를 이용하면 어렵지 않게 설명할 수 있습니다.

비례배분을 이용해 낙타를 분배하는 방법을 탐구해 봅시다.

낙타 17마리를 $\frac{1}{2}, \frac{1}{3}, \frac{1}{9}$로 나눠갖는 유명한 문제가 있습니다. 낙타 1마리를 빌려 오는 방법으로 해결할 수도 있지만 17을 $\frac{1}{2}, \frac{1}{3}, \frac{1}{9}$로 비례배분하는 방법으로 매우 쉽게 해결할 수 있습니다.

이와 같이 낙타를 분배하는 문제를 만들고, 낙타를 빌려오는 방법과 비례배분으로 해결해 보세요. 또 각 방법의 장단점을 설명해 보세요.

그리고 낙타를 빌려오는 방법으로 해결되지 않는 문제도 만들어 보세요.

여러 가지 비율과 비례식에 대해 탐구해 봅시다. <탐구노트 예시>

2021년 1월 19일 (화)
오늘 비와 비율에 대해 배웠다. 그리고 에우독소스가 나온다. 먼저 비는 비교의 줄임이다. 그러니까 비는 비교 하는 거다. 또, 비는 : 기호 쓰고. 0대 0로 읽는다. 그리고 a:b에서 a는 비교량이고, b는 기준량이다. 그러니까 a:b는 분수 같다. 그래서 a는 부분이고 b는 전체다. 그런데 일상생활에서는 순서가 상관이 없다. 그러니까 일상생활에서는 3:2나 2:3 둘 다 맞는 말이다. 하지만 수학에서는 순서가 상관 있다. 아까 말했던 것처럼 수학에서는 a가 비교량이고, b는 기준량 이다. 이런 걸 이용해 문제를 몇 개 풀 것이다.
오렌지 3개, 키위 5개, 수박 2개가 있다고 한다.
- 이제 오렌지 개수를 기준으로 키위 개수를 비교해 볼 거다. 기준이 앞에, 비교량이 뒤이다. 그래서 기준인 오렌지 개수가 앞에 와 키위가 비교량이니 뒤에 있어야 한다. 그러면 5:3이 된다.
- 또, 키위의 개수를 기준으로 수박 개수를 비교할 거다. 그러면 키위가 기준 앞이니까 뒤로 가고 수박이 비교량이니 앞으로 가서 2:5가 된다. 이제 여러 가지 비율에 대해 할 거다.

먼저 두 초콜릿과 밀크 중 진한 맛, 즉 단 맛이 나는지 알아 볼 거다.
일단 A 통에는 우유 200mL 초코 시럽 20mL를 넣고, B 통에는 우유 200mL 초콜릿 시럽 3mL를 넣는다고 한다.
여기서 B가 더 단 맛이 날 거다. 왜냐하면 우유 양이 같은데 B의 초코 시럽이 더 들어가 있기 때문이다. 그럼 다음 것을 할거다.
C 통에는 우유 35mL 초코 시럽 45mL, D 통에는 우유 45mL 초콜릿 시럽 58mL가 있다고 하면 누가 더 맛있 바로 알 수 없다. 왜냐하면 우유 양이 다르기 때문이다. 그래서 우유의 양을 1mL로 나눌 거다. 그래서 사과 9개, 감 72개, 감 4개가 있을 때 전체 과일에 대한 사과 개수의 비의 값을 구할 거다. 그럼 비는 9:72이 될 거다. 그리고 25를 1로 만들면 $\frac{9}{72}$:1이 된다. 이렇게 $\frac{9}{72}$:1처럼 1로 만든 것을 '비의 값' 이라고 한다. 그러니까 여기서는 $\frac{9}{72}$이 비의 값이다. 그런데 $\frac{9}{72}$처럼 분수가 나와서 불편하다. 그래서 1대신 100으로 할 거다. 그리고 기호는 %이고 '퍼센트'라고 읽는다. 그러니까 백분율은 ($\frac{비교량}{기준량}$)×100으로 구하는 거다. 이럴 예, 쓴다.

채현이가 빽종이 25개 중에 10개를 접었다. 채현이가 접은 빽종이 개수의 전체 쓴 횟수에 대한 백분율을 구해보 비율을 구하고, 비의 값을 구한 다음 백분율로 구할 거다. 먼저 비는 10:25이다. 그러면 비의 값이 $\frac{19}{25}$가 된다. 그렇게 되면 백분율이 $\frac{19}{25}×100$ 인 76%가 된다. 그래서 76%가 정답이다. 그리고 비의 값이 0.1256 이라면 1할 2푼 5리 6모 라고 불러도 된다. 그런데 비의 값 일 때만 된다. 이제 비례식에 대해 할 거다. 먼저 비례식은 비 2개가 같다는 공식으로 쓰는 거다. 그러니까 1:6 = 2:12 같을 거다. 1을 a 6을 b 2를 C 12를 D로 할 때, 1:6=2:12는 a:b = C:D가 된다. 이때 a,C는 전항, b,D는 후항, a,D는 외항, b,C는 내항이다. 여기서 신기한 게 내항의 곱과 후항의 곱이 같다는 것이다.
1:8 = 2:16   2:3 = 4:6   3:5 = 6:10
  16   12   30
  16   12   30
이 비례식 다. 같게 이걸 수학자 에우독소스가 알아냈다.

<연구주제 1>
연구주제 1은 어떤 비를 다양한 비율로 만들어 보고 어떤 비율이 적당한지 하는 거다.
먼저 7:69를 해 볼거다. 그걸을 표로 나타낼 거다.

	계산식	값
비	7:69	×
비의 값	$\frac{7}{69}$해보면	0.10144927536
백분율	$\frac{7}{69}×100 = \frac{10}{69}$	10.144927536 23
천분율	$\frac{7}{69}×1000$	101.44927536 23
백만분율	$\frac{7}{69}×1000000$	101449.2753623
할푼리	1할 0푼 1리 모	0.10144927536

다음 깨 몰라서 여기 까지 한 거예요.
여기는 백분율이나 천분율이 좋은 것 같다. 왜냐하면 그거는 0.25도 아니고 너무 크지도 않기 때문이다.

<연구주제 2>

이번 연구주제는 나만의 비율을 만드는 거다. (그게 무슨 말인지 모르겠지만 그냥 해 볼게요) 1은 비의 값이고 100은 퍼센트(%)다. 그것 사이에 있는 수도 많다. 하지만 나는 ⑩이 제일 적당한 것 같다. 왜냐하면 2의 배수가 가장 많은데 너무 작고 다른 것 보다는 중간일 것 같은 ⑩이 제일 좋을 것 같다. 제일 어디 쓰는 거 한번 해 볼거다 20:50으로 할거다.

계산식	값	
십분율	$\frac{20}{50} \times 10$	4	퍼 십분율이라고 안 들어봤는게 모르겠다

20:50이 나올 경우는 사탕 50개 중 말을 잘 들어 20개를 받을경우다 다른 비를 해 볼거다 30:45로 할

계산식	값	
십분율	$\frac{30}{45} \times 10$	$\frac{20}{3}$	5 거다

이것도 괜찮다. 딱 하나 더 해 볼거다 5:70으로

계산식	값	
십분율	$\frac{5}{70} \times 10$	$\frac{5}{7}$	해 볼거다 이건은 0. … 이 되어서

좀. 그런데 그래도 괜찮은 것 같다. 내 생각에는 백분율이나 천분율이 제일 괜찮은 것 같다.

<연구주제 3> ##3

이번 연구주제는 내항의 곱과 외항의 곱이 같은 예를 찾는 것이다. 일단 비례식은 두 비가 같을 때 쓰는 거다 그래서 이런뒤 나올 수 있다.

x:y=x×□:y×□

위 식의 내항과 외항의 곱이 같다는 성질을 이용하면 x×y×□ =y×x×□가 나온다. x□가 똑같이 나와 정우면 xy가 나온다. 그건 당연힐 문다. 그래서 내항의 곱과 외항의 곱이 같다. 나는 이것으로 오늘의 연구를 마쳤다.

02 탐구주제 비례배분을 이용해 낙타를 분배하는 방법을 탐구해 봅시다.

<탐구노트 예시>

<연구주제 1>

이번 연구주제는 낙타 분배 문제를 만들고 두가지 방법으로 해결하는 거다. 낙타 분배 문제는 이런거다. 17개의 낙타가 있다. 첫째는 $\frac{1}{2}$, 둘째는 $\frac{1}{3}$, 셋째는 $\frac{1}{9}$을 가져야 한다. 그다음 이것을 푸는 두 가지 방법은 이거다.

1. 낙타 한 마리를 더 가져온다. 그러면 18마리가 되니 첫째 9마리, 둘째 6마리, 셋째 2마리 가지게 된다. 첫째, 둘째, 셋째의 합이 9+6+2인 17이 맞으니 이렇게 하면 된다.

2. $\frac{1}{2}, \frac{1}{3}, \frac{1}{9}$을 비로 나타내면 $\frac{1}{2}:\frac{1}{3}:\frac{1}{9}$이 되는데, 그걸 가장 간단한 자연수 비로 나타내면 9:6:2가 된다. 그 비대로 나누어 가져가면 끝!!!

그래서 다음 장에 문제를 만들 것이다. 여기는 자리가 없기 때문이다.

다음장에~

① 21개의 사탕이 있다. 주윤이는 사탕의 $\frac{1}{2}$, 영재는 사탕의 $\frac{1}{3}$, 성주는 사탕의 $\frac{1}{5}$을 준다고 할때, 각자 몇 개씩 가지게 되는지 구하세요. ♡♡ Candy

1. 3,5,6의 최소공배수는 30이니까 30개의 사탕이 있어야 한다. 그런데 이미 21개 있으니 30개-21개인 9개를 가져온다. 그러면 각각 $\frac{1}{2}, \frac{1}{3}, \frac{1}{5}$씩 가져가야 하니까 10개, 6개, 5개씩 가져가야 한다. 10+6+5는 21개가 맞다.

2. $\frac{1}{3}, \frac{1}{5}, \frac{1}{6}$를 비로 나타내면 $\frac{1}{3}:\frac{1}{5}:\frac{1}{6}$이다. 그걸 간단한 자연수의 비로 나타내면 10:6:5가 된다. 10+6+5는 21개, 맞다.

나는 이 두가지 방법 중 2번이 더 편한 것 같다. 더 쉽고 빨리 할 수 있기 때문이다.

다음 장에 2번 문제를 만들 거다.

② 책 13권이 있다. 채현이는 $\frac{1}{4}$, 동현이는 $\frac{1}{6}$, 윤나는 $\frac{1}{8}$로 가질 때 몇개씩 가지게 되는지 구하세요. 📚 Books

1. 4, 6, 8의 최소공배수는 24니까 24-13인 11개를 더 가져온다. 11개를 가져오면 24개가 된다. 24개의 $\frac{1}{4}, \frac{1}{6}, \frac{1}{8}$을 각각 하면 6개, 4개, 3개가 된다. 6+4+3은 13이니까 맞다.

2. $\frac{1}{4}, \frac{1}{6}, \frac{1}{8}$을 비로 나타내면 $\frac{1}{4}:\frac{1}{6}:\frac{1}{8}$이다 그런데 그걸 가장 간단한 자연수의 비로 나타낼거다. 4,6,8의 최소공배수는 24니까 24를 각각 곱하면 6개, 4개, 3개가 된다. 6+4+3은 13개가 맞다.

③ 문구점에 연필을 판다. 채현이, 호진이, 라온이가 매쓰몽에 쓸 연필을 살 때 각각 $\frac{1}{2}, \frac{1}{5}, \frac{1}{7}$로 가졌다. 연필이 50개 있을 때 채현이, 호진이, 라온이가 산 연필 개수는 각각 몇개씩 입니까?

1. 3, 5, 7의 최소공배수는 70이니까 70-50인 13개 가져온다. 70개를 $\frac{1}{2}, \frac{1}{5}, \frac{1}{7}$로 나누면 35개, 14개, 10개

가 된다. 그것을 다 더하면 35+14+10=59다. 맞다.

2. $\frac{1}{2}, \frac{1}{5}, \frac{1}{7}$를 가장 간단한 자연수 비로 나타내면 35:14:10이 된다. 35+14+10은 59가 맞다.

④ 39개의 조개가 있다. 이 조개의 $\frac{1}{3}$을 재원이가, 이 조개의 $\frac{1}{5}$을 재훈이가 이 조개의 $\frac{1}{6}$을 예린이가, 이 조개의 $\frac{1}{10}$은 기준이가 가질 때 재원이, 재훈이, 예린이, 기준이는 조개를 몇 개씩 가질까요?

1. 3, 5, 6, 10의 최소공배수는 30이다. 39-30인 9개를 뺀다. 그러면 30개가 남는다. 30개의 $\frac{1}{3}$는 10개, 30개의 $\frac{1}{5}$은 6개, 30개의 $\frac{1}{6}$은 5개, 30개의 $\frac{1}{10}$은 3개니까 재원이는 10개, 재훈이가 6개, 예린이가 5개, 기준이가 3개를 가져가게 된다. 10+6+5+3은 39개가 맞다!!! (이게 맞는지 모르겠어요)

2. $\frac{1}{3}, \frac{1}{5}, \frac{1}{6}, \frac{1}{10}$을 비로 나타내면 $\frac{1}{3}:\frac{1}{5}:\frac{1}{6}:\frac{1}{10}$이다. 그 비를 가장 간단한 자연수 비로 나타내면 10:6:5:3이다. 10+6+5+3=24개가 맞다. (맞는지 모르겠어요)

6·3
아무도 풀지 못한 문제

11명의 수학자들의 삶과 중요한 일화를 소개한 책입니다. 고대 수학자(탈레스, 피타고라스, 유클리드)부터 중세와 근대 수학자(페르마, 뉴턴, 오일러, 가우스), 현대 수학자(갈루아, 라마누잔, 에르되시, 헤이스케)까지 소개되어 있습니다.

이 책은 너무나 멀고 위대하게만 느껴졌던 수학자들의 일생을 친근하게 느끼게 합니다. 한편으로는 평범해 보이지만 엉뚱한 그들의 모습들이 매우 재미있게 느껴질 겁니다. 수학자들을 소개한 다음에 수록한 '생각거리'는 학생들이 탐구할 만한 주제들을 던져 주고 있습니다. 이 책은 수학자들에 대한 내용을 먼저 읽고, 나중에 따로 이 부분만 읽어도 충분한 수학상식을 얻을 수 있을 것입니다.

고대 그리스 지역의 수학자들에 대해 조사합시다.

고대 그리스 지역(이탈리아, 이집트 등)의 수학자들을 조사해 보세요.

수학자들의 업적을 간단히 정리하고 수학자 연표를 만들어 보세요.

 **근대 이후의 수학자들에 대해 조사합시다.**

16세기 이후의 수학자들을 조사해 보세요. 수학자들의 업적을 간단히 정리하고 수학자 연표를 만들어 보세요.

탐구주제 01
고대 그리스 지역의 수학자들에 대해 조사합시다. <탐구노트 예시>

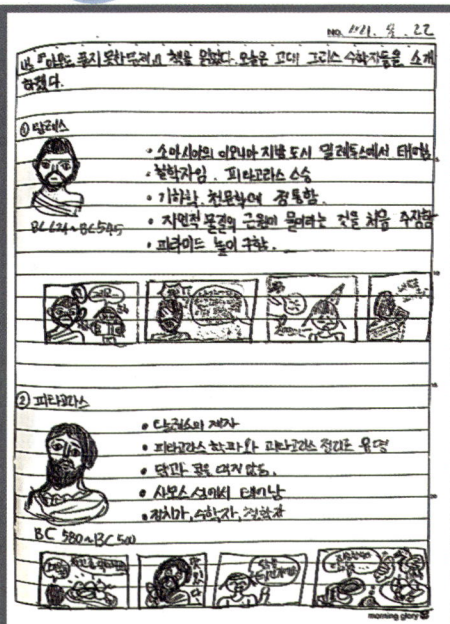

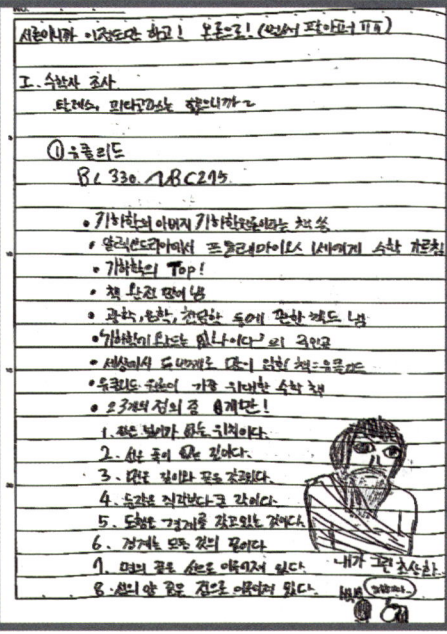

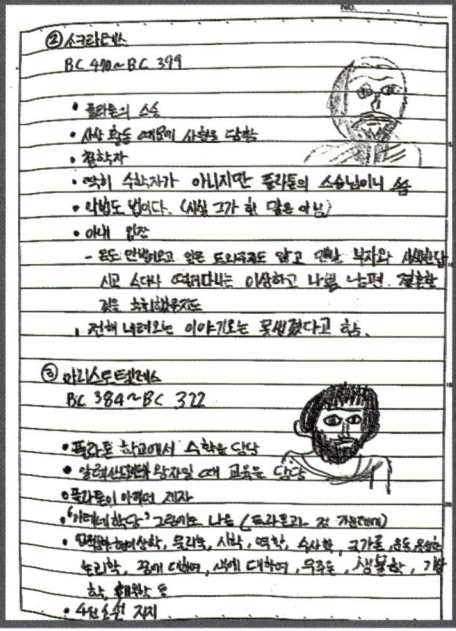

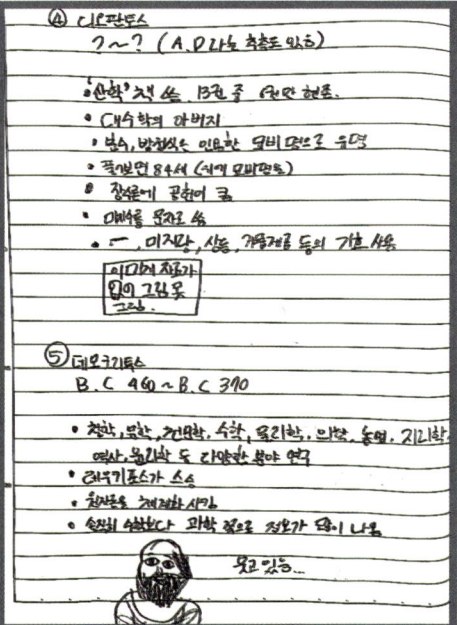

⑥ 히포크라스
BC 408~BC 355

- 수학자, 천문학자, 의학도 공부, 철학도 공부
- 아르키타스나 테로메도, 플라톤의 제자
- 정육면적 뇌피 ×2, 문제를 무리에도 적용되는 비례론 세움
- 구면상 곡선 문제도 연구
- 각도, 원론에 대해 연구
- 도심선거식 즉시

① 제논
BC 490~BC 420

- ∞ (구간)
- 움직일순 불가능하다 (도착의 맟닿은 애들이 거의 많아서 거의 반반)
- 의 선자 대중이 사형당함 (아니다)

(송계 27 때)

⑧ 파르메니데스
BC 515~BC 445

- 존재론이 시작된 존재
- 움직이 철학자정의 검갈아 쉽게 되는..
- "아테네 학당" 그림 신전에 나옴
- 있는건 있고 없는건 없다.

서론 2명까지 포함해서 끝! 힘들었어 ㅠㅠ

Ⅱ. 연대표 연도기

탈레스 = BC 630~BC 550
피타고라스 = BC 580~BC 500
제논 = BC 490~BC 420   → 파르메니데스
소크라테스 = BC 470~BC 399   BC 520~BC
데모크리토스 = BC 460~BC 370
히포크라스 = BC 408~BC 360
유클리드 = BC 330~BC 285
디오판토스 = ?~?   (630-280 = 350)

디오판토스는 빼고

탐구주제 02: 근대 이후의 수학자들에 대해 조사합시다. <탐구노트 예시>

6·4
조충지가 들려주는 원 1 이야기

- 수와 연산
- 도형 ✓
- 측정 ✓
- 자료와 가능성
- 규칙성

이 책은 '수학자가 들려주는 수학 이야기' 시리즈의 28권입니다. 5세기 중국의 천문학자이자 수학자였던 조충지는 동양 최초로 원주율을 계산한 수학자입니다. 그가 들려주는 이야기의 형식으로 되어 있는 이 책은 원과 관련된 초중등 교과의 내용을 배경지식과 함께 전달하고 있습니다. 호와 부채꼴, 원의 넓이와 둘레, 원주율계산, 원을 이용한 작도, 굴림대와 도르래와 같은 원을 이용한 과학까지 다루고 있지요. 가볍게 읽고 끝내기보다는 관련 문제들을 스스로 찾아서 탐구할 내용이 정말 많은 책입니다.

부채꼴을 활용해 다양한 도형의 길이와 넓이를 구해 봅시다.

(1) 부채꼴과 다각형 등을 이용해 다양한 모양을 만들어 보세요. 그리고 이렇게 만든 도형들의 둘레 길이와 넓이를 구해 보세요.

(2) 끈에 묶인 채로 움직이는 강아지가 있다고 합시다. 주변에 아무런 장애물이 없다면 강아지가 움직일 수 있는 영역은 원 모

양이 됩니다. 하지만 주변에 장애물들이 있어 갈 수 없는 영역이 있거나 끈이 꺾이게 되면 움직일 수 있는 영역은 부채꼴들로 이루어진 도형이 됩니다. 이런 모양들을 직접 만들고 강아지가 움직일 수 있는 영역의 넓이를 계산해 보세요.

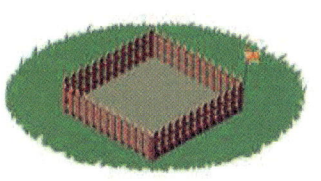 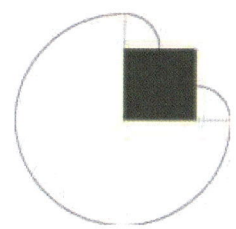

아리스토텔레스의 역설을 설명하고 트로코이드를 그려 봅시다.

(1) 원이 아닌 다각형을 이용해 아리스토텔레스의 역설을 설명해 보세요. 예를 들어 크기가 다른 두 정사각형을 중심이 같게 그리고, 큰 정사각형이 한 바퀴 구를 때 작은 정사각형이 어떻게 이동하는지 그림으로 그려 보세요.

또 육각형, 팔각형 등의 다각형으로도 그려보세요. 그리고 원의 경우 어떤 일이 벌어지는지 설명해 보세요.

(2) 원이 구를 때 사이클로이드라는 곡선이 만들어집니다. 아리스토텔레스의 역설을 설명하기 위해 작은 원이 한 바퀴 구를 때 만들어지는 곡선을 그려 보세요.(이 곡선을 트로코이드라고 부릅니다.)

또 트로코이드가 사이클로이드와 다른 점을 설명해 보세요.

01 탐구주제 부채꼴을 활용해 다양한 도형의 길이와 넓이를 구해 봅시다.

<탐구노트 예시>

아리스토텔레스의 역설을 설명하고 트로코이드를 그려 봅시다.
<탐구노트 예시>

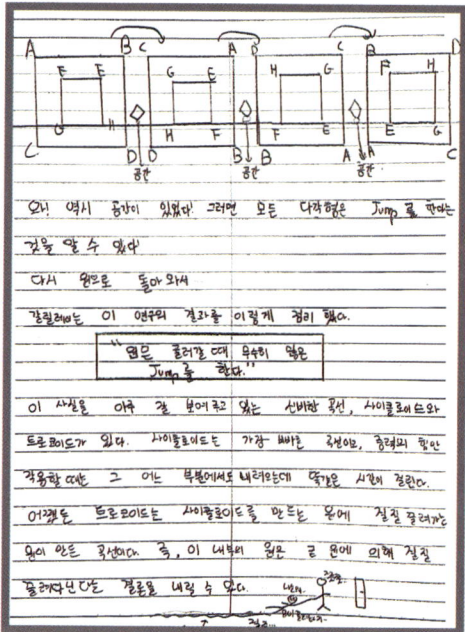

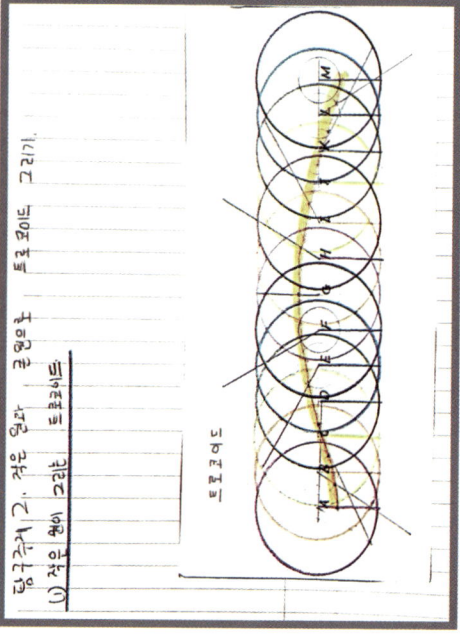

6·5
아르키메데스가 들려주는 다면체 이야기

이 책은 '수학자가 들려주는 수학 이야기' 시리즈의 12권입니다. 고대 그리스의 수학자인 아르키메데스가 아홉 번의 수업을 통해 다면체의 다양한 모습과 그 속에 숨겨진 원리를 알려줍니다. 각기둥, 각뿔의 형태와 수학적인 정의, 입체도형의 부피 등 초등학교와 중학교에서 다루는 수학 내용을 아르키메데스의 강의를 통해 담아냈습니다. 그리고 각뿔이 되는 모양과 그렇지 않은 모양, 뿔의 부피가 기둥 부피의 1/3이 되는 모양 등 자칫 소홀하게 넘어가거나 증명 없이 받아들이는 내용들을 다루고 있습니다. 우리 주변에서 찾을 수 있는 다면체로부터 다면체를 구성하고 있는 요소들을 살펴보고, 다면체를 직접 만드는 데 필요한 전개도 그리는 방법을 살펴봅니다. 또한 정다면체를 잘라서 만든 아르키메데스의 다면체 등을 소개하고, 정삼각형들만 이어 붙여 만드는 다면체, 정다각형을 이어 붙여 만드는 다면체 등 다양한 모양의 다면체를 만드는 방법도 함께 소개했습니다.

정다면체의 일부를 자른 다면체의 전개도를 그려 봅시다.

정다면체의 일부를 자른 다면체의 전개도를 한 번에 쉽게 그릴 수는 없습니다. 이 경우 정다면체의 전개도를 먼저 그린 뒤 잘린 부분을 전개도에서 찾아서 바꿔 그리면 됩니다.

(1) 사각뿔과 정육면체의 전개도를 그려 보세요.

(2) 정육면체의 모든 꼭짓점 부분을 자른 도형의 전개도를 그려 보세요.

오일러 지표를 연구해 봅시다.

입체도형의 오일러 지표는 항상 2입니다. 하지만 도형에 구멍이 있는 경우 오일러 지표의 값은 바뀝니다. 구멍이 있는 다면체의 경우 구멍이 있는 면은 꼭짓점들을 잘 연결해 다각형들로 나눠서 해결할 수 있습니다.

(1) 구멍이 1개, 2개, 3개인 경우 오일러 지표의 값을 계산해 보세요.

(2) 구멍의 개수에 따른 오일러 지표의 변화를 보고 규칙을 찾아 보세요. 그리고 주변의 여러 가지 물건들을 살펴보고 구멍의 개수를 세어본 뒤, 오일러 지표의 값이 얼마인지 생각해 보세요.

준정다면체를 분석해 봅시다.

준정다면체는 정다면체를 자르거나 부풀려서 만들 수 있습니다. 여러 가지 준정다면체를 그려 보고 꼭짓점, 모서리, 면의 개수와 종류, 한 꼭짓점에 모인 다각형의 내각의 합 등을 알아보세요.

그리고 이 결과를 토대로 축구공에 정이십면체를 사용하는 이유에 대한 생각을 정리해 보세요.

 정다면체의 일부를 자른 다면체의 전개도를 그려 봅시다.

<탐구노트 예시>

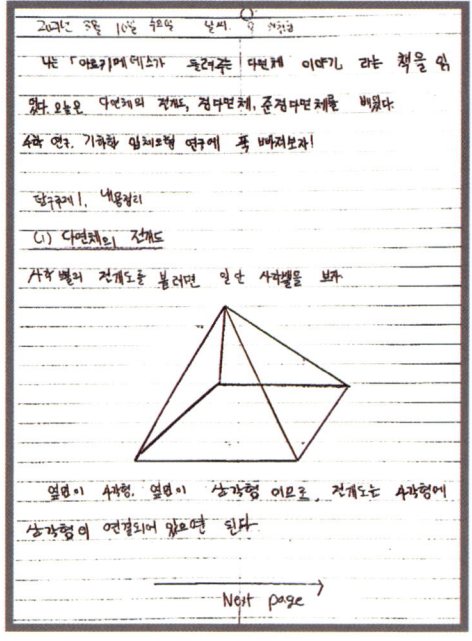

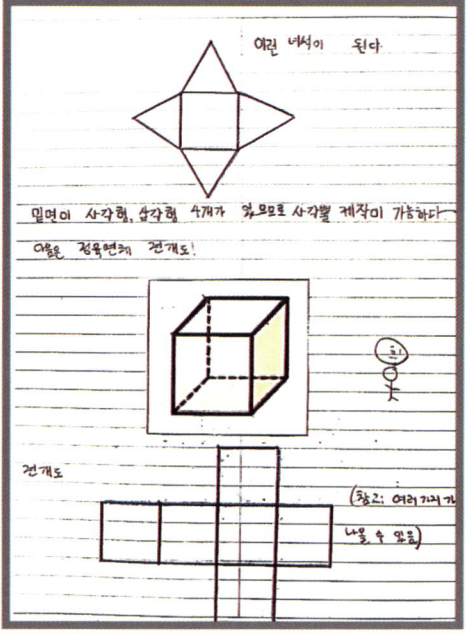

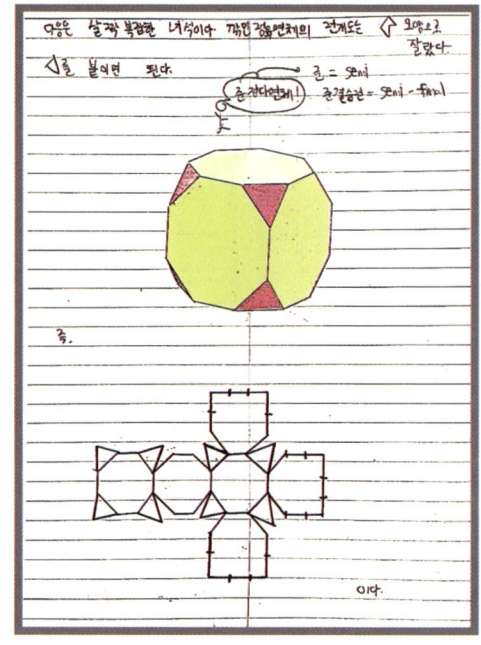

오일러 지표를 연구해 봅시다. <탐구노트 예시>

- 오일러 지표와 위상기하
오일러 지표는 기하학적 변환 → 위상 공간속
도형이나 구조가 규칙적으로 일정한 값을 이루는 양상

오일러는 입체도형에서 규칙을 찾았다.
바로 점의 변화 + 면의 변화 = 선의 변화라는
결과 V - e + f = 2 (구멍없음) 이라는걸
찾아낸것이다
(꼭)(선)(면)

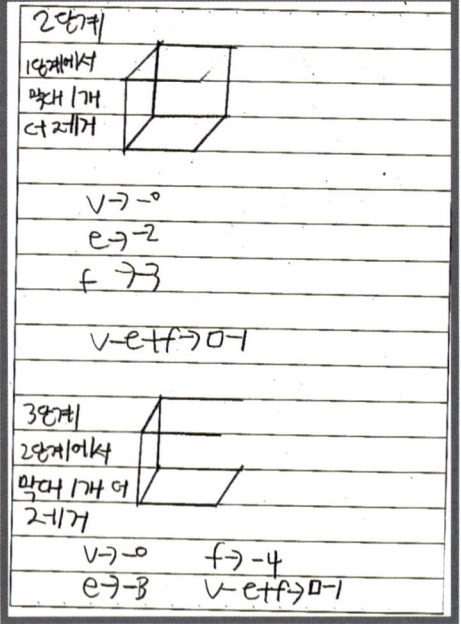

점→4개   점→6개   점→10개
선→6개   선→8개   선→15개
면→4개   면→5개

점→9개   면→7개
선→6개   점의 변화 + 면의 변화
면→7개   = 선의 변화

V-e+f=2 (구멍없음) 라는 것을 이제 증명해
볼것이다

V-e+f가 0이라면
1단계
모서리 1개
제거

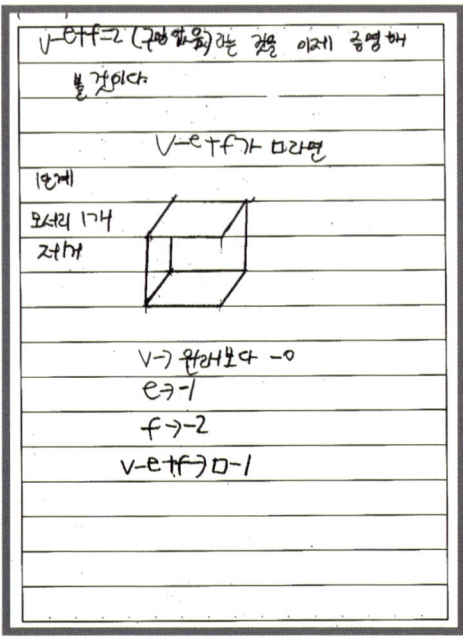

V → 원래보다 -0
e → -1
f → -2
V-e+f → 0-1

2단계
1단계에서
막대 1개
더 제거

V → 0
e → -2
f → -3

V-e+f → 0-1

3단계
2단계에서
막대 1개 더
제거

V → 0 f → -4
e → -3 V-e+f → 0-1

4단계
3단계에서 막대
1개더 제거

V → 0
e → -4
f → -5
V-e+f → 0-1

5단계
4단계에서
막대 1개 더
제거

V → 0
e → -5
f → -6
V-e+f → 0-1-1

234

면=1 면=2

구멍이 있다면?

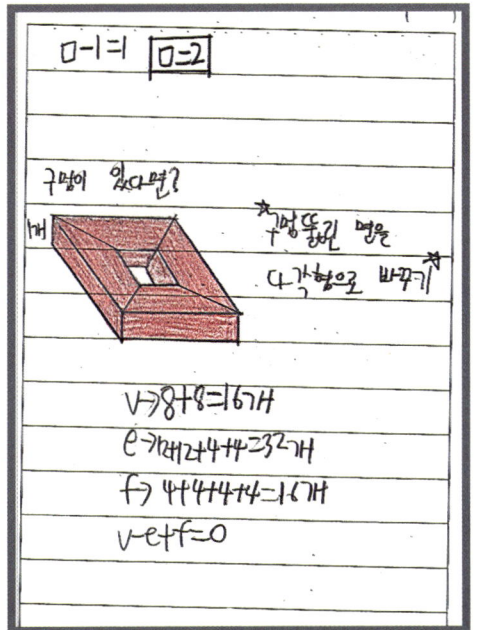

구멍뚫린 면을 다각형으로 바꾸기

v→8+8=16개
e→12+12+4+4=32개
f→4+4+4+4=16개
v-e+f=0

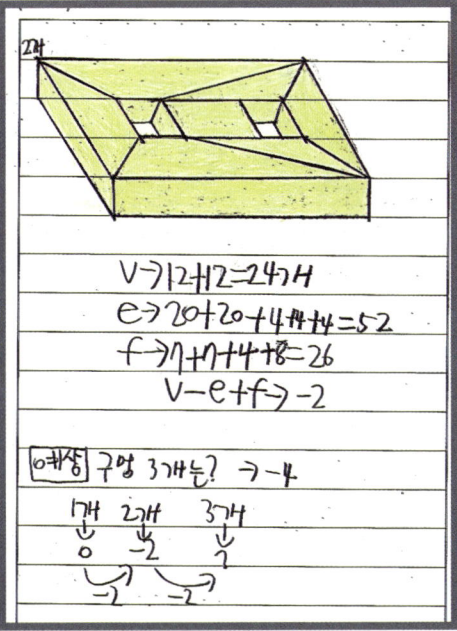

2개

v→12+12=24개
e→20+20+4+4+4=52
f→7+7+4+8=26
v-e+f→-2

예상 구멍 3개는? →-4

1개 2개 3개
 ↓   ↓   ↓
 0   -2   -4

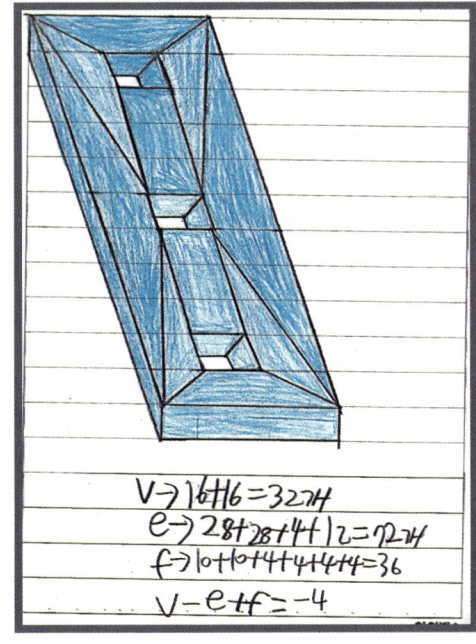

v→16+16=32개
e→28+28+4+12=72개
f→10+10+4+4+4+4=36
v-e+f=-4

03 탐구주제: 준정다면체를 분석해 봅시다. <탐구노트 예시>

제목: 아르키메데스가 돌려주는 다면체

나는 준정다면체를 연구하고 4차원을 간단하게 연구한 것이다.

1. 준정다면체

과거 축구공은 가죽의 방광에 공기를 넣거나 새끼줄을 말아서 둥글둥글한 모양을 만들었다. 그러나, 영국랜드 축구협회는 1872년 축구공에 대한 규격을 제시했다. 1962년 ADIDAS는 FIFA 공인구를 최초 만들었다. 그것은 지금도 쓰이고 있다.

텔스타 (Telstar)
세계 최초의 FIFA 공인구

Telstar는 구에 가장 가까운 입체도형이며 제조 용이하고 볼 컨트롤이 쉬워 오랫동안 공인구로 사용되었다. 그 모양은 결국 정2면체 12개와 정육각형 20개가 이루어져 있는데, 2200년전 아르키메데스가 처음 찾아내었다.

아르키메데스는 플라톤 다면체나 다른 다면체를 정의했는데, 원저서가 손실이 되어서가 1619년 케플러가 알아내어, 아르키메데스 다면체는 면이 두 종류 이상이다.

아르키메데스 [김상면(박학문)]

아르키메데스 다면체는 중앙다면체 또는 반정다면체 라고 한다. 준정다면체는 아르키메데스가 찾아낸 것 외에 오랫동안 있었는데 케플러에 의해 발견하고 푸엥소가 정리하여 케플러 푸엥소 다면체라고 한다.

이 밖에도
· 각기둥, 엇각기둥
· Johnson solid
· Catalan solid
· 7각기둥, 7각 엇각기둥
· 지오데식 구면

이 있다.
아르키메데스 다면체는 13가지가 있는데, 잘라서 만든거나 부풀려서 만들 수 있다.

아르키메데스 다면체는 깎은 정사면체, 깎은 정육면체, 깎은 정 팔면체, 깎은 정십이면체, 깎은 정 이십면체, 육팔면체, 십이이십면체, 마름모꼴 육팔면체, 깎은 정십이면체, 이중정십팔면체, 이중것단 이십면체, 부풀린 정육면체, 부풀린 정 십이면체로 총 13가지가 있다.

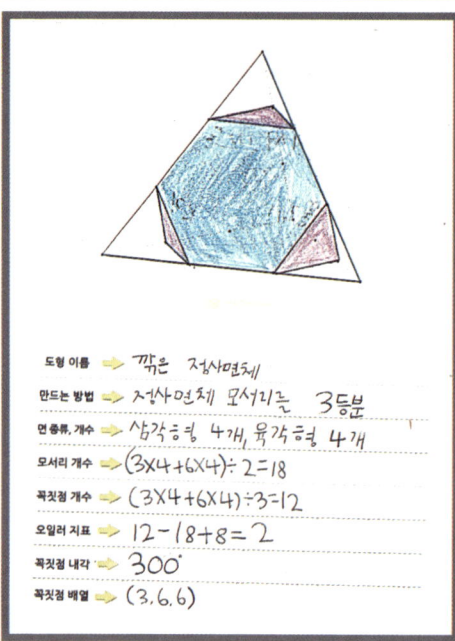

도형 이름 → 깎은 정사면체
만드는 방법 → 정사면체 모서리를 3등분
면 종류, 개수 → 삼각형 4개, 육각형 4개
모서리 개수 → $(3 \times 4 + 6 \times 4) \div 2 = 18$
꼭짓점 개수 → $(3 \times 4 + 6 \times 4) \div 3 = 12$
오일러 지표 → $12 - 18 + 8 = 2$
꼭짓점 내각 → $300°$
꼭짓점 배열 → $(3, 6, 6)$

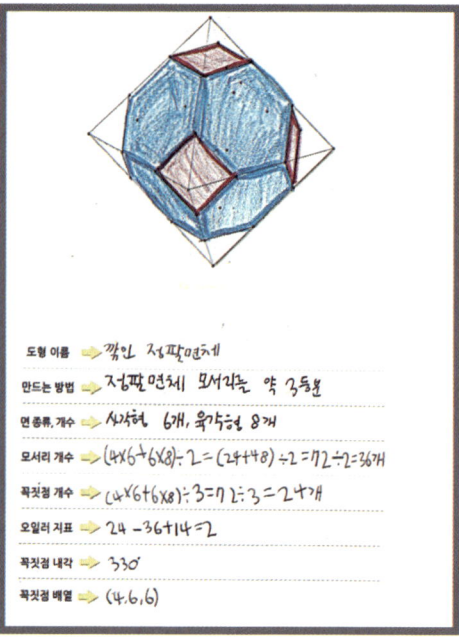

도형 이름 → 깎은 정팔면체
만드는 방법 → 정팔면체 모서리를 약 3등분
면 종류, 개수 → 사각형 6개, 육각형 8개
모서리 개수 → $(4 \times 6 + 6 \times 8) \div 2 = (24 + 48) \div 2 = 72 \div 2 = 36$개
꼭짓점 개수 → $(4 \times 6 + 6 \times 8) \div 3 = 72 \div 3 = 24$개
오일러 지표 → $24 - 36 + 14 = 2$
꼭짓점 내각 → $330°$
꼭짓점 배열 → $(4, 6, 6)$

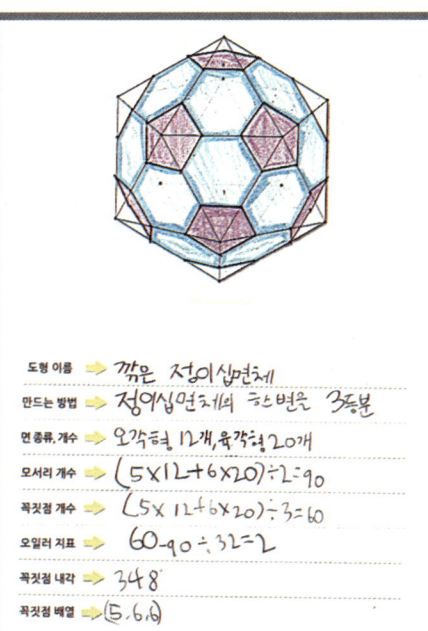

- 도형 이름 ➡ 깎은 정이십면체
- 만드는 방법 ➡ 정이십면체의 한 변을 3등분
- 면 종류, 개수 ➡ 오각형 12개, 육각형 20개
- 모서리 개수 ➡ (5×12+6×20)÷2=90
- 꼭짓점 개수 ➡ (5×12+6×20)÷3=60
- 오일러 지표 ➡ 60-90+32=2
- 꼭짓점 내각 ➡ 348°
- 꼭짓점 배열 ➡ (5,6,6)

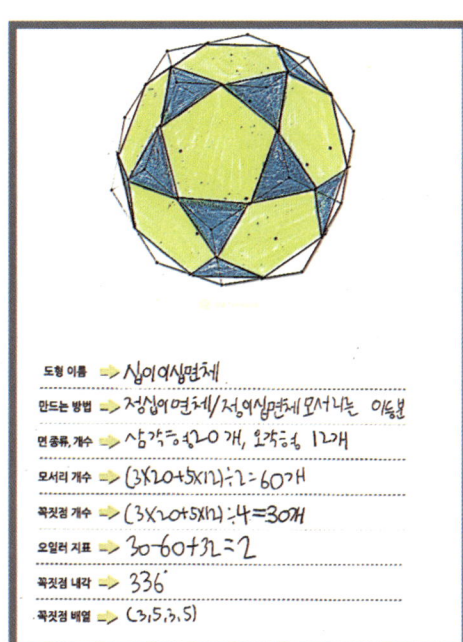

- 도형 이름 ➡ 십이이십면체
- 만드는 방법 ➡ 정십이면체/정이십면체 모서리 중 이등분
- 면 종류, 개수 ➡ 삼각형 20개, 오각형 12개
- 모서리 개수 ➡ (3×20+5×12)÷2=60개
- 꼭짓점 개수 ➡ (3×20+5×12)÷4=30개
- 오일러 지표 ➡ 30-60+32=2
- 꼭짓점 내각 ➡ 336°
- 꼭짓점 배열 ➡ (3,5,3,5)

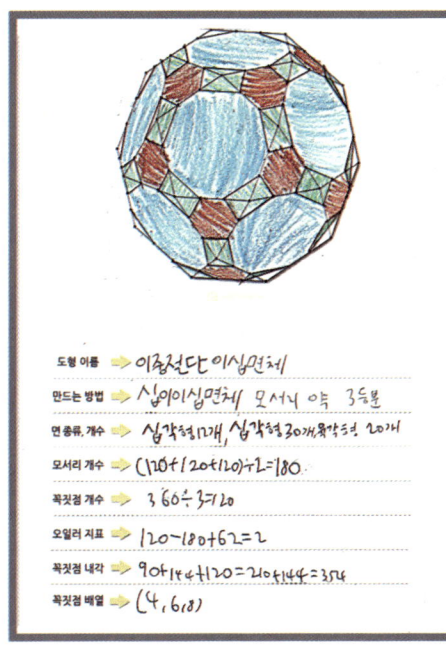

- 도형 이름 ➡ 이중절단 이십면체
- 만드는 방법 ➡ 십이이십면체 모서리 약 3등분
- 면 종류, 개수 ➡ 삼각형 12개, 삼각형 30개, 육각형 20개
- 모서리 개수 ➡ (120+120+120)÷2=180
- 꼭짓점 개수 ➡ 360÷3=120
- 오일러 지표 ➡ 120-180+62=2
- 꼭짓점 내각 ➡ 90°×1+120°×2+144°=354°
- 꼭짓점 배열 ➡ (4,6,18)

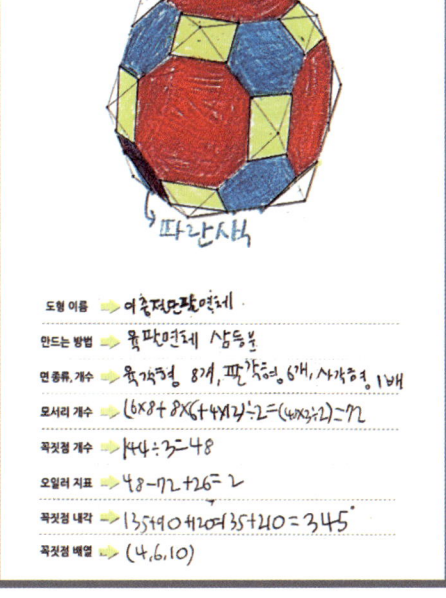

- 도형 이름 ➡ 이중절단면체
- 만드는 방법 ➡ 육팔면체 삼등분
- 면 종류, 개수 ➡ 육각형 8개, 팔각형 6개, 사각형 1배
- 모서리 개수 ➡ (6×8+8×6+4×24)÷2=(4×3÷2)=72
- 꼭짓점 개수 ➡ 144÷3=48
- 오일러 지표 ➡ 48-72+26=2
- 꼭짓점 내각 ➡ 135°+120°+35°+20°=345°
- 꼭짓점 배열 ➡ (4,6,10)

03

초등교육과정
매쓰몽 추천도서

1
학년별, 영역별 단원분석

　이 책의 제2부에서는 학년별 추천 수학동화를 소개하며 그와 관련된 탐구주제와 탐구노트를 소개했습니다. 하지만 제2부에서 소개한 책들 외에도 읽어야 할 책들이 많답니다. 그래서 제3부에서는 실제로 매쓰몽 수업에서 아이들이 읽고 있는 추천도서를 학년별, 영역별로 소개하고자 합니다.

　초등수학교과는 '수와 연산', '도형', '측정', '규칙성', '자료와 가능성'으로 영역이 나뉩니다. 그렇다면 초등수학에서 가장 큰 비중을 차지하는 영역은 무엇일까요? 초등수학교과의 전 학년에 걸친 영역별 비중은 다음과 같습니다. 수와 연산 영역이 46%로 가장 비중이 크고, 도형이 20%, 측정이 12%, 자료와 가능성이 10%의 비중을 차지하며, 규칙성은 7%로 가장 비중이 작습니다. 46%의 비중이 말해 주듯이 초등수학에서 가장 중요한 것은 수와 연산입니다.

● 1~3학년 ●

		1학년		2학년		3학년	
		1학기	2학기	1학기	2학기	1학기	2학기
수와 연산		1. 9까지의 수	1. 100까지의 수	1. 세 자리 수	1. 네 자리 수	1. 덧셈과 뺄셈	1. 곱셈
		2. 여러 가지 모양	2. 덧셈과 뺄셈(1)	2. 여러 가지 도형	2. 곱셈구구	2. 평면도형	2. 나눗셈
		3. 덧셈과 뺄셈	3. 여러 가지 모양	3. 덧셈과 뺄셈	3. 길이 재기	3. 나눗셈	3. 원
		4. 비교하기	4. 덧셈과 뺄셈(2)	4. 길이 재기	4. 시각과 시간	4. 곱셈	4. 분수
		5. 50까지의 수	5. 시계 보기와 규칙 찾기	5. 분류하기	5. 표와 그래프	5. 시간과 길이	5. 들이와 무게
			6. 덧셈과 뺄셈(3)	6. 곱셈	6. 규칙 찾기	6. 분수와 소수	6. 자료의 정리

		1학년		2학년		3학년	
		1학기	2학기	1학기	2학기	1학기	2학기
도형		1. 9까지의 수	1. 100까지의 수	1. 세 자리 수	1. 네 자리 수	1. 덧셈과 뺄셈	1. 곱셈
		2. 여러 가지 모양	2. 덧셈과 뺄셈(1)	2. 여러 가지 도형	2. 곱셈구구	2. 평면도형	2. 나눗셈
		3. 덧셈과 뺄셈	3. 여러 가지 모양	3. 덧셈과 뺄셈	3. 길이 재기	3. 나눗셈	3. 원
		4. 비교하기	4. 덧셈과 뺄셈(2)	4. 길이 재기	4. 시각과 시간	4. 곱셈	4. 분수
		5. 50까지의 수	5. 시계 보기와 규칙 찾기	5. 분류하기	5. 표와 그래프	5. 시간과 길이	5. 들이와 무게
			6. 덧셈과 뺄셈(3)	6. 곱셈	6. 규칙 찾기	6. 분수와 소수	6. 자료의 정리

		1학년		2학년		3학년	
		1학기	2학기	1학기	2학기	1학기	2학기
측정		1. 9까지의 수	1. 100까지의 수	1. 세 자리 수	1. 네 자리 수	1. 덧셈과 뺄셈	1. 곱셈
		2. 여러 가지 모양	2. 덧셈과 뺄셈(1)	2. 여러 가지 도형	2. 곱셈구구	2. 평면도형	2. 나눗셈
		3. 덧셈과 뺄셈	3. 여러 가지 모양	3. 덧셈과 뺄셈	3. 길이 재기	3. 나눗셈	3. 원
		4. 비교하기	4. 덧셈과 뺄셈(2)	4. 길이 재기	4. 시각과 시간	4. 곱셈	4. 분수
		5. 50까지의 수	5. 시계 보기와 규칙 찾기	5. 분류하기	5. 표와 그래프	5. 길이와 시간	5. 들이와 무게
			6. 덧셈과 뺄셈(3)	6. 곱셈	6. 규칙 찾기	6. 분수와 소수	6. 자료의 정리

	1학년		2학년		3학년	
	1학기	2학기	1학기	2학기	1학기	2학기
규칙성	1. 9까지의 수	1. 100까지의 수	1. 세 자리 수	1. 네 자리 수	1. 덧셈과 뺄셈	1. 곱셈
	2. 여러 가지 모양	2. 덧셈과 뺄셈(1)	2. 여러 가지 도형	2. 곱셈구구	2. 평면도형	2. 나눗셈
	3. 덧셈과 뺄셈	3. 여러 가지 모양	3. 덧셈과 뺄셈	3. 길이 재기	3. 나눗셈	3. 원
	4. 비교하기	4. 덧셈과 뺄셈(2)	4. 길이 재기	4. 시각과 시간	4. 곱셈	4. 분수
	5. 50까지의 수	5. 시계 보기와 규칙 찾기	5. 분류하기	5. 표와 그래프	5. 시간과 길이	5. 들이와 무게
		6. 덧셈과 뺄셈(3)	6. 곱셈	6. 규칙 찾기	6. 분수와 소수	6. 자료의 정리

	1학년		2학년		3학년	
	1학기	2학기	1학기	2학기	1학기	2학기
자료와 가능성	1. 9까지의 수	1. 100까지의 수	1. 세 자리 수	1. 네 자리 수	1. 덧셈과 뺄셈	1. 곱셈
	2. 여러 가지 모양	2. 덧셈과 뺄셈(1)	2. 여러 가지 도형	2. 곱셈구구	2. 평면도형	2. 나눗셈
	3. 덧셈과 뺄셈	3. 여러 가지 모양	3. 덧셈과 뺄셈	3. 길이 재기	3. 나눗셈	3. 원
	4. 비교하기	4. 덧셈과 뺄셈(2)	4. 길이 재기	4. 시각과 시간	4. 곱셈	4. 분수
	5. 50까지의 수	5. 시계 보기와 규칙 찾기	5. 분류하기	5. 표와 그래프	5. 시간과 길이	5. 들이와 무게
		6. 덧셈과 뺄셈(3)	6. 곱셈	6. 규칙 찾기	6. 분수와 소수	6. 자료의 정리

● 4~6학년 ●

		4학년		5학년		6학년	
		1학기	2학기	1학기	2학기	1학기	2학기
수와 연산		1. 큰 수	1. 분수의 덧셈과 뺄셈	1. 자연수의 혼합계산	1. 수의 범위와 어림하기	1. 분수의 나눗셈	1. 분수의 나눗셈
		2. 각도	2. 삼각형	2. 약수와 배수	2. 분수의 곱셈	2. 각기둥과 각뿔	2. 소수의 나눗셈
		3. 곱셈과 나눗셈	3. 소수의 덧셈과 뺄셈	3. 규칙과 대응	3. 합동과 대칭	3. 소수의 나눗셈	3. 공간과 입체
		4. 평면도형의 이동	4. 사각형	4. 약분과 통분	4. 소수의 곱셈	4. 비와 비율	4. 비례식과 비례배분
		5. 막대그래프	5. 꺾은선그래프	5. 분수의 덧셈과 뺄셈	5. 직육면체	5. 여러 가지 그래프	5. 원의 넓이
		6. 규칙 찾기	6. 다각형	6. 다각형의 둘레와 넓이	6. 평균과 가능성	6. 직육면체의 겉넓이와 부피	6. 원기둥, 원뿔, 구

		4학년		5학년		6학년	
		1학기	2학기	1학기	2학기	1학기	2학기
도형		1. 큰 수	1. 분수의 덧셈과 뺄셈	1. 자연수의 혼합계산	1. 수의 범위와 어림하기	1. 분수의 나눗셈	1. 분수의 나눗셈
		2. 각도	2. 삼각형	2. 약수와 배수	2. 분수의 곱셈	2. 각기둥과 각뿔	2. 소수의 나눗셈
		3. 곱셈과 나눗셈	3. 소수의 덧셈과 뺄셈	3. 규칙과 대응	3. 합동과 대칭	3. 소수의 나눗셈	3. 공간과 입체
		4. 평면도형의 이동	4. 사각형	4. 약분과 통분	4. 소수의 곱셈	4. 비와 비율	4. 비례식과 비례배분
		5. 막대그래프	5. 꺾은선그래프	5. 분수의 덧셈과 뺄셈	5. 직육면체	5. 여러 가지 그래프	5. 원의 넓이
		6. 규칙 찾기	6. 다각형	6. 다각형의 둘레와 넓이	6. 평균과 가능성	6. 직육면체의 겉넓이와 부피	6. 원기둥, 원뿔, 구

		4학년		5학년		6학년	
		1학기	2학기	1학기	2학기	1학기	2학기
측정		1. 큰 수	1. 분수의 덧셈과 뺄셈	1. 자연수의 혼합계산	1. 수의 범위와 어림하기	1. 분수의 나눗셈	1. 분수의 나눗셈
		2. 각도	2. 삼각형	2. 약수와 배수	2. 분수의 곱셈	2. 각기둥과 각뿔	2. 소수의 나눗셈
		3. 곱셈과 나눗셈	3. 소수의 덧셈과 뺄셈	3. 규칙과 대응	3. 합동과 대칭	3. 소수의 나눗셈	3. 공간과 입체
		4. 평면도형의 이동	4. 사각형	4. 약분과 통분	4. 소수의 곱셈	4. 비와 비율	4. 비례식과 비례배분
		5. 막대그래프	5. 꺾은선그래프	5. 분수의 덧셈과 뺄셈	5. 직육면체	5. 여러 가지 그래프	5. 원의 넓이
		6. 규칙 찾기	6. 다각형	6. 다각형의 둘레와 넓이	6. 평균과 가능성	6. 직육면체의 겉넓이와 부피	6. 원기둥, 원뿔, 구

	4학년		5학년		6학년	
	1학기	2학기	1학기	2학기	1학기	2학기
규칙성	1. 큰 수	1. 분수의 덧셈과 뺄셈	1. 자연수의 혼합계산	1. 수의 범위와 어림하기	1. 분수의 나눗셈	1. 분수의 나눗셈
	2. 각도	2. 삼각형	2. 약수와 배수	2. 분수의 곱셈	2. 각기둥과 각뿔	2. 소수의 나눗셈
	3. 곱셈과 나눗셈	3. 소수의 덧셈과 뺄셈	3. 규칙과 대응	3. 합동과 대칭	3. 소수의 나눗셈	3. 공간과 입체
	4. 평면도형의 이동	4. 사각형	4. 약분과 통분	4. 소수의 곱셈	4. 비와 비율	4. 비례식과 비례배분
	5. 막대그래프	5. 꺾은선그래프	5. 분수의 덧셈과 뺄셈	5. 직육면체	5. 여러 가지 그래프	5. 원의 넓이
	6. 규칙 찾기	6. 다각형	6. 다각형의 둘레와 넓이	6. 평균과 가능성	6. 직육면체의 겉넓이와 부피	6. 원기둥, 원뿔, 구

	4학년		5학년		6학년	
	1학기	2학기	1학기	2학기	1학기	2학기
자료와 가능성	1. 큰 수	1. 분수의 덧셈과 뺄셈	1. 자연수의 혼합계산	1. 수의 범위와 어림하기	1. 분수의 나눗셈	1. 분수의 나눗셈
	2. 각도	2. 삼각형	2. 약수와 배수	2. 분수의 곱셈	2. 각기둥과 각뿔	2. 소수의 나눗셈
	3. 곱셈과 나눗셈	3. 소수의 덧셈과 뺄셈	3. 규칙과 대응	3. 합동과 대칭	3. 소수의 나눗셈	3. 공간과 입체
	4. 평면도형의 이동	4. 사각형	4. 약분과 통분	4. 소수의 곱셈	4. 비와 비율	4. 비례식과 비례배분
	5. 막대그래프	5. 꺾은선그래프	5. 분수의 덧셈과 뺄셈	5. 직육면체	5. 여러 가지 그래프	5. 원의 넓이
	6. 규칙 찾기	6. 다각형	6. 다각형의 둘레와 넓이	6. 평균과 가능성	6. 직육면체의 겉넓이와 부피	6. 원기둥, 원뿔, 구

2

수와 연산 영역
추천도서

　초등 1~3학년 수와 연산 영역의 목표는 '자연수 범위 내에서 사칙연산의 연계성을 파악하고 수에 대한 양적인 감각을 키우는 것'입니다. 초등 4~6학년 수와 연산 영역의 목표는 '자연수, 분수, 소수를 자유자재로 이용하여 주어진 문제에서 원하는 결과를 정확히 계산해 내도록 하는 것'입니다.

　추천한 초등 1~3학년 수학동화들은 스토리를 갖고 있으며, 이야기를 읽으며 수와 연산의 원리를 이해하고 활용할 수 있도록 쓰여진 책들입니다. 주인공들의 나이가 초등학교 저학년이거나 아이들에게 친숙한 동화 속 주인공들이므로, 아이들이 다른 수학 관련 도서들에 비해 훨씬 집중해서 읽을 수 있습니다. 수와 연산 영역은 초등수학교과에서 가장 큰 비중을 차지하므로, 이 추천도서 외에도 많은 책들이 출간되어 있습니다.

	1학년		2학년		3학년	
	1학기	2학기	1학기	2학기	1학기	2학기
수와 연산	1. 9까지의 수 • 수의 순서 • 두 수의 크기 비교	1. 100까지의 수 • 99까지의 수 • 99까지 수의 크기 비교 • 짝수와 홀수	1. 세 자리 수 • 각 자리 수가 나타내는 수 • 수의 크기 비교	1. 네 자리 수 • 1,000/몇 천 • 수의 크기 비교	1. 덧셈과 뺄셈 • 세 자리 수+세 자리 수 • 세 자리 수-세 자리 수	1. 곱셈 • 세 자리 수×한 자리 수 • 몇 십×몇 십 • 몇 십 몇×몇 십 몇
	2. 여러 가지 모양	2. 덧셈과 뺄셈(1) • 받아올림과 받아내림이 없는 덧셈과 뺄셈	2. 여러 가지 도형	2. 곱셈구구 • 구구단 익히기 • 곱셈표 만들기	2. 평면도형	2. 나눗셈 • 몇 십(몇)÷몇 • 세 자리 수÷한 자리 수
	3. 덧셈과 뺄셈 • 9까지 수의 덧셈과 뺄셈 • 가르기와 모으기 • 0을 더하거나 빼기	3. 여러 가지 모양	3. 덧셈과 뺄셈 • 받아올림이 있는 덧셈(두 자리 수+한(두) 자리 수) • 받아내림이 있는 뺄셈	3. 길이 재기	3. 나눗셈 • 똑같이 나누기 • 곱셈과 나눗셈의 관계 • 나눗셈의 몫을 곱셈식으로 구하기	3. 원
	4. 비교하기	4. 덧셈과 뺄셈(2) • 10이 되는 수 더하기 • 10에서 빼기	4. 길이 재기	4. 시각과 시간	4. 곱셈 • 몇 십×몇 • 몇 십 몇×몇	4. 분수 • 분수만큼은 얼마인지 계산하기 • 진분수, 가분수, 대분수, 자연수
	5. 50까지의 수 • 10, 십 몇, 몇 십(몇) • 50까지 수의 크기 비교	5. 시계 보기와 규칙 찾기	5. 분류하기	5. 표와 그래프	5. 시간과 길이	5. 들이와 무게
		6. 덧셈과 뺄셈(3) • 받아올림이 있는 덧셈(몇+몇) • 받아내림이 있는 뺄셈(십몇-몇)	6. 곱셈 • 묶어 세기 • 몇의 몇 배 • 곱셈식	6. 규칙 찾기	6. 분수와 소수 • 분수의 개념 • 분모가 같은 분수의 크기 비교 • 단위분수의 크기 비교 • 소수의 개념과 크기 비교	6. 자료의 정리

책 제목	지은이	출판사	책에 담긴 수학적 내용
수학 시간에 울 뻔했어요	서지원	나무생각	수 세기, 수 읽기, 묶어세기
신통방통 받아올림	서지원	좋은책어린이	두 자리 수의 받아올림과 받아내림
떡장수 할머니와 호랑이는 구구단을 몰라	이안	뭉치	곱셈구구, 전체 양을 똑같이 나누는 나눗셈
곱셈 마법에 걸린 나라	팜 캘버트	주니어김영사	곱셈의 활용, 전체의 분수만큼 구하기
천하 최고 수학 사형제	서지원	나무생각	받아올림과 받아내림이 있는 두 수의 덧셈과 뺄셈, 덧셈과 뺄셈의 관계, 계산식 세우기
수학아 수학아 나 좀 도와줘1	조성실	삼성당	수 세기, 도형의 모양, 연산기호의 약속, 덧셈과 뺄셈의 관계
자꾸자꾸 초인종이 울리네	팻 허친즈	보물창고	분수의 나눗셈의 개념
신통방통 나눗셈	서지원	좋은책어린이	나누어 떨어지는 두 자리 수 ÷ 한 자리 수, 곱셈과 나눗셈의 관계
신통방통 분수	서지원	좋은책어린이	분수의 개념, 단위분수
견우와 직녀가 분수 때문에 싸웠대	이안	뭉치	분수의 개념과 크기 비교, 전체의 분수만큼 구하기, 분수의 종류(진분수, 가분수, 대분수)

초등 4~6학년 수와 연산 영역 관련 수학동화들은 연산의 구체적인 방법을 설명하고 있습니다. 다만, 아이들이 선생님께 직접 설명을 듣는 것이 아니라 스스로 글을 읽으며 이해해야 하므로 집중력이 약한 아이들은 자칫 지루하게 느껴질 수 있습니다. 수와 연산 영역은 다른 어떤 영역보다 위계성이 강해서 저학년 단계의 연산이 되지 않으면 고학년 단계의 연산을 하지 못하게 됩니다. 그러니 고학년 수와 연산 영역 관련 수학동화는 저학년 수학동화를 반드시 읽고 관련 교과 내용을 충분히 숙지한 후, 읽을 것을 권합니다.

	4학년		5학년		6학년	
	1학기	2학기	1학기	2학기	1학기	2학기
수와 연산	1. 큰 수 • 10,000 • 십만, 백만, 천만, 억, 조 • 수의 크기 비교	1. 분수의 덧셈과 뺄셈 • 진분수, 대분수, 가분수의 덧셈과 뺄셈	1. 자연수의 혼합계산 • 자연수의 사칙연산이 섞여 있는 혼합계산	1. 수의 범위와 어림하기	1. 분수의 나눗셈 • 자연수÷자연수의 몫을 분수로 나타내기 • 분수÷자연수 • 대분수÷자연수	1. 분수의 나눗셈 • 분수(가분수와 대분수)÷분수 • 자연수÷분수
	2. 각도	2. 삼각형	2. 약수와 배수 • 약수와 배수의 관계 • 공약수와 최대공약수 • 공배수와 최소공배수	2. 분수의 곱셈 • 분수×자연수 • 진분수×진분수 • 대분수×대분수	2. 각기둥과 각뿔	2. 소수의 나눗셈 • 소수÷소수 • 자연수÷소수 • 소수의 나눗셈의 몫을 반올림해서 나타내기
	3. 곱셈과 나눗셈 • 세 자리 수×몇 십 • 세 자리 수×두 자리 수 • 세 자리 수÷몇 십 • 두 자리 수÷두 자리 수 • 세 자리 수÷두 자리 수	3. 소수의 덧셈과 뺄셈 • 소수 두 자리 수, 소수 세 자리 수 • 소수 사이의 관계 • 소수의 덧셈과 뺄셈	3. 규칙과 대응	3. 합동과 대칭	3. 소수의 나눗셈 • 소수÷자연수 • 자연수÷자연수의 몫을 소수로 나타내기 • 몫의 소수점 위치 확인하기	3. 공간과 입체

4. 평면도형의 이동	4. 사각형	4. 약분과 통분 • 분모가 다른 분수의 크기 비교 • 분수와 소수의 크기 비교	4. 소수의 곱셈 • 소수×자연수 • 소수×소수 • 곱의 소수점의 위치	4. 비와 비율	4. 비례식과 비례배분
5. 막대그래프	5. 꺾은선그래프	5. 분수의 덧셈과 뺄셈	5. 직육면체	5. 여러 가지 그래프	5. 원의 넓이
6. 규칙 찾기	6. 다각형	6. 다각형의 둘레와 넓이	6. 평균과 가능성	6. 직육면체의 겉넓이와 부피	6. 원기둥, 원뿔, 구

추천 수학 동화

책 제목	지은이	출판사	책에 담긴 수학적 내용
수학아 수학아 나 좀 도와줘2	조성실	삼성당	큰 수, 세 자리 수 이상의 곱셈, 세 자리 수÷두 자리 수의 나눗셈, 분수의 덧셈과 뺄셈, 혼합계산
왕코딱지의 만점수학	서지원	처음주니어	큰 수, 두(세) 자리 수 곱셈, 두(세) 자리 수 나눗셈
가우스는 소수 대결로 마녀들을 물리쳤어	김정	뭉치	혼합계산, 분수의 덧셈과 뺄셈, 소수의 덧셈과 뺄셈
페르마가 들려주는 약수와 배수1 이야기	김화영	자음과모음	삼각수, 완전수, 우애수, 소수, 소인수분해, 배수와 약수, 최대공약수, 최소공배수,
분수, 넌 내 밥이야!	강미선	북멘토	분수의 종류, 분모가 같은(다른) 분수의 덧셈과 뺄셈, 분수의 곱셈, 분수의 나눗셈
술탄의 도서관	아나 알론소	알라딘북스	분수와 소수의 개념
수학 유령 베이커리	김선희	살림어린이	분수와 소수의 혼합계산
누나는 수다쟁이 수학자	박현정	뜨인돌어린이	소수의 개념, 배수와 통분의 개념, 분수와 소수의 계산

3
도형 영역
추천도서

초등 1~3학년 도형 영역의 초등 수학동화들은 한 가지 주제를 집중적으로 다루지 않고 저학년 때 알아야 할 도형 관련 내용을 한 권의 책에 모두 담아 놓은 경우가 많습니다. 특히 도형 영역의 수학동화는 재미있는 이야기와 도형의 이미지를 통해 용어의 뜻을 정확히 익힐 수 있는 특징이 있습니다. 이야기를 통해 간접 체험을 하며 즐겁게 수학적 개념과 원리를 익히면 문제집을 푸는 것보다 더 정확하게 기억될 수 있을 것입니다. 이 영역은 다양한 수학동화를 읽는 것보다 한 권의 수학동화를 여러 번 보는 것이 더 효과적일 수 있습니다.

또한 도형에 관한 수학동화를 읽으면서 스스로 여러 도형을 그려 보고, 주변의 사물을 관찰하여 추상적으로 그려 보거나 여러 입체도형에 대해 관찰하는 등, 다양한 활동을 병행해 오래도록 기억에 남도록 하는 것이 매우 중요합니다.

		1학년		2학년		3학년	
		1학기	2학기	1학기	2학기	1학기	2학기
도형		1. 9까지의 수	1. 100까지의 수	1. 세 자리 수	1. 네 자리 수	1. 덧셈과 뺄셈	1. 곱셈
		2. 여러 가지 모양 • 상자 모양, 원기둥 모양, 공 모양 알아보기	2. 덧셈과 뺄셈(1)	2. 여러 가지 도형 • 삼각형, 사각형, 원 알아보기 • 오각형, 육각형 알아보기	2. 곱셈구구	2. 평면도형 • 선분, 반직선, 직선 • 각, 직각 • 직각삼각형, 정사각형	2. 나눗셈
		3. 덧셈과 뺄셈	3. 여러 가지 모양 • 네모, 세모, 동그라미 알아보기	3. 덧셈과 뺄셈	3. 길이 재기	3. 나눗셈	3. 원 • 원의 중심, 반지름, 지름 • 컴퍼스를 이용해 원 그리기
		4. 비교하기	4. 덧셈과 뺄셈(2)	4. 길이 재기	4. 시각과 시간	4. 곱셈	4. 분수
		5. 50까지의 수	5. 시계 보기와 규칙 찾기	5. 분류하기	5. 표와 그래프	5. 시간과 길이	5. 들이와 무게
			6. 덧셈과 뺄셈(3)	6. 곱셈	6. 규칙 찾기	6. 분수와 소수	6. 자료의 정리
추천 수학 동화							

책 제목	지은이	출판사	책에 담긴 수학적 내용
이상한 나라의 도형 공주	서지원	어린이나무생각	삼각형, 사각형, 원
신통방통 도형 첫걸음	서지원	좋은책어린이	점, 선(직선, 곡선, 선분), 삼각형과 사각형, 원
파라오의 정사각형	안나 체라솔리	봄나무	직선, 직사각형, 정사각형, 마름모, 원 등의 성질, 대각선, 피라미드의 높이
헨젤과 그레텔은 도형이 너무 어려워	고자현	뭉치	선분, 직선, 곡선, 삼각형, 사각형, 원, 여러 가지 입체도형의 이름과 모양 알기
신통방통 도형 마무리	서지원	좋은책어린이	각, 직각, 직각삼각형, 직사각형, 도형 돌리기

4~6학년이 되면 도형 영역을 어려워하는 아이들이 많아집니다. 이는 도형의 측정과 관련된 수학적 내용을 어려워하기 때문입니다. 도형 영역의 목표는 '각 단원별 도형들의 뜻과 성질을 살펴보는 것'이며, 무엇보다 평면도형과 입체도형의 구성요소들과 관련된 정확한 용어들을 인지하는 것이 중요합니다.

　도형 영역의 수학동화는 학년별 단원의 내용을 체계적으로 이야기 속에 넣기가 다소 어려운 점이 있습니다. 그래서 스토리가 재미있는 수학동화들은 여러 단원이 조금씩 섞여 있으며, 도형 영역만을 다루는 수학동화들은 이해하기 쉬운 그림들과 다양한 예제들이 담긴 수학학습서에 가깝습니다. 앞에서도 말했듯이 초등 도형 영역의 목표는 '용어에 대한 뜻과 성질을 이해하는 것'이므로 한 권의 책을 정독하며 정확한 개념과 용어를 이해하고 사용할 수 있도록 하는 것이 중요합니다.

	4학년		5학년		6학년	
	1학기	2학기	1학기	2학기	1학기	2학기
도형	1. 큰 수	1. 분수의 덧셈과 뺄셈	1. 자연수의 혼합계산	1. 수의 범위와 어림하기	1. 분수의 나눗셈	1. 분수의 나눗셈
	2. 각도	2. 삼각형 • 이등변삼각형의 성질 • 정삼각형의 성질 • 예각, 둔각삼각형	2. 약수와 배수	2. 분수의 곱셈	2. 각기둥과 각뿔 • 전개도와 성질	2. 소수의 나눗셈
	3. 곱셈과 나눗셈	3. 소수의 덧셈과 뺄셈	3. 규칙과 대응	3. 합동과 대칭 • 도형의 합동과 성질 • 선대칭도형 • 점대칭도형	3. 소수의 나눗셈	3. 공간과 입체 • 쌓기나무의 위, 앞, 옆에서 본 모양 • 쌓기나무의 개수
	4. 평면도형의 이동 • 평면도형의 밀기, 뒤집기, 돌리기	4. 사각형 • 수직, 평행 • 평행선 사이의 거리 • 사다리꼴, 평행사변형, 마름모	4. 약분과 통분	4. 소수의 곱셈	4. 비와 비율	4. 비례식과 비례배분

5. 막대그래프	5. 꺾은선그래프	5. 분수의 덧셈과 뺄셈	5. 직육면체 • 직육면체, 정육면체 • 직육면체의 겨냥도 • 정육면체와 직육면체의 전개도	5. 여러 가지 그래프	5. 원의 넓이
6. 규칙 찾기	6. 다각형 • 다각형과 정다각형 • 대각선	6. 다각형의 둘레와 넓이	6. 평균과 가능성	6. 직육면체의 겉넓이와 부피	6. 원기둥, 원뿔, 구 • 성질 • 전개도

추천 수학 동화

책 제목	지은이	출판사	책에 담긴 수학적 내용
영재들의 1등급 수학교실4	신항균	물음표	각, 다각형의 규칙, 작도, 정다면체, 입체도형의 단면, 탱그램
천재들이 만든 수학퍼즐 30(유클리드가 만든 삼각형)	선종민	자음과모음	삼각형의 내각과 외각, 합동, 닮음, 넓이, 여러 가지 삼각형
탈레스 박사와 수학영재들의 미로게임	김성수	주니어김영사	최단거리, 삼각형의 세 변의 길이의 관계, 성냥개비 퍼즐, 무게중심
과학공화국 수학법정3	정완상	자음과모음	도형의 합동, 다각형, 사각형의 넓이, 입체도형의 겉넓이, 한붓그리기
오딧셈의 수학 대모험2(도형의 세계)	안소정, 강상균	스콜라	원주율, 다각형, 각과 평행선, 도형의 닮음, 삼각형의 합동
아르키메데스가 들려주는 다면체 이야기	권현직	자음과모음	다면체의 뜻과 종류, 정다면체, 준정다면체, 입체도형의 오일러 공식
쌓기나무, 널 쓰러뜨리마!	강미선	북멘토	쌓기나무의 모이는 면의 모양, 쌓기나무의 개수
입체도형으로 수학왕이 된 앨리스	계영희	뭉치	직육면체, 각기둥과 각뿔, 공간과 입체

4

측정 영역
추천도서

　1~3학년 측정 영역은 수학동화를 통한 학습효과가 가장 좋은 영역입니다. 측정을 잘 못하는 수학동화 속 주인공들이 다양한 시행착오를 겪으며 잘하게 되는 것을 지켜보면서, 아이들이 자주 하는 실수와 문제점들을 자연스럽게 해결할 수 있습니다. 하지만 개념과 원리를 이해했다고 해서 활용 문제를 척척 풀기는 힘듭니다. 측정 영역은 많은 연습이 필요하므로 주제에 맞는 수학동화를 여러 번 읽고 문제집을 풀 것을 권해 드립니다.

	1학년		2학년		3학년	
	1학기	2학기	1학기	2학기	1학기	2학기
측정	1. 9까지의 수	1. 100까지의 수	1. 세 자리 수	1. 네 자리 수	1. 덧셈과 뺄셈	1. 곱셈
	2. 여러 가지 모양	2. 덧셈과 뺄셈(1)	2. 여러 가지 도형	2. 곱셈구구	2. 평면도형	2. 나눗셈
	3. 덧셈과 뺄셈	3. 여러 가지 모양	3. 덧셈과 뺄셈	3. 길이 재기 • 1m • 길이의 합과 차	3. 나눗셈	3. 원

4. 비교하기 • 길이, 무게, 넓이, 들이 비교	4. 덧셈과 뺄셈(2)	4. 길이 재기 • 1cm • 여러 가지 단위로 길이 재기 • 자로 길이 재기 • 길이 어림하기	4. 시각과 시간 • 몇 시 몇 분 • 1시간, 하루의 시간 -달력	4. 곱셈	4. 분수
5. 50까지의 수	5. 시계 보기와 규칙 찾기 • 몇 시 • 몇 시 30분	5. 분류하기	5. 표와 그래프	5. 길이와 시간 • 1mm, 1km • 1초 • 시간의 덧셈과 뺄셈	5. 들이와 무게 • L, mL • 들이의 덧셈과 뺄셈 • kg, g • 무게의 덧셈과 뺄셈
	6. 덧셈과 뺄셈(3)	6. 곱셈	6. 규칙 찾기	6. 분수와 소수	6. 자료의 정리

추천 수학 동화

책 제목	지은이	출판사	책에 담긴 수학적 내용
쉿! 신데렐라는 시계를 못 본대	고자현, 한지연	뭉치	시계 읽기, 시간의 덧셈과 뺄셈
신통방통 길이 재기	서지원	좋은책어린이	m, cm, 길이의 덧셈과 뺄셈
뫼비우스 띠의 비밀	조앤 리즈버그	주니어김영사	둘레와 넓이의 개념
줄일까 늘릴까 이발사의 결투	스콧 선드비	주니어김영사	길이 측정, 축척을 이용해 확대와 축소 그림 그리기
비교쟁이 콧수염 임금님	서지원	어린이나무생각	길이, 무게, 넓이의 비교
알쏭달쏭 알라딘은 단위가 헷갈려	황근기	뭉치	무게, 길이, 넓이, 각도, 들이에 대한 전반적 개념과 단위의 덧셈과 뺄셈
신통방통 플러스 들이와 무게	서지원	좋은책어린이	L, mL, Kg, g 들이와 무게의 덧셈과 뺄셈

초등학생들이 가장 어려워하는 영역은 4~6학년 측정 영역입니다. 새로운 용어와 단위들도 많이 나오고, 용어들마다 둘레와 넓이를 직접 계산해야 하므로 문제를 해결해야 하는 시간도 많이 걸립니다. 도형에 대한 정확한 개념을 알고 있어도 연산 실력이 부족해 답이 틀리는 경우도 많으니, 수학동화 속에서 일어난 상황들을 탐구노트나 복습노트를 활용해 스스로 연습해 볼 것을 권합니다.

	4학년		5학년		6학년	
	1학기	2학기	1학기	2학기	1학기	2학기
측정	1. 큰 수	1. 분수의 덧셈과 뺄셈	1. 자연수의 혼합계산	1. 수의 범위와 어림하기 • 이상, 이하, 초과, 미만 • 올림, 버림, 반올림	1. 분수의 나눗셈	1. 분수의 나눗셈
	2. 각도 • 각의 크기 구하기 • 예각, 둔각 • 각도의 합과 차 • 삼각형의 세 각의 크기의 합 • 사각형의 네 각의 크기의 합	2. 삼각형	2. 약수와 배수	2. 분수의 곱셈	2. 각기둥과 각뿔	2. 소수의 나눗셈
	3. 곱셈과 나눗셈	3. 소수의 덧셈과 뺄셈	3. 규칙과 대응	3. 합동과 대칭	3. 소수의 나눗셈	3. 공간과 입체
	4. 평면도형의 이동	4. 사각형	4. 약분과 통분	4. 소수의 곱셈	4. 비와 비율	4. 비례식과 비례배분
	5. 막대그래프	5. 꺾은선 그래프	5. 분수의 덧셈과 뺄셈	5. 직육면체	5. 여러 가지 그래프	5. 원의 넓이 • 원주와 지름의 관계 • 원주율 • 원의 넓이 구하기

6. 규칙 찾기	6. 다각형	6. 다각형의 둘레와 넓이 • 정다각형, 사각형의 둘레 • 1㎠, 1㎡ ,1㎢ • 직사각형, 평행사변형, 삼각형, 마름모, 사다리꼴의 넓이	6. 평균과 가능성	6. 직육면체의 겉넓이와 부피 • 1㎥ • 직육면체의 부피와 겉넓이	6. 원기둥, 원뿔, 구

추천 수학 동화

책 제목	지은이	출판사	책에 담긴 수학적 내용
세상 밖으로 날아간 수학	이시하라 기요타카	파란자전거	원의 둘레와 넓이의 관계, 원주율 구하기 실험하기
유클리드가 들려주는 기본도형과 다각형 이야기	김남준	자음과모음	넓이의 개념과 넓이의 단위, 다각형, 다각형의 내각과 외각, 정다각형
아르키는 어림하기로 걸리버 아저씨를 구했어	김승태	뭉치	어림하기, 들이와 무게의 덧셈과 뺄셈,
지금하자! 개념수학3	강미선	휴먼어린이	면, 선, 각, 다각형, 다면체, 원, 회전체
양말을 꿀꺽 삼켜버린 수학2	김선희	생각을담는어린이	정육면체 전개도, 좌표, 점판 위의 다각형의 넓이
수학의 원리를 사고 파는 수학상점	신수현	예림당	원주율, 직육면체의 부피와 겉넓이, 원기둥의 부피
조충지가 들려주는 원1 이야기	권현직	자음과모음	원주율, 굴러가는 원의 자취, 다각형과 원의 관계, 원의 활용
천재들이 만든 수학퍼즐22 (유클리드가 만든 평면도형의 측정)	홍선호	자음과모음	기하판 위의 도형의 넓이 측정, 도형의 둘레, 다각형의 넓이 구하기

5

자료와 가능성 영역
추천도서

　1~3학년 자료와 가능성 영역은 여러 가지 자료를 기호와 그림으로 시각화시키고, 이를 통해 추상화 단계로 확장하는 영역입니다. 다행히 3학년 이하의 그래프들은 복잡하지 않고 그림도 단순하므로 아이들이 가장 재미있어 하고 쉽게 이해할 수 있습니다. 이 영역을 잘하기 위해서는 다양한 자료를 더 편하고 단순하게 표현하는 방법들을 탐구해야 합니다.

	1학년		2학년		3학년	
	1학기	2학기	1학기	2학기	1학기	2학기
자료와 가능성	1. 9까지의 수	1. 100까지의 수	1. 세 자리 수	1. 네 자리 수	1. 덧셈과 뺄셈	1. 곱셈
	2. 여러 가지 모양	2. 덧셈과 뺄셈(1)	2. 여러 가지 도형	2. 곱셈구구	2. 평면도형	2. 나눗셈
	3. 덧셈과 뺄셈	3. 여러 가지 모양	3. 덧셈과 뺄셈	3. 길이 재기	3. 나눗셈	3. 원
	4. 비교하기	4. 덧셈과 뺄셈(2)	4. 길이 재기	4. 시각과 시간	4. 곱셈	4. 분수

5. 50까지의 수	5. 시계 보기와 규칙 찾기	5. 분류하기 • 기준에 따라 분류하기 • 분류하여 세어 보기	5. 표와 그래프 • 자료를 보고 표로 나타내기 • 표와 그래프의 내용 알기	5. 시간과 길이	5. 들이와 무게
	6. 덧셈과 뺄셈(3)	6. 곱셈	6. 규칙 찾기	6. 분수와 소수	6. 자료의 정리 • 자료를 수집하여 표, 그림, 그래프로 나타내기

추천 수학 동화

책 제목	지은이	출판사	책에 담긴 수학적 내용
그래프 놀이	로린 리디	미래아이	분류와 세기, 자료를 정리해서 그래프 그리기
그래프가 쭉쭉!	김성화, 권수진	만만한책방	그래프의 개념, 그리는 이유, 활용 목적
그래프를 만든 괴짜	헬레인 베커	담푸스	그래프의 필요성
신통방통 표와 그래프	서지원	좋은책어린이	분류, 표 그리기, 그래프 그리기
마왕의 방에 들어간 돼지	백명식	내인생의책	비와 비율에 대한 개념

4~6학년은 수학동화를 통해 그래프를 활용하는 다양한 상황을 접할 수 있습니다. 책을 읽고 스스로 자료를 정리해 보면서 이미지화시키는 작업을 해볼 수 있고, 실생활에서 다양한 그래프가 어떻게 이용되는지 알아보면서 어떤 상황에 어떤 그래프가 가장 적합한지를 알아내는 감각을 기를 수 있습니다.

	4학년		5학년		6학년	
	1학기	2학기	1학기	2학기	1학기	2학기
자료와 가능성	1. 큰 수	1. 분수의 덧셈과 뺄셈	1. 자연수의 혼합계산	1. 수의 범위와 어림하기	1. 분수의 나눗셈	1. 분수의 나눗셈
	2. 각도	2. 삼각형	2. 약수와 배수	2. 분수의 곱셈	2. 각기둥과 각뿔	2. 소수의 나눗셈
	3. 곱셈과 나눗셈	3. 소수의 덧셈과 뺄셈	3. 규칙과 대응	3. 합동과 대칭	3. 소수의 나눗셈	3. 공간과 입체
	4. 평면도형의 이동	4. 사각형	4. 약분과 통분	4. 소수의 곱셈	4. 비와 비율	4. 비례식과 비례배분
	5. 막대그래프 • 막대그래프 그리기, 해석하기	5. 꺾은선그래프 • 꺾은선그래프 그리기, 해석하기	5. 분수의 덧셈과 뺄셈	5. 직육면체	5. 여러 가지 그래프 • 그림 그래프 • 띠 그래프, 원그래프 • 그래프 해석하기, 비교하기	5. 원의 넓이
	6. 규칙 찾기	6. 다각형	6. 다각형의 둘레와 넓이	6. 평균과 가능성 • 평균 구하기 • 일어날 가능성 구하기	6. 직육면체의 겉넓이와 부피	6. 원기둥, 원뿔, 구
추천 수학 동화						

책 제목	지은이	출판사	책에 담긴 수학적 내용
파스칼은 통계 정리로 나쁜 왕을 혼내줬어	서지원	뭉치	막대그래프, 꺾은선그래프, 자료의 표현과 해석
우리는 통계 삼총사	박진숙	주니어김영사	비판적 추론능력을 기르기 위해 필요한 통계지식
파스칼이 들려주는 경우의 수 이야기	정연숙	자음과모음	경우의 수를 구하는 방법과 순서, 대표, 길찾기, 리그전, 자리 앉기, 줄서기 등
조선시대로 간 소년, 자료와 가능성을 만나다!	김혜진, 조영석	자음과모음	비의 예측, 윷놀이의 가능성 예측, 마방진, 평균으로 해결할 수 있는 문제
천재들이 만든 수학퍼즐27 (오일러가 만든 그래프)	김은영	자음과모음	그래프의 종류와 쓰임, 통계를 그래프로 나타내기, 그래프 예측, 거짓말하는 그래프

6

규칙성 영역
추천도서

　1~3학년 규칙성 영역은 초등 저학년 문제해결 전략 문제집에서 매우 중요하게 다뤄지는 영역입니다. 저학년의 경우 아직 수와 연산의 활용이 어렵지 않고, 간단한 수와 도형을 이용한 규칙 찾기를 배우기 때문에 다양한 활동과 학습이 가능합니다.

	1학년		2학년		3학년	
	1학기	2학기	1학기	2학기	1학기	2학기
규칙성	1. 9까지의 수	1. 100까지의 수	1. 세 자리 수	1. 네 자리 수	1. 덧셈과 뺄셈	1. 곱셈
	2. 여러 가지 모양	2. 덧셈과 뺄셈(1)	2. 여러 가지 도형	2. 곱셈구구	2. 평면도형	2. 나눗셈
	3. 덧셈과 뺄셈	3. 여러 가지 모양	3. 덧셈과 뺄셈	3. 길이 재기	3. 나눗셈	3. 원
	4. 비교하기	4. 덧셈과 뺄셈(2)	4. 길이 재기	4. 시각과 시간	4. 곱셈	4. 분수
	5. 50까지의 수	5. 시계 보기와 규칙 찾기	5. 분류하기	5. 표와 그래프	5. 시간과 길이	5. 들이와 무게

		6. 덧셈과 뺄셈(3)	6. 곱셈	6. 규칙 찾기 • 덧셈표, 곱셈표, 무늬, 쌓은 모양, 실생활에서 규칙 찾기	6. 분수와 소수	6. 자료의 정리
추천 수학 동화						

책 제목	지은이	출판사	책에 담긴 수학적 내용
피터, 그래서 규칙이 뭐냐고	서지원	나무생각	수, 도형, 모양 등에서 다양한 규칙 찾기
수리수리마수리 암호 나라로!	고희정	토토북	수의 패턴, 도형의 성질, 파스칼의 삼각형 글자의 회전 등 수학적 성질을 이용한 규칙 찾기
토끼 숫자 세기 대소동	기드온 켄달, 앤 매캘럼	주니어김영사	피보나치 수열의 규칙
신통방통 규칙 찾기	서지원	좋은책어린이	다양한 수와 도형 관련 규칙 찾기
피보나치, 수를 배열해 비밀의 방을 탈출하라	이혜림	뭉치	다양한 규칙 찾기, 평균과 가능성에 대한 이해

4~6학년 규칙성 영역은 수의 나열과 도형의 변화와 관련된 규칙을 찾는 '규칙 찾기'와 '비'와 관련된 단원으로 나뉩니다. '규칙 찾기'를 잘하기 위해서는 관찰력을 키우는 훈련을 해야 합니다. 눈에 보이는 모양이나 수들의 변화들에서 흐름을 읽어내고 다음 번 모양이나 수를 예상해야 합니다.

규칙 찾기를 어려워하는 아이들이 많은데, 규칙을 못 찾아서가 아니라 규칙의 n번째와 n+1번째가 헷갈리거나, 문제에서 찾아야 하는 번째와 규칙의 횟수 등을 꼼꼼히 따져보지 않고 대략적으로 계산하려 하기 때문에 그런 것입니다. 또 '비'를 어렵게 느끼는 아이들은 공식의존도가 높은데, 실제로 '비'와 관련된 단원을 잘하는 아이들은 어릴 때부터 분수나 소수에 대한 관심이 많답니다. 공식을 외우도록 강요하기보다는 우리 생활에서 실제로 많이 쓰이는 비에 대해 아이와 대화한다면 큰 도움이 될 것입니다.

	4학년		5학년		6학년	
	1학기	2학기	1학기	2학기	1학기	2학기
규칙성	1. 큰 수	1. 분수의 덧셈과 뺄셈	1. 자연수의 혼합계산	1. 수의 범위와 어림하기	1. 분수의 나눗셈	1. 분수의 나눗셈
	2. 각도	2. 삼각형	2. 약수와 배수	2. 분수의 곱셈	2. 각기둥과 각뿔	2. 소수의 나눗셈
	3. 곱셈과 나눗셈	3. 소수의 덧셈과 뺄셈	3. 규칙과 대응 • 두 양 사이의 관계 • 대응관계를 식으로 나타내기	3. 합동과 대칭	3. 소수의 나눗셈	3. 공간과 입체
	4. 평면도형의 이동	4. 사각형	4. 약분과 통분	4. 소수의 곱셈	4. 비와 비율 • 비, 비율, 백분율	4. 비례식과 비례배분 • 비의 성질 • 간단한 자연수의 비로 나타내기 • 비례식, 비례배분
	5. 막대그래프	5. 꺾은선그래프	5. 분수의 덧셈과 뺄셈	5. 직육면체	5. 여러 가지 그래프	5. 원의 넓이

6. 규칙 찾기 • 수의 배열, 도형의 배열, 계산식에서 규칙 찾기	6. 다각형	6. 다각형의 둘레와 넓이	6. 평균과 가능성	6. 직육면체의 겉넓이와 부피	6. 원기둥, 원뿔, 구

추천 수학 동화

책 제목	지은이	출판사	책에 담긴 수학적 내용
천재들이 만든 수학퍼즐8 (피타고라스가 만든 규칙 찾기)	홍선호	자음과모음	규칙의 필요성, 수, 모양, 달력, 바둑알, 생활에서 규칙 찾기, 규칙으로 예상하기
에우독소스가 들려주는 비 이야기	김승태	자음과모음	두 수의 비, 비의 값, 비례식, 연비와 비례배분에 대한 개념
페르마, 수리수리 규칙을 찾아라	황근기	뭉치	규칙과 대응을 이용하는 생활 속의 사례
비례배분으로 보물섬을 발견한 해적 실버	박신식	뭉치	비, 비율, 백분율, 비례식, 정비례와 반비례, 비례배분
비례로 바람 왕국의 다섯 열쇠를 찾아라!	황덕창	자음과모음	비례식, 비례배분

7

더 읽으면 좋은 추천도서

　앞에서 우리는 초등수학교과가 '수와 연산', '도형', '측정', '규칙성', '자료와 가능성'으로 영역이 나뉘는 것에 대해 알아보았습니다. 그리고 그와 관련된 학년별, 영역별 추천도서도 알아보았습니다. 그런데 수학을 진짜 잘하는 아이가 되기 위해서는 이 영역 외에도 읽어야 할 책들이 있습니다. 바로 '사고력'과 '수학실험', '수학사와 수학자'와 관련된 책들입니다.

　초등수학에서 다루는 사고력은 사실 '문제해결 전략'을 다루고 있는 경우가 많습니다. 이런 이유로 사고력과 창의력을 다루는 수학동화들도 대부분 다양한 문제해결 전략을 통해 융합사고를 길러주는 형태로 구성되어 있으며, 에피소드나 퀴즈 형식으로 되어 있는 경우도 많습니다. 대부분의 초등 사고력 문제해결 전략들은 앞으로 수학문제를 푸는 데 있어 기초가 되는 전략입니다. 많은 책을 읽기보다는 한 시리즈를 제대로 읽는다면 초등수학에서 필요한 문제해결 전략을 공부할 수 있을 것입니다.

　또한, 초등학교에서는 다양한 체험수업을 진행하는데 이와 관련된 내용들을 다루는 수학실험을 가정에서 실험할 수 있도록 지도하는 책도 있습니다. 이런 책을 읽으면 호기심이 많은 아이들에게 큰 도움이 될 것입니다.

마지막으로 세상을 바꾼 수학과 과학 이론들은 어느 날 갑자기 만들어진 결과물들이 아닙니다. 인류의 역사와 함께 성장해 온 수학사와 수학자에 대한 이야기를 통해 아이들이 수학의 필요성을 깨달을 수 있을 것입니다.

책 제목	지은이	출판사	책에 담긴 수학적 내용
엄마는 괴물나라 수학선생님	서지원	열린생각	초등 저학년 전 과정
돼지 삼총사 아슬아슬 수학 소풍	로베르트 그리스벡	다림	논리, 수학퀴즈
수학 대소동	코라 리, 길리언 오릴리	다산어린이	체육, 미술, 음악, 자연, 마술 속의 수학
양말을 꿀꺽 삼켜버린 수학1,2	김선희	생각을담는어린이	수, 도형에 대한 창의적 사고
수학 시험을 막아라!	로베르트 그리스벡	베틀북	논리, 수학퀴즈
리틀 수학 천재가 꼭 알아야 할 수학 이야기	신경애	교학사	수학의 궁금증을 해결해 주는 수학 이야기
피타고라스 구출작전	김성수	주니어김영사	수, 도형에 대한 창의적 사고
수학 귀신	H. M. 엔첸스베르거	비룡소	무한, 거듭제곱, 소수, 무리수, 팩토리얼, 명제, 급수 등
초등학생을 위한 수학실험 365 1학기	수학교육학회연구부	바이킹	월/일별로 정리된 365가지의 수학실험
초등학생을 위한 수학실험 365 2학기	수학교육학회연구부	바이킹	월/일별로 정리된 365가지의 수학실험
수학왕 납치 사건	옌스 라인랜더	담푸스	숫자와 수세기의 역사
수학대왕이 되는 놀라운 숫자 이야기	데니스 슈만트 베세라트	미래아이	숫자가 탄생하기까지의 역사와 숫자의 종류
수학이 풀리는 수학사1,2,3	김리나	휴머니스트	수학사를 통해 이해하는 수학의 체계와 원리
세상을 바꾼 수학자 20인의 특별한 편지	고송석	거인	수학자를 통해 알아보는 수학 이론의 탄생 과정
아무도 풀지 못한 문제	박영훈	주니어김영사	수학자 11명의 삶을 통해 알아보는 수학 일화
수학의 역사	지즈강	더숲	수학사와 수학자를 통해 알아보는 수학의 개념과 원리

책수영(책 읽는 수학 영재) 프로젝트는

_____

매쓰몽의 학년별 수학동화 커리큘럼을 기초로 전국의 초등학생들이 일주일에 한 권씩 수학동화를 읽고 워크북을 풀며 엄마표 수학공부를 진행하는 교육 콘텐츠입니다. 매쓰몽 원장님들의 수학동화 수업을 애니메이션으로 제작해 전국의 아이들이 함께 진도에 맞춰 진행하는 관리형 프로젝트입니다.

문의전화 02-6731-1743

이메일   pjh0812@naver.com

일상과 이상을 이어주는 책
일상이상

수학 진짜
잘하는 아이는
읽고 씁니다

수학이 즐거워지는 수학동화
읽기와 탐구노트 쓰기

ⓒ 2022, 박정희 · 이혜준 · 홍성영

초판 1쇄 펴낸날 · 2022년 2월 25일
초판 3쇄 펴낸날 · 2023년 10월 31일
펴낸이 · 김종필 | 펴낸곳 · 일상과 이상 | 출판등록 · 제300-2009-112호
주소 · 경기도 고양시 일산서구 킨텍스로 456 108-904
전화 · 070-7787-7931 | 팩스 · 031-911-7931
이메일 · fkafka98@gmail.com

ISBN 978-89-98453-88-6 (03370)

• 책값은 표지 뒤쪽에 있습니다.
• 파본은 구입하신 서점에서 교환해 드립니다.